FREITAS CONTRE GROTIUS

Sur la question

DE LA LIBERTÉ DES MERS

A LA MÉMOIRE

DE MON PÈRE BIEN-AIMÉ

P. F. GUICHON DE GRANDPONT

PROFESSEUR DE CODE CIVIL

à la Faculté de Droit de DIJON

pendant vingt ans

1806 - 1826

FREITAS contre GROTIUS
sur la question de la Liberté des Mers

JUSTIFICATION

DE LA

DOMINATION PORTUGAISE

EN ASIE

Francesco Serafino

pár le D^r F_R. Séraphin DE FREITAS
Portugais, de l'Ordre de N.-D. de M_{ERCI},
professeur de la chaire de Droit canon
à l'Académie de Valladolid

TRADUIT PAR

le Commissaire-Général de la Marine

A. GUICHON DE GRANDPONT

Commandeur de la Légion d'Honneur, et de St-Stanislas
de Russie (avec l'étoile), Chevalier de St-Jacques,
de Portugal, du mérite scientifique et littéraire,
Officier de l'Instruction publique.

PARIS
J. P. AILLAUD, GUILLARD et Cie
47, rue Saint-André des Arts.
A. CHEVALIER-MARESCQ, 20, rue Soufflot.
LILLE
QUARRÉ, libraire, Grande-Place.
BERGÈS, libraire, rue Royale, 2.

ÉPIGRAPHE

—:—

« A gloria de descobrir è major e mais duravel
que a de fruir e dominar. A gloria de a revelar à
Europa cubiçosa vale mais que a vaidosa satis-
façao de chamar nosso o que primeiro que
ninguem soubemos procurar e descobrir. —
Fizemos a epopéa sublime traducida pelo
Camoens na divina linguagem do seu estro.
Façamos hoje a epopéa mais modesta da liber-
dade, da sciencia, e do trabalho. »

(*Panegyrico de Camoens*, pelo J.-M. Latino Coelho,
secretario geral de Academia Real das Sciencias
de Lisboa).

PRÉFACE DU TRADUCTEUR

Dans l'ardeur d'une studieuse jeunesse je me
suis plu à traduire le *Mare liberum* de Grotius,
dont les idées généreuses et l'énergique éloquence m'avaient charmé. Selden, Burg, Wel-
wod, et plusieurs autres, qui avaient soutenu la
doctrine contraire, ne m'inspiraient aucun
intérêt. Le secrétaire de Grotius, son neveu
Graswinckel, me parut avoir réfuté péremptoi-
rement leurs prétentions. J'ignorais alors plusieurs choses qui, sans modifier mon opinion
sur le fond et l'issue du débat, auraient pu
m'inspirer quelque réserve, quant à la solidité
des argumentations respectives et au mérite
de certains contradicteurs. J'ignorais donc,
d'abord, que l'auteur, si attrayant pour moi, du
Mare liberum, était jeune aussi, et d'une science
encore incomplète et peu sûre lorsqu'il écrivit
cette dissertation (1). Je me doutais bien moins
qu'un siècle avant lui les Amirautés de France,
les pilotes lettrés et savants d'Ango, vicomte
de Dieppe, eussent protesté plus brièvement,
mais tout aussi fortement, contre l'usurpation

---

(1) La première édition est de 1608. L'auteur, né en
1583, avait à peine vingt-cinq ans. Il se mariait la même
année, et publiait sa tragédie *Christus patiens*, traduite
en anglais par Sandes.

exclusive par les Portugais de la navigation
et du commerce des Indes orientales (1). Enfin,
pas plus que tous les auteurs français qui ont
écrit sur la Liberté des mers, je ne connaissais
le plus sérieux adversaire de Grotius, le seul
qui l'ait saisi vigoureusement corps à corps,
chapitre par chapitre, argument par argument,
avec une science aussi profonde qu'étendue,
une dialectique serrée, une ferveur conscien-
cieuse et impitoyable. Burigny, dans sa vie de
Grotius, avait bien dit quelques mots de Freitas,
et de son livre *De justo imperio Lusitanorum
asiatico;* il avait constaté, d'après des lettres
de Grotius lui-même, que le *Mare liberum* se
ressentait de la trop grande jeunesse de l'auteur, « Fuit enim meum opus, de mare libero,
optimo scriptum in patriam animo, sed ætate
juvenili (2); » et que Freitas, lui opposant
SCRIPTUM SATIS DILIGENS, était VIR DIGNUS CUI
RESCRIBATUR (3). Mais, ajoute le biographe,
quand cette réfutation parut, Grotius était si
mécontent des Hollandais qu'il ne crut pas devoir employer son temps pour servir des ingrats. « Que l'on cherche quelqu'un parmi mes

---

(1) Voir le beau livre de M. Pierre Margry, intitulé :
Les Navigations françaises du XIV° au XVI° siècle,
aux pages 196 et suiv., 220 et 221 particulièrement.

(2) Voir au *Recueil de Burman*, les Epitres 15, 144,
198 et 765. Tome II, pages 327, 427, 759, 796.

(3) *Ibidem.*

juges pour répondre à l'Espagnol! » disait.il (1).
C'était une ironie contre leur ignorance. Et
dans une autre épitre (382, p. 364), « Je ne me
souviens point de ce que j'ai été, quand je
vois que ceux à qui j'ai rendu de si grands
services ne se souviennent de moi que pour me
nuire. D'ailleurs, il y aurait de la folie d'aller
offenser les autres nations (2) pour faire ma
cour à ceux qui me traitent continuellement
en ennemi. »

Graswinkel, non plus, ne disputa point contre
Freitas. L'auteur du *Mare liberum* et celui des
Vindiciæ maris liberi sont donc, par leur
silence injuste et calculé, les premiers respon-
sables du fâcheux oubli dans lequel est resté
leur principal, ou, du moins, leur plus pressant
adversaire. Les causes de cet oubli furent, d'ailleurs, multiples. D'une part, en effet, la France

---

(1) Grotius et son biographe supposent que le livre
De justo imperio Lusitanorum asiatico, imprimé à Valladolid, où Freitas professait le droit canon, était l'œuvre
d'un Espagnol. Cependant Freitas s'y glorifie d'être Portugais ; et Grotius, dans le passage sus-mentionné, ne
peut avoir eu en vue certaine autre réponse faite à Sala-
manque, puisqu'elle avait été supprimée, dit Burigny,
par le roi d'Espagne lui-même.

(2) Freitas, en effet, dans son adresse aux princes chrétiens, pris par Grotius pour arbitre du litige, n'avait pas
manqué de leur faire observer que cet appel était sans
franchise, émanant de sujets révoltés contre leur propre
souverain, et qui tenaient en défiance le régime monarchique. — On voit que cette observation n'avait pas été
perdue pour le jurisconsulte et diplomate hollandais.

aidait puissamment la Hollande à secouer le
joug de la dynastie d'Autriche-Espagne qui
étendait orgueilleusement sa main sur l'univers (1); et, devant les faits chaque jour
accomplis, la polémique la plus savante perdait
beauconp de son intérêt. Et puis, c'était pour
le Portugal, la douloureuse époque des *soixante
ans de captivité*. Professeur à l'Université
d'Espagne, et quelque peu adulateur de Philippe IV dans sa Dédicace, le moine portugais,
malgré des protestations d'amour pour son
pays d'origine, dont il a grand soin de célébrer
la gloire et la richesse, ne dut pas, ce me semble, inspirer aux siens une vive sympathie. —
D'autre part, Freitas avait consacré une grande
partie de son livre, l'interminable Chapitre **VI**

---

(1) Henri III envoie son frère, le duc d'Alençon, pour
aider les Hollandais contre l'Espagne. — Henri IV les
seconde également, surtout jusqu'au traité de Vervins;
et, dans l'Europe reconstituée selon ses rêves, il leur
réservait une belle place. — En 1624, au plus fort des
discussions sur le *domaine de la mer*, Louis XIII s'unit
à eux par le traité de Compiègne; en 1630, par le
traité de La Haye; en 1635, par celui de Paris. — Mais
bientôt Richelieu prévoit une mésintelligence entre nous
et cette Hollande que nous avons contribué à affranchir.
Elle éclate, en effet, dès les premières conquêtes de
Louis XIV sur la Flandre, à la suite desquelles les
Hollandais concluent avec l'Angleterre et la Suède cette
triple alliance qui nous contraint à borner le succès de
nos armes. *(Note du Traducteur.* — Voir Pellisson,
Hist. de Louis XIV; — Ragon, *Précis d'Hist. des
temps modernes;* — Filon, *Diplomatie française sous
Louis XIV.*

principalement, à des développements excessifs
de la Théorie de la puissance du Pape sur le
temporel des Princes. Sur cette table, il frappe
comme un sourd qu'il était (*voir la notice
biographique*); mais il suscitait ainsi de pires
surdités, une forte conspiration du silence au-
dessus et autour de lui. Enfin, s'il rend bonne
et sévère justice de certaines témérités des
arguments de Grotius, comme de la fausse
application qu'il a faite de plusieurs textes;
s'il le reprend de quelques négligences ou
contradictions; il n'est point à l'abri de reproches sur des défauts disgracieux et fatigants,
qui, malgré ses éminentes qualités, — patrio-
tisme ardent et pur, piété ferme, savoir, méthode, jugement droit et supérieur, — auront
rebuté l'attention des lecteurs, et détourné
de lui les esprits pratiques. La surabondance,
la prolixité, la naïveté, les répétitions, tolé-
rables et souvent utiles au barreau, ou dans une
chaire d'enseignement, sont autant de fautes
dans une discussion politique aussi élevée. Il
faut dire encore que le texte de l'auteur portugais est, d'un bout à l'autre, tellement encom-
bré, comme à plaisir, de la mention des lois et
des autorités dont il s'appuie, que le fil en est
brisé à chaque page, presque à chaque période,
et ne se renoue parfois que difficilement (1).

_____

(1) La plupart de ces citations ont été par moi renvoyées
au bas des pages.

Mais quelle puissance d'argumentation! Quel trésor d'autorité pour et contre chaque détail de la thèse! Puis, des faits historiques, graves et nombreux, même de simples et curieuses anecdotes. Les chapitres XV et suivants en abondent.

L'œuvre de Grotius, écrite largement au risque de quelques traits fautifs, est l'ardent et généreux essor du génie. Celle de Freitas, plus minutieusement soignée, procède avec toute la gravité d'une patiente et profonde érudition.— Sans doute, le Hollandais, vainqueur, est aussi le plus attrayant; mais le Portugais, même vaincu, reste bien supérieur en méthode et en doctrine.

Tout compensé, l'ouvrage de Séraphin de Freitas, qui fait ressortir avec une grande habileté les côtés faibles de la dissertation de Grotius, et le caractère rigoureusement légal de la possession des Portugais, ainsi que leurs titres au maintien de leur domination dans l'Inde, est un monument historique, juridique et diplomatique d'une réelle importance, digne d'être remis en lumière, et duquel doivent s'honorer le Portugal et l'Université de Valladolid. — Malgré l'indifférence dont les temps modernes le menacent certainement encore, je suis heureux d'en avoir entrepris la résurrection.

J'ai voulu traduire à peu près littéralement;

suivant, en cela, le conseil donné par Château-
briand dans son *Essai sur la littérature
anglaise* (1); conseil discutable pourtant s'il
s'agissait d'écrits où le génie propre de la langue du traducteur ne dût pas être sacrifié.
Or, ici, rien à observer de semblable. Une
interprétation plus libre et plus -élégante eût
été facile; mais elle eût essentiellement nui à
l'exactitude, sans parvenir à dissimuler à des
esprits excercés, sous le vague de l'expression,
les erreurs auxquelles j'ai été exposé, et que,
vraisemblablement, je n'aurai pas eu toujours le
bonheur d'éviter. J'ai donc pensé qu'en pareille
matière, le lecteur préférerait un mot-à-mot
assez correct à de sonores équivalents, et me
saurait quelque gré de ne point déguiser ni
atténuer la pensée, fût-elle injuste, de mon
auteur.

Mais dans deux cas, absolument exception-
nels, je me suis heurté à une difficulté telle,
soit par inhabileté de ma part, soit aussi par la
privation des auteurs mentionnés dans la discussion, que dans la crainte d'errer, même sur
de simples détails, j'ai préféré m'en tenir à une
courte analyse, ou transcrire deux pages du

---

(1) « La traduction littérale me paraît toujours la meil-
» leure. Une traduction interlinéaire serait la perfection
» du genre, si on pouvait lui ôter ce qu'elle a de sauvage.»
(CHATEAUBRIAND, *loc. cit.*)

latin de Freitas (1), entremêlé de citations.
Cela donnera une idée de son style et de ce mé-
lange qu'il affectionne. De même, j'ai conservé
le latin, facile à traduire, de quelques-uns des
passages cités. Parfois enfin, tant au cours du
texte que dans les renvois, au bas des pages,
des citations encombrantes, j'ai mentionné les
auteurs et leurs livres, sans indiquer chapitres,
numeros et pages, lorsqu'il m'a semblé qu'un
lecteur, même exigeant, n'en demanderait pas
davantage.

Mon humble et rude tâche une fois terminée,
j'ai voulu rapprocher l'homme de son œuvre ;
et nos biographies sont muettes sur le compte
de ce vieux jurisconsulte. De Lisbonne, où j'a-
vais écrit plusieurs fois, il ne m'était venu que
des promesses sans effet. Plus tard, l'Académie
de Valladolid ne m'a pas même répondu. Mais
le Congrès littéraire international qui s'est
tenu à Lisbonne en septembre 1880, ayant pour
objet principal tout ce qui se rapporte à la
traduction, je m'y rendis avec empressement ;
et la parfaite obligeance du grand bibliothé-
caire, M. Silva-Tullio, me fit communiquer la
Bibliotheca lusitana, de Barbosa Machado,
répertoire parfois indigeste (m'a dit un plus

---

(1) Voir aux chapitres VI et XIV. Il y aurait eu de la
témérité à traduire ces passages sans avoir sous les yeux
les œuvres des auteurs invoqués ou combattus.

savant que moi), mais où je trouvai une notice
suffisante, en langue portugaise, traduite également ci-après.

Je ne saurais, au surplus, exprimer assez de
gratitude pour l'honorable et brillant accueil
qui nous fut fait à Lisbonne, tant par les Souverains eux-mêmes que par la Municipalité,
et l'Académie des Sciences. — En pouvait-il
être autrement, quand nous étions présentés,
et conduits de fêtes en fêtes, comme de travaux en travaux, par M. Mendès-Léal, ministre plénipotentiaire de Portugal en France,
poète et prosateur éminent, et si riche en qualités du cœur qui lui assurent, de la part de
tous, autant d'affection que de respect. — Enfin,
sans attendre la publication de ce travail, an-
noncé en séance du Congrès littéraire, S. M. le
Roi Don Luiz, protecteur éclairé des lettres, —
qu'il cultive lui-même avec distinction, avait
témoigné sa satisfaction à l'auteur en lui con-
férant l'ordre ancien et très-noble de Saint-
Jacques, du mérite scientifique et littéraire.

Il ne me reste à dire qu'un mot : c'est que le
livre de Freitas doit accompagner celui de
Grotius dans les grandes bibliothèques publiques de tous les peuples, dans celles des assemblées législatives, des souverains, des ambassades, des universités et des chancelleries. —
Dût la poussière en être rarement secouée,
j'aurai atteint mon but modeste.

NOTICE SUR FREITAS

Extraite de la Bibliotheca Lusitana
de Diogo Barbosa Machado.

••••••••••••••••••••

FREITAS (François-Séraphin de) était fils d'Antoine, et frère d'Emmanuel, sergent-major (1).
Versé dans les lettres latines, il passa à l'Université de Coïmbre, où il s'appliqua à la
science de la jurisprudence canonique; et tels
furent les progrès de sa perspicace intelligence,
qu'ayant reçu le bonnet de docteur le 25 oc-
tobre 1595, il assista pendant quelques années
à cette Université, concourant pour chaque
chaire qui venait à vaquer. De Coïmbre, il vint
à Valladolid, où il s'associa au saint Institut
de l'Ordre militaire de Notre-Dame de Merci,
en prit l'habit, et après avoir fait profession
solennelle, continua l'étude des sacrés canons
avec tant de fruit de son zèle, qu'il devint titu-

_____

(1) Freitas eut trois frères, comme il le dit lui-même
au commencement de sa Dédicace à Philippe IV. —
Barbosa ne fait pas connaître la date de sa naissance, ni
celle de son décès. Selon toute vraisemblance, il avait au
moins douze ans de plus que Grotius, et vécut ainsi de
1570 à 1640, ou environ. — Le sergent-major, en Espagne
et Portugal, était un officier supérieur. (*Note du Trad.*)

laire de la chaire de Vespora (1), dans cette
faculté de Valladolid, où l'assemblée générale
acclama son nom. La surdité dont il était
affligé l'empêcha d'arriver aux chaires supérieures que nul ne lui disputait. — Il fut conser-
vateur des ordres militaires de Portugal dans
les pays soumis à la couronne de Castille. —
Sa science littéraire a été célébrée par l'illustre Cunha, qui l'appelle *vir summæ crudi-
tionis et religionis*. (de Decret. cap. *qui de
mensà*). Fr. Marcos Salmeiron s'exprime ainsi
à son sujet : « Il publia peu d'ouvrages, en
comparaison du nombre de ceux qu'il écrivit ;
mais ils lui assurent dans la postérité le renom
d'homme aussi docte et érudit que pas un. »
(*Recuerda historiæ*, 49). Et Fr. Bernard de
Vargas, dans l'*histoire de l'Ordre de la Merci*,
tom. 2, chap. 19 : « Tous, depuis le plus grand
docteur et le Prince, jusqu'aux moindres
d'entre nous, demeurent dans l'admiration
d'une si grande élévation de langage, d'une
telle force de discussion, d'une telle supériorité
de doctrine. » — La Bibliothèque historique et
critique de Barbosa-Machado, d'où est extraite
cette notice, donne ensuite l'énumération des

---

(1) *Cathedratico de Vespora*, dit Barbosa ; *Antecessor
Vespertinæ in Sacris canonibus Cathedræ*, d'après le
titre du livre de Freitas. Ce cours était consacré à la
Théologie. Le mot *Vespera*, au lieu de *Vespora*, est encore usité.

traités et consultations dont Freitas est l'auteur. Le plus important de ces ouvrages, le seul qu'il est encore intéressant de faire connaître, est sa réponse très-savante, méthodique et vigoureuse, au *Mare liberum* d'Hugües Grotius, sous le titre : *De justo imperio Lusitanorum asiatico.*

A PHILIPPE IV

Monarque d'Espagne et des Indes.

....

Non quercus te sola decet, nec laurea Phœbi,
Fiat et ex ederà civica nostra tibi.

Il est doux, ô Prince couvert de gloire! il est
beau pour ceux de notre famille de Freitas de
mourir pour la patrie; c'est pour son culte que
trois de mes frères ont accompli ce devoir en
quelque sorte héréditaire. Il m'est interdit, par
les règles du cloître, de suivre leurs exemples;
mais à moi s'est offerte une occasion inespérée
de défendre ma patrie sans violer l'observance
religieuse; afin que les mêmes frères combattis-
sent pour leur pays non seulement par les
armes et au prix de leur sang, mais aussi par
la plume et par le droit; car les armes et le
droit sont les deux illustrations et les deux
appuis de la Majesté Impériale.

Certain Hollandais est descendu dans l'arène,
essayant, ô grand Roi! de révoquer en doute
votre droit de navigation et d'empire dans
l'Inde. L'Océan est le champ du combat; les
juges suprêmes sont les Princes du Monde
Chrétien. Mais les armes sont inégales; car
l'agresseur entre en lice fièrement, et armé de
pied en cap de fer et d'acier; — pour moi qui

m'appuie uniquement sur votre nom et sur la
justice de la cause, je ne l'imiterai point en
prenant un masque. Que l'Afrique conspire, et
qu'il en soit de même de l'Asie armant ses élé-
phants chargés de tours; que les mers soient
couvertes de flottes ennemies; que les Turcs,
les Maures et les payens fassent alliance; que
les apostats vous insultent; que les rebelles
aboient et qu'ils infestent tous ensemble l'Empire des Espagnes; vous verrez tous ces mons-
tres s'évanouir au seul aspect du Lion Espagnol;
comme de petits oiseaux à l'arrivée de l'Aigle,
ils n'oseront plus seulement murmurer.

Toutes ces armées, tous ces ennemis, toutes
ces conspirations contre votre empire et votre
félicité étaient, en définitive, réservées à vos
triomphes. Et quoiqu'il arrive de contraire, il
est manifeste que cela tombe bientôt, devient
matière à votre louange et s'étend comme un
champ libre à l'exercice de vos vertus.

Utque tuus gaudet miles cum vicerit hostem,
Sic cur se victum gaudeat, hostis habet.
(Ovid. 2, *de Tristib. ad Aug.*)

Prenez donc seulement le bouclier de la foi;
sous lequel vous puissiez repousser les traits
de tous vos ennemis. Maintenez, selon votre
usage et celui de vos aieux, l'Etat inébranlable
de l'Eglise contre les hérétiques, afin que
l'Empire du Christ soit défendu par votre droite,

comme le Pape Léon le promet à l'Empereur
Théodose. Rien, en effet, ne brille avec plus d'é-
clat dans un Prince que la rectitude de sa foi;
rien qui puisse résister aux dangers comme la
vraie religion sous la protection de laquelle :
« Vivez longtemps heureux, Philippe , et mon-
« tez plus tard au Ciel; c'est le besoin de toute
« la terre, et vous vous rendrez à ses vœux. Que
« deux générations de Princes dignes de vous
« entourent votre trône, en perpétuant à jamais
« votre race (1). »

D. FR. SERAPHIN DE FREITAS.

---

(1) Cette dédicace se termine par les quatre vers ci-
après, que nous avons traduits prosaïquement :
    Vive, Philippe, diù Felix, pete sidera sero ;
      Hoc opus est terris ; te quoque velle decet.
    Et tibi succrescant Juvenes bis Cæsare digni ;
      Hique tuum trudant usque, Philippe, genus.
            (VIRG. ad Aug. in morte Mecœnatis.)

AUX PRINCES SOUVERAINS DU MONDE CHRÉTIEN

•••••••••••••••••••••••••

Princes très-illustres,

Quelqu'un qui se cache sous le masque (1)
réclame en justice devant votre tribunal, au
nom des Hollandais, le droit de navigation
dans l'Inde, acquis aux rois de Portugal par
leurs armes, par leur sang, par des titres éma-
nés des souverains Pontifes, et je dirai même
par les divines Prophéties.

Ce litige est soulevé par ceux dont les armes
n'ont pas été heureuses contre les Portugais,
comme l'attestent, entr'autres, au monde entier
Bombay, Malacca, les Moluques et le Brésil....
Mais en justice, il faut d'abord que le demandeur justifie de sa qualité légitime; de peur
qu'un jugement illusoire ne soit rendu; et c'est
une condition que ne remplira, que ne saurait
remplir ce *personatus*, tant parce que le prince
légitime et naturel des Hollandais ne doit être
arbitrairement provoqué par eux ni aux luttes

_____

(1) *Personatus*. Grotius n'avait donc pas mis son nom
à la première édition du *Mare liberum*. Dans tout le
cours de sa discussion, Freitas va l'appeler *Incognitus*,
terme que rend imparfaitement le mot *Anonyme*, parce
qu'il renferme une allusion dédaigneuse à la jeunesse de
son contradicteur, encore inconnu, sans célébrité, sans
autorité quelconque. (*Note du Traducteur.*)

de Mars, ni au tribunal d'Astrée, que parce qu'un Empereur et des Princes souverains (c'est ici, ô juges, votre propre affaire) ne peuvent être contraints par leurs sujets de venir plaider leur droit. *C'est par moi que les Rois règnent,* dit la divine sagesse (1); et c'est des législateurs que la justice émane. Les Hollandais, tout au contraire, entendent faire la loi au Prince, et ne point la recevoir de lui.... Mais venons au fait: Notre adversaire inconnu affirme comme une vérité parfaitement claire que d'autres, avant les Portugais, ont navigué d'Europe aux Indes par le cap de Bonne-Espérance. Peu lui importe la force de l'opinion contraire gravée dans l'esprit des hommes, force telle que l'hérésie de soutenir l'existence des Antéciens (2) et des Antipodes était considérée comme la plus détestable de toutes les hérésies. Car vers l'an du monde 745, au rapport d'Aventin (3) et de Rosinus (4), Virgile, évêque de *Salzbourg,* ayant pris pour texte d'un discours « qu'il y avait des antipodes » Boniface, évêque de *Mayence,* l'accusa d'impiété, et le proclama publiquement hérétique;

---

(1) Prov. 8.

(2) Habitant sous un même méridien dans la partie opposée de la terre. *(Note du Trad.)*

(3) Aventinus in *Annalibus Boïorum.*

(4) Rosinus. *De Anquitatib. Rom.* Oratio 2, pro antiquitate, p. 596.

parce que la supposition de l'existence des
Antipodes entraînait celle de l'existence d'un
autre Christ. — Des lettres ayant été obtenues
du pape Zacharie (dont Boniface était légat),
pour Utilon roi des Boïens, qui fut choisi pour
arbitre et médiateur de ce grand procès,
Virgile, vaincu par sa sentence, et condamné
comme ayant soutenu une mauvaise cause, fit
amende honorable de son erreur.

Aujourd'hui, les Hollandais, qui ont en
défiance le régime monarchique, ne vous élisent
point pour arbitres avec franchise, Princes
sérénissimes; car ce n'est point selon le droit
divin et commun, ni selon le droit Espagnol
qu'invoquent les fallacieuses paroles de leur
exorde, mais selon la maxime de Lesbos, que
l'Inconnu tient de sa race, qu'ils prétendent
obtenir une décision. Pour n'en donner que
deux exemples, l'Anonyme se prévaut de
l'autorité d'Ulpien sous la loi *Injuriarum* (1),
pour soutenir qu'une action est accordée à
celui qui serait empêché d'exercer la pêche en
mer ou devant une propriété particulière;
mais il omet le cas de fermage public, auquel
Ulpien applique une règle contraire. Tandis
que Paul, sur la loi *Sané de injuriis*, enseigne
que l'interdit *uti possidetis* appartient à celui
qui a acquis un droit propre sur le petit espace

----

(1) § Si quis me, de injuriis.

qu'il a dérobé à la mer (*expunctà maris particulà*), l'Anonyme substitue à cette expression le mot *diverticulo,* (un canal). De tous les docteurs, il n'admet, en les interprétant à son gré, que ceux qui le favorisent, et récuse les autres comme étant des flatteurs. C'est dans de telles conditions qu'il vous appelle audacieusement en justice. Et certes, il a bien raison ! Qui donc pourrait vaincre celui qui se met au dessus de tout droit et de toute autorité ? Rien, cependant, ne pouvait arriver de plus désirable aux Portugais que d'être appelés en justice par ces Bataves; afin que tous puissent reconnaître si c'est à bon droit ou injustement qu'ils troublent notre navigation de l'Océan, si ancienne, et munie de titres si nombreux. Qu'ils soutiennent donc leur défi, et que la sentence soit rendue d'après les raisons alléguées et les preuves administrées !

Vivez heureux, Princes illustres; occupez cette place de Dieu qui vous fut accordée d'en haut, et veillez à votre honneur et à votre majesté.

DOCT. FR. SERAPHIN DE FREITAS.

JUSTIFICATION

DE LA DOMINATION PORTUGAISE EN ASIE

Par le Doct. Fr. Seraphin de Freitas

CHAPITRE Ier

....

La Navigation est-elle libre entre tous les peuples en vertu du droit des gens?

....

Entre les rois de Portugal qui, par d'heureux succès, accrurent leur bien et celui de la Chrétienté, brilla de la plus grande célébrité Jean, premier du nom, qui, ayant fait passer une armée en Afrique, attaqua la très-opulente ville de Ceuta, qui était la terreur de l'Espagne, et l'enleva aux Maures par une insigne victoire (1). — Jean eut cinq fils de Philippa de Lancastre, petite-fille d'Edouard VI, Roi de la Grande-Bretagne. Henri, l'un d'eux, se signala par sa valeur guerrière, la sainteté de sa vie, par sa religion et sa piété envers Dieu et tous les Saints, principalement envers la bienheureuse Mère de Dieu, et rendit son nom sacré à la postérité, qui entendra l'éloge éternel de sa renommée. Ce grand Prince qui, de la magistrature de l'Ordre de

---

(1) Voir les Lusiades, ch. iv, St. 49.

Chevalerie dont il était le chef, institué au nom du Christ, contre les infidèles, par Denis, son trisaïeul, tirait chaque année des revenus et des impôts considérables, conçut la pensée de les employer pour la gloire du nom portugais et pour la propagation la plus ample de la foi catholique. Sous cette inspiration, il s'appliqua à scruter des mers inconnues, à attirer dans la voie du salut des peuplades sauvages livrées au culte des Démons, et à porter en tous pays, le plus loin possible, sur ses flottes, l'étendart du Christ. C'est sous ses auspices qu'on parvint, en l'année 1410, jusqu'au mont Leœna (Sierra-Leone)(1), et que plusieurs iles du vaste Océan furent découvertes.

Aussi, c'est à lui et aux rois de Portugal que Martin V (pour qu'il n'y eût aucune interruption à cette grande œuvre, ni aucun empêchement de la part d'autrui) concéda le droit de navigation et d'exercice du commerce en Afrique et en Asie, à l'exclusion de tous autres, à la condition d'y propager la foi; concession confirmée depuis par d'autres Papes. Cette noble tâche des navigations de découvertes et d'extension de notre domination fut poursuivie avec bonheur par Alphonse V, fils du Roi Edouard, le frère d'Henri, par Jean II, fils d'Alphonse, et par Emmanuel, cousin-germain paternel de Jean (2).

----

(1) Deixando a Serra asperrima Lyoa.
(*Lusiad.* ch. v, St. 12.)

(2) Voir aux Lusiades, chant IV, stances 66 et suiv., les inspirations et le songe d'Emmanuel. (*Note du trad.*)

Mais la découverte des Indes occidentales, en 1492, aux frais des Rois de Castille Ferdinand et Isabelle, par le génois Christophe Colomb, dont Emmanuel avait refusé les services pour la recherche de terres nouvelles, donna matière à discuter auquel de ces souverains devait profiter l'expédition, en présence des diplômes de Martin V et autres Pontifes, qui semblaient favoriser les Portugais. Les liens de la parenté, de l'amitié, de la piété, et d'autres raisons déterminèrent ces Princes à une transaction. Alexandre VI, par un indult de 1493, décréta que les expéditions des deux peuples et leurs soins pour la conversion des Infidèles s'appliqueraient séparément, aux Portugais pour les Indes orientales, et aux Espagnols pour celles d'Occident. Et chacun d'eux, sans plainte des autres princes, sans aucun trouble de leur part, mais au contraire, de leur connaissance certaine et plein consentement, — car ils avaient été invités à se prononcer, — continua son œuvre pendant le cours de nombreuses années par des travaux inouis, au large prix de son sang et de dépenses considérables, jusqu'en 1580, époque de la réunion du Royaume de Portugal à celui d'Espagne, par suite de la mort de Don Sébastien en Afrique, sans postérité, auquel succéda le cardinal Henri, son grand-oncle, fils d'Emmanuel. La prompte mort de celui-ci mit bientôt en possession de l'Empire, en 1580, le Roi d'Espagne Philippe II, en vertu d'un droit héréditaire qu'il tenait de sa descendance d'Emmanuel par l'impératrice

Elisabeth, épouse de Charles Quint, et sœur
d'Henri le cardinal.

Les Hollandais qui s'étaient détournés de la
foi et de l'obéissance à Philippe leur souverain,
commencèrent alors à attaquer le droit et
l'empire des Portugais sur les marchés de
l'Inde; mais comme ils ont été souvent
repoussés par nous, voici qu'un INCONNU fait
appel, en leur nom, des armes aux principes du
droit, dans un livre qu'il vient de publier sous
le titre de MARE LIBERUM (1), où il déploie
toutes les forces de son génie contre les Espagnols, comme se partageant par usurpation
l'Océan, et s'attache surtout à ébranler le droit
des Portugais de naviguer et de commercer en
Asie. Cet Anonyme se pose en triomphateur,
tandis qu'il renverse les fondements de tout
droit, ou les change et les accommode à sa
guise; — digne de louange, toutefois, en ce
qu'il n'a point osé produire son nom, dans la
crainte du châtiment et du blâme que méritent
ses impostures et ses fausses interprétations,
au lieu des récompenses et des éloges qu'il
s'en promet. — Ce livre étant venu jusqu'en
mes mains, j'ai résolu de le soumettre à l'examen du droit, et de le réduire à son peu de
valeur. Mais, venant à mesurer mes forces, je
n'en présume pas tant que je considère comme
dépendant de moi seul et de mon zèle, le droit

---

(1) La première édition du *Mare liberum* est de 1608,
sans nom d'auteur. Celle d'Elzévir, 1633, porte le nom
d'Hugues Grotius. — Séraphin de Freitas publia son
livre en 1625.

de navigation et de commerce dans les Indes, qui appartient au Roi d'Espagne. Que je demeure ferme, ou que je succombe dans cette dispute, cela ne saurait préjudicier à une si grande cause. Bien d'autres parmi nous pourront la soutenir et l'illustrer par des raisonnements plus forts et de plus de poids. Je vais seulement démolir un à un les fondements que cet Inconnu s'est avisé d'établir.

Sans nous livrer à de trop longues discussions, nous montrerons succinctement que les Hollandais n'ont aucun droit quelconque de naviguer dans l'Inde, ou d'y exercer le commerce, quelques efforts que fasse l'Inconnu pour établir ce droit; si, comme il le demande, le litige est soumis à un examen régulier. Et, pour que nous ne paraissions pas nous dérober à la force et à la logique de son argumentation, nous suivrons l'ordre qu'il a lui-même adopté; mettant bien sous les yeux les fondements de sa doctrine afin de les réfuter plus pertinemment.

Dans ce premier chapitre, l'Anonyme prétend que selon le droit des gens primitif, — l'on divise, en effet, ce droit en primitif et secondaire, — il est de règle très-certaine que chacun est libre d'aborder un État étranger et d'y négocier; et cela pour le bénéfice accordé au genre humain par la divine Providence; chaque nation ayant besoin de l'aide d'une autre, comme le fait observer Pline dans son Panégyrique de Trajan. De là il conclut que ce droit appartient également à tous les peuples;

de telle sorte que nulle République, nul Prince
ne puisse généralement interdire accès aux
étrangers, ni refuser de lier commerce avec
eux. (L. *Nemo igitur*, ff. *de rer div.* — Inst.
eodem, — L. *mercatores*, C. *de commerc.*) De
là dérive ce droit sacré de l'hospitalité,
auquel Virgile fait allusion aux livres 1 et 7
de l'Eneïde.

Quod genus hoc hominum, quæve hunctàm barbara morem
Permittit patria? Hospitio prohibemur arenæ! (lib. 1)
. , ... littusque rogamus
Innocuum, et cunctis undamque, auramque patentem.
(lib. 7.)

De cette cause, dit-il, sont nées plusieurs
guerres entre des nations diverses : Ainsi, les
Amorrhéens ont été justement vaincus par les
Israëlites, pour leur avoir refusé un passage
inoffensif sur leur territoire ; (August. Est. Cap.
ult. 23 q. 2). Ainsi encore, ce furent de justes
causes qui armèrent les Génois contre les
Vénitiens (Sigon, ult. *de reb Ital*); les Chrétiens
contre les Sarrazins qui prétendaient les éloigner des abords de la Judée (Covarruvias, Reg.
peccatum, 2 p. §. 9, n. 4, vers. *quam causam*);
C'est ce droit qui justifie les guerres des
Espagnols contre les Américains (Victoria, *de
Indis*, 2 p, à n. 1; — Covarr. d. n, 4 vers quinto);
et c'est en l'invoquant, dit Tacite (4 *Hist.*), que
les Peuples de la Germanie accusaient les
Romains de s'opposer aux relations entre les
peuples, et de clore ainsi les fleuves, les territoires, et en quelque sorte le ciel même; — d'où
notre Anonyme conclut que les Portugais

commettent une injustice, même à les supposer
maîtres des terres où se rendent les Hollandais
et des mers où ceux-ci naviguent, lorsqu'ils
prétendent leur interdire accès et commerce;
injustice bien plus criante, puisqu'ils ne sont
maîtres ni de ces terres, ni des nations dont il
s'agit.

Mais, d'abord, cette division du droit des
gens en primitif et secondaire fut tout-à-fait
ignorée des anciens jurisconsultes, qui ont, au
contraire, enseigné que le droit des gens est
unique (1). Elle ne peut même se soutenir au
point de vue de l'enseignement; soit parceque
ce n'est point une saine méthode que celle qui
procède à l'encontre des règles générales du
droit (2); soit, surtout, parceque, d'après cette
distinction, le partage des biens se serait établi
sous le droit des gens secondaire, tandis que
les jurisconsultes pensent que ce droit prit
naissance avec le genre humain (3).

Puisqu'il n'y a qu'une source du droit des
gens, à savoir la raison naturelle; puisque ce
droit n'a qu'une seule fin, le bien de l'espèce
humaine; et puisque tous les hommes sont, à
ce point de vue, rassemblés en une seule
République, sous l'autorité de la raison natu-

---

(1) L. 1, ad fln, cum Seq ; L. *Manumissiones quoque* ;
L. *ex hoc jure*, ff. *de justitià*. — COVARR. rei *peccatum*,
2 p. § 11, 4, 3. — MOL. lib. 1, c. 2, u. 5, in lin. — PICHARD,
§ *Singulorum* n. 2. — Iust. *de rer. dic.* — FAB. *in Papin.*
lib.2, princ. 4; etc.

(2) VALASC. *de jure emphyt.* q. 3, n. 5, contrà PINEL,
n rubr. *de rescind.* 1 p, cap. 1, n. 13.

(3) L. *ex hoc jure*, ff. *de acq. rer. dom.*

relle, comme ils le seraient sous celle d'un
même Prince (Salas, *de legib.* disp. 2, n. 21);
il est conséquent de dire que le droit des gens
est essentiellement UN.

Toutefois, pour se rendre compte des diverses
constitutions des peuples, du travail qui les
a produites et de la tournure qui leur a été
donnée, Suarez et Salas, après plusieurs autres (1) qu'ils citent, distinguent entre l'état de
pure nature, et celui de la nature corrompue,
de telle sorte qu'au premier de ces états appartiennent, par l'ordre de la raison naturelle, les
principes établis et réglés pour le bien de l'humanité entière, tels que la religion envers
Dieu, l'obéissance aux parents, la légitime
défense, le mariage, l'éducation des enfants,
et autres semblables; — et que, de l'autre côté,
se rangent les règles qui, eu égard à l'état de
notre présente nature, c'est-à-dire de la nature
corrompue, et à la suite des changements
qu'elle a introduits ont été dictés également
par la raison naturelle, à savoir: l'esclavage,
la libération, la distinction des domaines, etc.
(L. *Manumissio,* L. *ex hoc jure.* ff. *de Just.*
cap, *Jusgentium,* dist. 1.) — Comme les premiers de ces principes conviennent à l'humanité avant la corruption de sa nature, les
seconds lui conviennent également après son
changement et sa corruption. Tel est le sentiment de Luc. Pacius, centur. 1, quœst. 2.5.

---

(1) SUAREZ, *de legib.* lib. 2, c. 17, 18, 19.— SALAS, eod.
tract. disp. 2, à nº 9.

Nous avons fait cette remarque préliminaire pour mettre en évidence que la navigation appartient plutôt à la seconde partie du droit des gens qu'à la première. Elle est, en effet, si nécessaire pour subvenir aux besoins de notre nature corrompue que l'Anonyme lui-même en convient. — Cette indigence était bannie de l'âge d'or, comme l'indique le poète, au livre Ier des *Géorgiques* :

> .... ipsaque tellus
> Omnia liberiùs nullo poscente ferebat.

Et Ovide, au premier livre des *Métamorphoses* :

> Aurea prima data ætas quæ vindice nullo
> Sponte suà sine lege fidem rectumque colebat.

> Ipsa quoque immunis, rastroque intacta, nec ullis
> Saucia vomeribus per se dabat omnia tellus..., etc.

Et quant à classer la navigation sous l'état de nature corrompue, voici ce qu'en pense Ovide :

> .... de duro est ultima ferro.
> Protinùs irrupit venæ pejoris in ævum
> Omne nefas........
> Insidiæque et vis, et amor sceleratus habendi.
> Vela dabat ventis, nec adhùc benè noverat illos
> Navita ; quæque diù steterant in montibus altïs
> Fluctibus ignotis insultavère carinæ.

La navigation est même réputée contre nature :

> .... Horrida callidi
> Vincunt æquora navitæ (Hor, lib. III. od. 24).

Inventà secuit primus qui nave profundum
Et rudibus remis sollicitavit aquas,
Qui dubüs ausus committere fluctibus alnum,
Quas Natura negat præbuit arte vias.

(CLAUD. *de Raptu Proserp.* lib. I).

Boëce y joint son sentiment, au livre 2 de sa
Consolation :

Felix nimiûm prior ætas ;
Nondùm maris alta secabat
Nec mercïbus undiquè lectis
Nova littora viderat hospes.

Il s'en faut donc bien que la navigation appartienne à l'état de pure nature, ou, (comme le veut l'Anonyme d'après Vasquius, illust. cap. 89, n. 30) au droit des gens primitif, dans le sens qu'il attache à ce mot; ce qu'il ne prouve et ne saurait prouver; car il laisse toujours à d'autres à prouver les majeures de son argumentation, ce qui est une très vicieuse manière de discuter.

Pour plus de clarté, observons qu'un objet peut tomber de deux manières sous le droit naturel, auquel les auteurs réduisent le droit des gens primitif. (Salas, *de legib.* disp. 2, n. 13) : d'abord, et à proprement parler, quand la loi naturelle l'ordonne; en second lieu, à titre de permission, de prohibition ou de concession. (Suarez, lib. 2 *de legib.* cap. 14, n. 6). Il y a cette différence entre ces deux modes, que les préceptes de droit naturel sont immuables. Ainsi l'entend une décision de Justinien dans le § *Sed naturalia*, aux Institutes, *de jure naturali*, se restreignant aux droits établis par

la Divine Providence, comme le remarque fort
bien Jul. Pacius, cent. 1, qu. 2. Conséquemment, le texte de cette décision ne s'applique
point aux choses qui relèvent du droit de
nature, mais seulement aux droits naturels
eux-mêmes (1). Les autres espèces de droits,
qui ne contiennent point de précepte, ont pu
varier avec les circonstances. — Ainsi, la liberté
et l'esclavage, la communauté des biens, ou
leur partage, et autres semblables, ont pu
changer d'état ou se perpétuer, selon la diversité des temps; quoique la liberté, la communauté soient bien du droit de nature, mais
non point d'un droit de précepte. La raison de
la différence est que la première espèce de
droits naturels contient des règles et des
préceptes d'une vérité si nécessaire qu'ils ne
peuvent changer; tandis que les règles de la
seconde espèce dépendent de l'état des choses
et de leurs vicissitudes, et sont, en conséquence,
sujettes à changement. Dans ces termes, le
droit naturel n'est point changé; ce sont les
circonstances seules dans lesquelles il s'exerce.
(V. les auteurs plus haut cités, ibid).

Bien plus, lors même que l'exercice de la
navigation et du commerce aurait eu lieu dans
le premier état de pureté de notre nature, il ne
relèverait pas, toutefois, d'un *précepte* de droit
naturel.

D'où il suit qu'un Prince peut interdire à des

_____

(1) SUAREZ, ibid. C. 13 et 14, — SALAS, *de legib.* disp. 5;
Sect. 7, à n. 30.

étrangers le commerce sur ses terres, et à ses
sujets le commerce avec des étrangers; ce que
nous verrons plus amplement au chapître 2.
C'est bien à tort que notre Inconnu dénie cette
faculté au Prince souverain, en faisant dire à
Justinien et aux jurisconsultes ce qu'ils n'ont
jamais pensé. Lorsque Didon répondait comme
suit à la demande d'Enée, elle donnait à entendre que cela lui était permis :

> Res dura et regni novitas me talia cogunt
> Moliri, et latè fines custode tueri. (Æn. 1.)

Et notre adversaire intervertit tout-a-fait le
sens de Tacite, lorsqu'il attribue à cette cause
les reproches qu'adressaient aux Romains les
peuples de la Germanie. Ces peuples, en effet,
s'étant souvent révoltés, le Sénat Romain
décréta, pour éviter leurs conspirations, que les
Tenctères et les habitants de Cologne, séparés
par le Rhin, ne pourraient communiquer, afin
de les contenir dans le devoir en divisant leurs
forces. Mais lors de la conjuration de Civilis,
noble Batave, contre les Romains, les Tenctères
envoyèrent des députés à ceux de la colonie
Agrippina, leur proposant de s'associer pour
une guerre commune; « car, disait le plus hardi
de ces députés, les Romains nous ferment
aujourd'hui les fleuves, les terres et en quelque
sorte le ciel même, en interdisant tous rapports
et fréquentations. Pour assurer, au contraire,
notre amitié et société dans l'avenir, nous
venons vous demander d'abattre les murs de
Cologne, d'exterminer les Romains dans toute
l'étendue de votre territoire, et de confisquer

leurs biens; de telle sorte qu'il nous soit permis,
comme à vous, d'habiter l'une et l'autre rives,
ainsi que le faisaient nos ancêtres. » Mais les
habitants de Cologne n'admirent pas sans
réserves la députation, le conseil et le commerce des Tenctères, comme le rapporte Tacite, qui reproduit ainsi leur réponse :

« Il est plus sûr pour nous d'augmenter nos
fortifications que de les détruire. Si des étrangers sont venus d'Italie et des provinces
romaines dans nos pays, la guerre les a enlevés
ou bien ils sont retournés chez eux. Quant à
ceux qui ont été exilés ici, et ont contracté
mariage parmi nous, notre patrie est devenue
la leur; et nous ne vous supposons pas assez
injustes pour vouloir que nous immolions nos
parents, nos frères et nos enfants. Que le passage vous soit donc libre, mais de jour, et sans
armes. » D'où il appert que les habitants
de Cologne ne se fiaient pas beaucoup aux
Tenctères quant au passage du Rhin et au
commerce. — Qui donc, sinon l'Anonyme,
condamnera ce décret si prudent du Peuple
romain, ou de tout autre Prince, ayant pour
objet de maintenir dans la soumission les
populations des Provinces, et d'éviter à un
moment donné, un concert hostile de leur part?
En d'autres termes, qu'a de commun le fait
dont il s'agit avec la question qui nous occupe?

C'est donc sur un fondement bien faible, ou
plutôt complètement faux, que s'appuie toute
la machine de notre antagoniste, lorsqu'il
affirme avec assurance que la liberté de navi-

gation et de commerce dans les pays étrangers appartient au droit des gens primitif. Car, de deux choses l'une : ou il entend par droit des gens primitif celui qui se rapporte à l'état de pure nature ; et, dans ce sens, nous avons déjà montré que sa thèse n'est pas soutenable, comme il en convient lui même en son chapitre 5 par ces mots : « Quod ut clariùs explicent, negant eo tempore campos limite partitos, ant commmercia fuisse ulla. » C'est donc en vain qu'il suppose une faculté de commercer dans une situation qui ne comportait point de commerce ; et nous avons montré ci-dessus qu'il en était de même de la navigation.

Ou bien, au contraire, il entend par droit des gens primitif un ensemble de préceptes immuables et indispensables ; et alors ce qu'il avance ne saurait être défendu, comme nous l'avons déjà prouvé. — Bien plus, l'auteur exprime lui-même le contraire dans son chapitre 2, lorsqu'il dit que « les Portugais, comme les autres peuples, demandent aux Princes de Java, de Ceylan et des Moluques le droit d'entretenir commerce avec eux, et n'y habitent qu'à titre précaire. » Si les Portugais, comme les autres qui naviguent dans l'Inde, demandent à ses princes le droit de commercer, c'est apparemment parcequ'ils n'ont pas ce droit en propre, et ne le tiennent que de la faveur d'autrui. Il est inutile, en effet, de demander, il est inutile de donner comme un privilège, ce qui est accordé par un droit naturel et commun. — L'habitation précaire répugne également à ce

droit; (1) puisqu'elle dépend de la libre volonté
de celui qui la concède; car il est naturellement
juste que vous ne jouissiez de ma libéralité
qu'autant que je le voudrai bien, et que je
puisse la révoquer lorsque j'aurai changé
d'intention (2). Si donc la navigation et le
commerce sont permis à titre précaire par les
Princes d'Orient à ceux qui se rendent dans
leur pays, comme l'établit l'Anonyme, ces
Princes ont, par cela même, et selon la loi naturelle, le droit de révoquer cette autorisation.
Il serait contradictoire que je pusse, en vertu
d'un droit naturel, immuable, naviguer et
négocier aux Moluques malgré les maîtres du
pays; et qu'en vertu du même droit, les Rois
des Moluques pussent m'interdire la navigation
et le commerce. — C'est pourtant cette contradiction qu'admet notre Inconnu, en accordant
à un Prince ou à une République cette faculté
d'interdiction, après la lui avoir, d'abord,
déniée. Ainsi est nécessairement détruit le fondement de son argumentation, ce qui apparai-
tra plus manifestement au chapitre suivant. —
Quant aux raisons pour lesquelles les Hollandais et autres sont par nous empêchés de naviguer aux terres étrangères des contrées orientales, nous les discuterons en leur lieu. Cette
question dépend, en effet, de certaines considérations qui seront présentées aux chapitres 7 et 8, ci-après.

---

(1) L. 1. ad fin. ff. ad muncip.: Jure proprio utens, quod
sibi à naturà competit, nemini facit injuriam — L.
fluminum, § fin. de damno infecto.

(2) L. 2 ff. de precario.

CHAPITRE II

━━━━━━━

Du droit de voyager dans les pays étrangers.

●●●●●●●●●●●●●●●●●●●●●●●●

L'auteur anonyme du *Mare liberum* ne distinguant et n'observant ni les causes des faits, ni les circonstances des temps, ou n'en tenant pas compte, mais les melant ou confondant ensemble; il est utile, pour éclairer le champ de la dispute, de considérer un triple état de choses quant à la question qui nous occupe. Il s'agit, en effet, en ayant égard à la nature des choses, ou d'un simple passage, ou de l'extrême nécessité dans laquelle se trouve un étranger, ou enfin, en dehors de ces cas, d'un droit de voyager librement dans les provinces étrangères.

Dans le premier cas, si on l'entend d'un passage inoffensif, il est dû et libre de tout droit; et s'il est refusé, on peut se l'ouvrir par les armes (1). C'est ainsi que se justifie la guerre des Israélites contre Sehon, roi des Amorrhéens (Nomb. 21). Car, dit August. (C. ult. 23, quœst. 2), il faut remarquer pourquoi les fils d'Israël purent déclarer justement la guerre aux Amorrhéens : c'est que ceux-ci leur refusaient un passage paisible qui devait leur être

───────────────────

(1) Palacius, *de justâ Navarræ retentione*, p. 5, § 3 — Castro, *de justâ hœreticorum punitione*, lib. 2, cap. 14. — Mol. tract. 2, disp. 106.

ouvert, en vertu du droit le plus équitable de
la société humaine. Et c'est à ce cas que se rapportent certaines guerres rappelées par l'Inconnu dans son premier chapitre, comme nous
l'avons expliqué dans la partie correspondante
de notre dissertation. C'est ainsi que César,
lorsque le Sénat lui interdit l'entrée de Rome,
dit avec raison :

> . . . . Arma tenenti
> Omnia dat qui justa negat. (LUCAIN, LIV. 1.)

Dans le second cas, celui où un étranger se
trouve en un extrême ou grave besoin de l'u-
sage des choses indispensables, cet usage ne
peut lui être licitement interdit, tant parce que
la loi de charité le demande, que parce que la
division des biens ne peut préjudicier à ce que
chacun use, même malgré les propriétaires,
d'une chose dont il a le plus extrême besoin.
(Molin. 2 disp. 105 vers.) Aussi, est-ce avec raison que Cicéron, cité par l'Anonyme, dit, au
livre Ier des *Devoirs* : « *Quid tam commune*
» *quàm mare fluctuantibus, littus ejectis?* »

De là (pour ne pas nous éloigner des exemples de cet Inconnu), la demande d'hospitalité
adressée à Didon par Enée et ses compagnons,
jetés par le naufrage sur les côtes d'Afrique
(Virg. lib. 1). De là encore, à son abordage en
Italie, la supplique d'Enée au roi du Latium,
pour ses Dieux Pénates :

> Diis sedem exiguam patriis, littusque rogamus
> Innocuum, et cunct.s undamque auramque patentem.
> (Virg. lib. 7.)

De là, la sanction auth. *Navigia C. de furtis,*

portée par l'Empereur Frédéric, avec aboli-
tion de toute coutume, contre les ravisseurs
du bien des naufragés (1). — De là ressort
l'injustice du statut qui permet au Prince de
s'emparer des biens des naufragés, si ce n'est
avec l'intention de les leur rendre lorsqu'ils auront été recherchés et qu'ils se présenteront (2).
Cette condition seulement peut justifier la loi
de Philippe II, d'après les auteurs auxquels
nous renvoyons; autrement, la coutume ne
l'excuserait point, parce qu'elle est une violation du droit de nature, comme ces auteurs le
font encore observer.

'Tellement que, même aux Infidèles (à moins
que nous ne soyons en guerre avec eux), les
navires et les biens des naufragés doivent être
restitués, et l'hospitalité accordée. — (Nav. in
man. edictione, anno 584, C. 17, n. 18). — Et ici,
nous devons nous défier de l'opinion de Sayrus
(d. c. 8, num. 5 et 6), concluant qu'en vertu du
droit civil, et canonique, il est permis de s'emparer des biens des Infidèles naufragés. Il
est à refuter, en effet, puisque l'Empereur n'a
excepté de l'acte dont nous avons parlé ci-dessus, que les pirates, les sujets des nations avec
lesquelles on est en guerre, et les ennemis

---

(1) Rebuf. ad leges Galliœ, in proœm. gloss. 5. n. 74. —
Sayrius, in thesauro, lib. 3, cap. 8, n. 5 et 8. — Elegan-
tius P. Fr. Ant. de Souza, sanguine, literis et virtute
illustris. De censur. bullœ cœnœ. cap. 5. disp. 38.

(2) Tabiena, Excomunicatio 5, cap. 25, § 3. — Paludan
in 4, dist. 18, Quæst. 3. — Caët. 2,2. quæst. 66, art⁰ 5, ad
2, et verb. furtum. — Sot. 5, de just. q. 3, art. 3, — Nav.
c. 7, n. 117. — Cov. Reg. peccatum. 3 p. § 2, n. 5.

déclarés du nom chrétien; et tels ne sont pas les simples Infidèles. Tel est le sens de la bulle d'excommunication lancée contre ceux qui s'approprient sciemment les biens des naufragés, trouvés en mer ou sur le rivage (1).

D. François d'Almeïda, premier vice-roi des Indes, fit donc justement la guerre au roi d'Onoris qui s'était emparé des chevaux que, pendant une cruelle tempête, les Portugais avaient confiés à la garde des habitants de ce pays, jusqu'au moment où le calme leur permettrait de venir les reprendre; et il fallut que ce roi, instruit par les maux de la guerre, vînt demander la paix et restituer notre propriété. (Osorius, lib. 4. *De rebus Emmanuel*). C'est, en effet, un principe de charité, que chacun soit tenu de porter secours à ceux qui en ont un extrême besoin (Novarr, et autres plus haut cités).

C'est donc une barbare et exécrable coutume, — disons mieux, une corruption véritable, — qui attribue au souverain de la Chine les biens des naufragés, et traite inhumainement les naufragés eux-mêmes, comme odieux aux Divinités du pays; les frappant, les mutilant et les affligeant d'autres peines (Pinto, en ses pérégrinations, c. 84 et suiv.), et se précipitant sur les voyageurs comme sur des ennemis, ce qui répugne gravement à la société du genre

---

(1) C. Excomunicamus. *De raptor.* — Nav. C. 17, n. 98. — Suar. tom. 5. *De cens.*. disp. 21 à n, 26. — Souza, d. c. 5. — Sayro. d. c. 8.

humain. (1) — La nature elle-même a, effectivement, établi entre les hommes une sorte de
parenté, afin que, tout au moins dans des cas
extrêmes, ils s'entr'aident les uns les autres, au
lieu de se dresser des embûches. (L. *Ut vim*,
De Just. Ne afflicto afflictio addatur; — Cap.
at si, ad fin. *De judicio*.)

Enfin, dans le troisième et dernier cas, après
la division des choses et des contrées, celles qui
sont possédées en commun, et qui constituent
le domaine de chaque État ne lui sont pas moins
propres que ne sont propres à chacun des
citoyens de cet État les biens qu'il possède à
titre de maître. C'est pourquoi, tout ainsi qu'un
particulier peut interdire à d'autres l'usage de
ses richesses (L.*Id quod nostrum, De reg. juris*)
et même ne point admettre de commerce avec
eux, sans encourir un juste procès pour ce
refus de correspondance à leurs désirs (2); de
même une République ou un prince peut licitement interdire à des étrangers l'usage des
choses communes aux citoyens, et même
refuser tout commerce avec eux. Est nulle, en
effet, la vente des choses que la nature, le droit
des gens ou les coutumes d'un État ont exclues
du commerce. (Paulus, in L. *si emptione*, §
omnium, ff. *De centrah. empt*). Tous les jurisconsultes sont d'accord sur la validité du statut

---

(1) Auberto Miræo, *De statu relig. Christ*, lib. 2, C,27.
Vers. *Sinæ*. — Pedro Ortiz. en la viagen del mundo,
lib. 2, C. 6, — Masseius, lib. 14. Hist. Indiæ initio.

(2) L. *Neque emere* C. *De jure deliber*. — L. *Invitum*
C. *De contrah. emptione*.

qui interdit de vendre à des étrangers, ce qui s'observe dans quelques républiques. (Tiraq. *De retract.* 1 in præfat. N. 14. — Molin. 2 disp. 105, Col. 1.). Et comme il est libre à toute personne de vendre sa chose à celui-ci et non à celui-là, et d'accorder à qui lui plaît l'usage de ses biens; de même toute province peut accorder à certains étrangers l'usage de quelques uns de ses biens, ce qui ne lui enlève nullement la faculté de refuser semblable usage à certains autres. (Molin : ubi proximè.). Chacun, à son gré, peut chercher ou admettre un acheteur; et l'on considérerait comme une grave injustice de forcer des hommes à disposer de leurs biens malgré eux. (L. *Dudûm* C. *De contr. empt.*). C'est à quoi les lois municipales ont coutume d'obvier (Molin, 2. disp. 370 in fin.); comme il appert de nos lois Portugaises, liv. 4, tit. 11, au commencement, que Navarr. (*De orat.* Cap. 18, n. 50) trouve plus claires et plus décisives encore que celles dont il a fait un choix en France et en Espagne.

A plus forte raison, tout Etat est libre d'interdire ses ports, le commerce et l'habitation aux étrangers, s'il les considère comme trop puissants. Car il peut justement craindre, tant est grande la malice humaine, d'être un jour par eux subjugué, ou d'éprouver de ce commerce ou de cette habitation quelqu'autre inconvénient. Il peut donc ne consulter que la prudence et son légitime intérêt, et couper court aux occasions qui l'exposeraient à de telles conséquences, en refusant à ces étrangers ce qui lui appartient.

C'est ainsi qu'autrefois, à bon droit, les Sagontins rendus défiants par plus d'une épreuve, et doués d'une grande sagacité, interdirent leurs rivages aux Carthaginois qui en voulaient à la liberté des Espagnes, et persuadèrent habilement aux gens de ces provinces de s'abstenir de commerce avec ladite nation, dont l'apparente amitié cachait des embûches. (Marian. *De reb. hisp.* lib. 1. cap. 15.). — C'est ainsi que les Carthaginois eux-mêmes, les Grecs et divers peuples défendirent tout accès aux marchands étrangers. (Stracha. *De Mercaturà;* 2. par.. n. 16. — Matience. l. 1. glos. 1, n. 4, tit. 12, lib. 5 recop.)

Car bien que, d'après le droit des gens, il soit permis à chacun de voyager, de traiter ses affaires et de commercer en pays étranger (1), cela doit s'entendre des époques pendant lesquelles les habitants de ces pays ne s'y opposent point (2). L'Anonyme lui-même abonde en ce sens, malgré lui, dans son premier chapitre, lorsque, après avoir affirmé que cette prohibition n'est pas licite, en thèse générale, il reconnaît qu'il en peut être autrement dans des cas particuliers, pour une cause spéciale, dont le Prince souverain est tenu de justifier.

Il faut, ici, distinguer entre les étrangers déjà admis au commerce, et reçus comme des

---

(1) Victoria. *De Indis;* à n. 1, p. 2.
(2) Mol. tract. 2, dis. 105.

hôtes, et ceux qu'il s'agirait encore d'admettre.
Dans le premier cas, il faut un motif pour
exclure d'un droit ceux qui l'ont acquis. Nos
guerres dans l'Inde ont été justes, parce qu'une
fois admis par des traités, et ayant contracté
des liens d'amitié, nous nous trouvions expulsés
par la fraude, le dol et les pièges des habitants;
et qu'ainsi nous avions à venger sur eux des
injustices, des larcins, des meurtres avec
trahison. Mais, dans le second cas, aucune
cause préalable n'est requise (1). Il répugne,
en effet, à la liberté naturelle que vous entriez
malgré moi dans ma maison; et comme le dit
Ovid, au liv. 5 des *Tristes*, Elégie 7 :

Tristiûs ejicitur quàm non admittitur hospes.

C'est pourquoi l'on doit rejeter l'opinion de
Victoria (*De Indis*, 2. p. in princip.) et d'Egidius
(L. *ex hoc jure*, cap. 7. n. 4, ff. *de Justit.* tom. 1.)
décidant qu'un Prince ne peut refuser, sans
cause, d'admettre à commercer, sur son territoire, les étrangers auxquels il n'est point favorable; parceque l'exil est une peine; et qu'un
Prince chrétien ne peut, sans cause, chasser
les Juifs de ses Etats, etc. Ces raisons ne sont
applicables qu'à l'expulsion; et il s'agit entre
nous de l'admission des étrangers.

De cette distinction des faits et des circonstances, il ressort avec clarté que notre Inconnu
s'appuie à tort sur les principes de l'hospitalité

---

(1) Ut post Baldum et alios singulariter resolvunt
Gerard, singulari 59, et Carol. Rugnus, cons. 20 à numer.
15, vol. 1; Stracha, *De mercatur.* 2 p, num. 34.

et des naufrages pour résoudre la question qu'il soulève : Est-il permis à un Prince ou à une République d'écarter des étrangers de son territoire et de son commerce? Cela n'a rien de commun avec les cas d'extrême nécessité. Cette explication donnée, notre adversaire ne saurait taxer d'inhumanité les Portugais.

CHAPITRE III

Les Portugais ont-ils, au titre d'invention ou découverte, un droit de propriété sur les contrées de l'Inde où naviguent les Hollandais?

....

L'Anonyme dit, Chapitre 2, que les Portugais n'ont pas inventé les Indes Orientales, d'abord parceque *inventer* signifie *venir en la chose* et en prendre possession. (Conanus. lib. 3, cap. 3, n. fin.). Or. il prouve que les Portugais ne sont point maîtres de Java, de Ceylan et de la plus grande partie des Moluques, où se rendent les Hollandais; puisque, tout comme les autres peuples, ils y demandent l'autorisation de commercer, y paient des tributs, et n'y résident que précairement.

D'un autre côté, selon lui, les Portugais ne peuvent, en aucune façon, prétendre avoir découvert l'Inde qui, depuis tant de siècles était très-célèbre; et déjà du temps d'Horace ;

> Impiger extremos curr:t mercator ad Indos,
> Per mare pauperiem fugiens. (H. Lib. I. Epist. 1.)

Les Romains ont même exactement décrit la plus grande partie de Taprobane (Ceylan) (Pline, lib. 6, C. 22.) Quant aux autres îles de l'Orient, non seulement leurs voisins, les Perses et les Arabes, les ont connues avant les Portugais, mais aussi les Européens, et les Vénitiens principalement.

Et enfin, ajoute-t-il, la découverte ne donne aucun droit, si ce n'est aux choses qui n'appartenaient auparavant à personne (L. 3. *De adq. rer. dom.*). Or les Indiens, tant mahométans qu'idolâtres, avaient antérieurement à la navigation des Portugais, le domaine certain et la possession de leurs biens, dont ils ne peuvent être dépouillés sans motifs. (Vict. *De potest. civ.* 1 par. n. 9.). La foi ne détruit point le droit naturel ou humain, duquel les propriétés dérivent (1). D'où il suit que ce titre de *découvreurs* ne nous sert en rien pour la possession des Indes, pas plus qu'il ne servirait aux Indiens, s'ils nous eussent découverts auparavant (2) — Ces peuples ne pouvaient non plus être réduits en esclavage comme dépourvus de sens et d'intelligence; car cela est faux. (Vict. sup. n. 23.). Et d'ailleurs, ce prétexte de conduire les hommes, malgré eux, à une civilisation plus avancée, usurpé par les Grecs et par Alexandre, est considéré comme déshonnête et impie par les théologiens (3). C'est, effectivement, de la sorte que discute cet Inconnu.

Pour notre satisfaction, nous ferons remarquer, avant tout, que les Hollandais naviguent, non seulement à Java, à Ceylan et aux Moluques, comme l'affirme notre adversaire, mais jusqu'aux autres îles de l'Inde, même aux terres qui sont sous notre puissance et domination, et

---

(1) D. Thom. receptus. 2. 2. Q. 10, art⁸ 12.

(2) Vict. *De Indis.* 1 p. n. 31 Vers. *Et ideo alius.*

(3) Vasq. illustr. in præfact. à n. 5.

qu'ils s'appliquent de toutes leurs forces à nous en enlever la possession.

C'est ce que témoignerait, même dans notre silence, la citadelle de Mombaze (1), assiégée le 29 Mars 1607, du côté de la mer par 2.000 bataves montant huit vaisseaux bien armés, et du côté de la terre par un grand nombre de canons, pendant près de deux mois, mais défendue par la constance et le courage incroyables du général Etienne d'Attaïde, qui renvoya ces assaillants, si bien châtiés par la perte de 300 des leurs, et celle d'un vaisseau coulé par nos canons (tandis que quatre hommes seulement manquèrent à la garnison composée de 145 soldats, enfants et vieillards), qu'ils n'osèrent dans la suite, renouveler leur tentative ; mais pour perpétuer la mémoire de l'espèce d'hospitalité et du passage inoffensif qu'ils démandent et qu'ils proposent, ils ont, par la dévastation des temples, des images, des maisons, et même des arbres et des pierres, dans l'Ethiopie orientale, transmis leur nom à l'exécration de la postérité. (*Hist. de Ethiop. orient.* lib. 3. cap. 20.)

L'usurpation des Moluques et notre expulsion de l'ancienne possession de Ternate, est si connue du monde entier, et mentionnée dans de nombreuses Annales (*Hist. de las Moluccas*)

---

(1) Tambem farào Mombaça, que se arrea
  De casas sumptuosas e edificios,
  Co ferro e fogo seu queimada e fea,
  Em pago dos passados maleficios.
            (*Lusiades*, Ch. X, Stance 27).

qu'il n'est pas nécessaire de rappeler quand et
comment les Hollandais, pour nous évincer de
ces régions, unirent par un traité, leurs forces
à celles des pet'ts rois du pays, mais finirent
par abandonner cette alliance, ces îles et
Cariophylon, si chèrement acheté par eux,
c'est-à-dire au prix de leur propre sang, après
avo r subi d'éclatantes défaites.

Mais que la renommée proclame le siège
sans exemple de la forteresse de Malaca, où
furent engagés, d'une part, l'infatigable courage d'André Furtado de Mendoça, décoré et
comme nourri de couronnes triomphales, d'autre part les phalanges considérables de puissants souverains, des flottes, bien armées, tant
de ces rois que des Hollandais eux-mêmes, cons-
pirant dans leur alliance la perte du nom portugais. Ce siège durait depuis près de quatre
mois, sans espoir de secours par terre et par
mer; et les forces des assiégés étaient abattues
par des veilles assidues et de fréquents assauts;
déjà les rats, les animaux en putréfaction manquaient à leur nourriture. Par de fréquentes
sorties, Furtado venait aux tables des ennemis,
le fer et le feu dans les mains, multipliant les
stratagèmes pour ne laisser ni sûreté, ni confiance en aucun temps, en aucun lieu, et pour
surmonter leurs détestables efforts. Par le car-
nage et l'incendie, il leur enlevait leurs provi-
sions, et se dérobait à leur vue avant qu'ils
eussent le temps de se porter contre lui. Il était
alors reçu dans les portes de la Citadelle qu'il
défendait par sa valeur, au lieu de mettre son

courage en sûreté dans ses murailles ; si bien
qu'à son nom, comme à ses actes, conviendrait
cette devise tirée d'Ovide : *Vivitur ex rapto*
(Metam. 1.). Dans une telle défense, ce nouvel
Alcide, par sa vigilance de jour et de nuit, non
seulement repoussa les assaillants, mais les
fatigua, et demeura ferme, en s'appuyant sur le
secours du Ciel, jusqu'au jour où, des renforts
lui étant arrivés de Goa, il chassa les ennemis
de leurs camps, les battit, les obligea à se
rembarquer en abandonnant leurs bagages, et
à s'en retourner ignominieusement chacun chez
soi. — Mais Mendoça, rappelé par son Roi
pour recevoir le prix de ses hauts-faits, mourut
intempestivement dans sa traversée de retour
en Portugal.

> Invida quem Lachesis medio salis æquore raptum,
>   Dùm numerat palmas, credidit esse senem.

Ce trépas causa une très-vive douleur à nos
grands généraux ; et les Hollandais en sautè-
rent de joie. Toutefois l'Anonyme lui accorde
une mention honorable, en rapportant (page 68)
la seconde lettre de notre très-sage Roi Philippe III, qui avait fait choix de ce héros pour
expulser des Indes les Hollandais.

Ainsi, pour revenir à notre sujet, l'Asie et
l'Europe savent que les Portugais ne peuvant
être évincés ni de force, ni au moyen des difficultés suscitées par rapport aux frontières,
pas plus qu'ébranlés dans leur persévérance ;
quoique les Hollandais les aient toujours attaqués avec des forces bien supérieures.

Après cette digression, revenons donc au

sujet de la dispute. En peu de mots l'Anonyme
touche à plusieurs questions, comme nous
l'avons fait observer au début de ce chapitre.
Nous répondrons séparément à chacune d'elles,
d'abord dans ce chapitre et le suivant, puis
dans le IX chapitre, en ce qui concerne le droit
de la guerre.

Que l'Inde ait été connue très-anciennement,
c'est ce que savent (comme on dit) les gueux et
les barbiers. Il est souvent mention de cette
contrée dans l'Ecriture sainte et dans les Annales de l'Antiquité. Mais ce que paraît ignorer
notre Inconnu, c'est que l'Inde, en général,
regarde le pôle Arctique, comme il appert des
tables de Ptolémée et de la mappemonde
(Strabo, lib. 2. — Osor. lib. 2. in pr. *De reb
Emmanuel*). Et c'est sur cette notion que les
Européens y ont voyagé, autrefois comme
aujourd'hui, par le golfe Arabique et le golfe
Persique. (Acost. lib. 1. *De nat nov. orbis*,
Cap. 11.). Mais il n'y a rien à conclure, de cette
connaissance, quant à la navigation au-delà de
l'Equateur par le cap de Bonne Espérance, ni
quant à la découverte d'un autre monde dans
l'Hémisphère antarticque, absolument ignorées
des Grecs et des Latins, comme nous le démon-
trerons au chapitre suivant.

Taprobane (aujourd'hui Ceylan), dont Pline
fait mention au livre VII, chapitre 22, appartient à notre hémisphère, pour la partie autrefois découverte par les Européens (1) ; mais

(1) Solino, Cap. 53. — Lucena lib. 2. Cap. 18, *in vitâ
Xavierii.*

c'était là le bout du monde connu des Anciens ;
témoin Ovide, au livre 1er *De Ponto*, Eleg. 6 :

> Quid tibi si calida prosit laudere Syene,
> Aut ubi Taprobanem indica tingit aqua ?

En s'avançant plus loin, nos ancêtres ont
non-seulement découvert des terres et des mers
nouvelles, d'autres mondes et d'autres astres ;
mais ils les ont tirés de ténèbres éternelles, et
en quelque sorte du vieux chaos pour les
mettre en publique lumière, (1) ce que notre
Homère a élégamment indiqué dans ces vers :

> As armas eos baroes assinalados
> Que da occidental praya Lusitana
> Por mares nunca de antes navegados,
> Passaram ainda alem da Taprobana.
> (Lusiad. ch. 1, st. 1.)

Toutefois, ce n'est pas simplement de la
découverte et de la navigation que dérive le
droit réclamé par les Portugais ; mais nous
verrons, au chapitre VIII, en quoi la découverte
peut y contribuer.

L'Inconnu s'arrête au mot *inventio*, et se
flattant d'être aussi bon grammairien que
juris-consulte, il déclare que les Portugais prétendent à tort avoir découvert (invenisse) les
Indes. Car, dit-il, toute la latinité nous apprend
qu'*invenire* est l'opposé de *perdere*. Invenire
est donc *in possessionem venire*. (L. *Si barsatorem. C. De fidejussor*). Cette question de
mots n'est point à débattre avec les Portugais,
dont l'Inconnu ne cite pas un seul, mais avec

---

(1) Ang. Politianus, lib. 10, épist. 1.

Ange Politi*en*, plus haut cité, avec d'autres hommes graves, avec tel juris-consulte et avec Cicéron lui-même de qui nous devons recueillir les origines des langages Grec et Romain. Or, Ulpien, cité par l'Anonyme. m'enseigne clairement qu'*invenire* diffère d'*occupare*, lorsqu'il dit, sur la loi *De adquirendà possessione* : « Les perles *trouvées* sur le rivage *deviennent la propriété* de celui qui *s'en est emparé* le premier. » — L'Empereur Gordien, sur ladite loi *si barsatorem*. n'a pas été moins significatif, en décidant que celui qui a promis de *découvrir* un voleur (*Latronem inventurum*) n'a point satisfait à sa promesse en le montrant aux yeux, à moins que ce ne soit en justice ; et cela, parceque c'est l'effet de la promesse, l'intention des contractants qu'il faut considérer, plutôt que le sens absolu du mot, simple antécédent qui doit amener sa conséquence. — Ainsi, le mot *invenire* a des significations diverses, tant chez les bons écrivains que chez les juris-consultes ; comme, d'après Cicéron, le prouvent Nizolius aux mots *invenire*, *inventio*, et Conan lib. 3, ch. 3, cité par l'Inconnu. L'épigramme suivante de Martial suffirait contre notre adversaire :

Sardonychas, Samaragdos, adamantas, jaspidas uno
　Portat in articulo Stella [Severe] meus.
Multas in digitis, plures in carmine gemmas
　INVENIES ; indè est hæc, puto, culta manus.

Mais, soit que le mot *invenire* soit pris dans le sens de *exquirere, pervestigare*, en dehors de toute occupation, soit qu'on le prenne pour

synonime de *occupare*, il convient des deux
manières aux Portugais ; d'abord parcequ'ils
ont, les premiers, tracé et ouvert la route de la
navigation aux Indes ; puis, parcequ'ils ont
acquis le droit de se livrer à cette navigation,
comme nous l'établirons aux chapitres 7, 12,
13 et 14. (La question mérite, en effet, un aussi
grand développement.). C'est en cela que se
trompe, avec plusieurs autres, P. Nannius,
célèbre professeur de la latinité à Louvain, qui,
dans une épître à Damien de Goës, s'exprime
ainsi en parlant des Indes orientales : « Anti-
« podum munera duplici ratione Hispanorum
« sunt; vel quod ipsi hunc orbem innoverunt,
vel quod soli indè omnia deportant in suas
apothecas à te digeruntur. » (*Hist. Hispanor.*
tom. 1, p. 1160). — Toute la signification de
reperire, quand il est opposé à un autre verbe,
c'est *trouver, rencontrer en son chemin* la
chose même que l'on cherchait, selon ce mot
d'Ovide :

. . . . Tu non inventa, repertà
Luctus eras levior. (Metamorph, lib. 1.)

CHAPITRE IV

Les Portugais ont-ils, les premiers, pénétré dans l'Inde par l'Océan antarctique ?

L'Anonyme pose en fait (chap. 2 et 5) que l'Inde était connue des Européens avant les Portugais ; et il le prouve par les victoires d'Alexandre, par les vestiges des navires espagnols retrouvés dans le golfe Arabique, par les navigations d'Hannon et d'Eudoxe (1), par les ambassades envoyées des Indes à Auguste, et de Taprobane à Claude, par la flotte des marchands d'Alexandrie, allant du golfe Arabique aux extrémités de l'Ethiopie et des Indes (Strabon, lib. 2 et 17), enfin par l'exacte description que fait Pline (lib. 6 Cap. 23) de la route à suivre jusqu'à la Chersonèse d'or.

Cette argumentation tend à prouver deux choses: la première que l'Inde a été visitée des anciens par la navigation et le commerce. Or, il résulte assez clairement du précédent chapitre que cette preuve est sans application à la question qui nous occupe. Mais, quand l'Inconnu affirme que la Chersonèse d'or dont parle Pline (Sumatra, selon nous) est le Japon,

(1) Mela, lib. 3. — Plin. lib. 2, Cap. 69, et lib. 6, Cap. 31.

comme l'a cru Gérard Mercator, il est démenti par Jean Barrius, (decad. 3, lib. 2, cap. 1.) par Maffœus (lib. 1, hist. Ind, p. 20) par Lucena, *in vitâ Xavierii* (Lib. 7, C. 1), — Et quand même l'opinion de Mercator serait fondée, elle servirait peu, puisque le Japon est situé dans l'Océan Arctique, du 30e degré de latitude au 38e (Maff. lib. 12). Il n'y a donc rien à en conclure quant à l'océan Antarctique, qui est l'objet de notre discussion.

L'autre aspect de l'argumentation ressort de la découverte des débris des navires espagnols qui, dans la navigation d'Eudoxe et d'Hannon se seraient rendus de l'Espagne dans l'Inde, en doublant le cap de Bonne-Espérance, et seraient revenus par le même chemin. C'est ce dont il sera traité au chapitre suivant.

Nous ferons voir, ici, par l'autorité des anciens et des modernes, que les Portugais ont été les premiers qui aient navigué d'Occident, à travers le vaste Océan en passant de l'hémisphère boréal à l'hémisphère austral; et nous écarterons les témoignages des auteurs de notre nation, comme suspects à notre contradicteur. — Il serait par trop laborieux de dresser une liste de tous les auteurs sur lesquels nous nous appuyons. Nous produirons ceux que, pour délassement de ses travaux, a pu lire, par intervalles, un moine voué à l'étude des Saints Canons.

Les géographes, les poëtes et les historiens divisent le globe en cinq zônes, dont celle du milieu, la zône torride, était, dans l'antiquité,

44

réputée inaccessible. Virgile, au livre 1er des Géorgiques, considère comme impraticable le passage de l'hémisphère arctique à l'antarctique :

> Quinque tenent cœlum zonæ, quarum una corusco
> Semper Sole rubens, et torrida semper ab igne est.
> Quam circûm extremæ dextrâ lævàque trahuntur
> Ceruleâ glacie concretæ atque imbribus atris.
> Has inter mediamque, duæ mortalibus ægris
> Munere concessæ Divûm, et via secta per ambas
> Obliquus quà se signorum verteret ordo.

Et Ovide, au livre 1er des *Métamorphoses :*

> Utque duæ dextrâ cœlum, totidemque sinistrâ
> Parte secant zonæ, quinta est ardentior illis.
> Sic onus inclusum numero distinxit orbem
> Cura Dei, totidemque plagæ tellure premuntur.
> Quarum quæ media est non est habitabilis æstu.
> Nix regit alta duas, totidem inter utramque locavit,
> Temperiemque dédit mixtâ cum frigore flammâ.

D'après Sénèque (lib. 1. Suasoria 1), le philosophe Fabien enseignait la même chose, en déclarant que, par de là de l'Océan il n'y avait point de terres habitables, ou que, s'il y en avait, on ne pourrait jamais y parvenir. C'est ce qui fait dire au poëte *Pedo*, célébrant la navigation de l'Empereur Germanicus :

> Quo ferimus ? Ruit ipsa dies, orbemque relictum
> Ultima perpetuis claudit Natura tenebris.
> Anne non alio positas sub cardine gentes
> Atque alium libris intactum quærimus orbem ?

— Aristote (2 Met. cap. 5) pensait de même, comme l'observe Acosta (lib. 1, *De nat. nov. orb.* cap. 9.) Ptolémée, le prince des cosmographes, dit que les terres et les mers des régions

australes sont inconnues. (1) Pline, (Lib. 2.
cap. 67.) : « Ainsi, les mers répandues de toutes
» parts autour du globe nous en dérobent une
» partie, où l'on ne peut se rendre d'ici, et d'où
» l'on ne saurait venir à nous. » Et encore au
chapitre 68 : « Quant à la zône du milieu, qui
» est la voie du soleil, épuisée et consumée
» par ses feux, ou brulée par les vapeurs qui
» l'entourent; entre elle et les zônes glaciales,
» il n'y en a que deux qui soient tempérées; et
» elles ne peuvent même se mettre en commu-
» nication, à cause de l'extrême ardeur de
» l'astre du jour. Ainsi les rigueurs du ciel
» nous enlèvent trois des cinq parties de notre
» globe, et ce que nous dérobe de plus l'Océan
» demeure incertain. » — Tullius, dans le songe
de Scipion : Medium antè illum et maximum
Solis ardore torreri, « deux zônes sont habita-
» bles, dont une est située dans l'hémisphère
» austral, où les habitants, qui ont les pieds
» opposés aux nôtres, n'ont aucune relation
» avec nous. » Solinus, chap. 53 : « l'ardeur du
» soleil s'oppose à la navigation à travers toute
» cette partie. » — Macrobe, dans le songe de
Scipion, lib. 2, Chap. 5 : « Quoique les Dieux
» aient rendu habitables pour les mortels ces
» deux parties du globe que nous appelons
» tempérées, toutes deux, cependant, n'ont pas
» été accordées aux hommes de notre espèce,
» mais seulement celle d'en haut, qui, autant

---

(1) Lib. 4, de Ethiopiæ interioris situ.Cap. 1, tab. 4,
Africa ; et lib. 7, cap. 3, tab. 11.

» que nous pouvons le savoir, est habitée par
» tout le genre humain, tant Romains que
» Grecs et Barbares de toutes nations. La rai-
» son seule nous fait penser que l'autre zône est
» pareillement habitée, à cause d'une semblable
» température. Mais jamais il ne nous a été
» donné, jamais il ne nous sera loisible de
» connaître les habitants de cette région ; car
» la zône torride interposée met obstacle, de
» chaque côté, aux voyages et au commerce du
» genre humain. » — Mela, lib. 1. C. 1, *de situ
orbis*, et toutes les plus grandes autorités, ont
émis la même opinion, comme le dit Vivès sur
la *Cité de Dieu* de St Augustin, liv. 16, chap. 9.
— Ainsi le sentiment universel des hommes fut
jadis qu'il n'y avait ni force, ni génie qui pût
ouvrir passage de l'Océan Indien à l'Océan
Atlantique, ainsi que le fait observer Acosta
(lib. 1. De nat. nov. orb. cap. 8.).

Parmi les modernes, nous citerons Lactance
(lib. 7. De *divinis inst.* C. 23), Philippe Vergom,
in supplemento Cronic. lib. 1, Chassan, *in
Cathol. glor. mund.* p. 12, cons. 15, Grégoire de
Naziance, ép. 71. A tel point que St Augustin,
au lieu plus haut cité, concluait trop subtilement de cette interception de passage d'une
zône à l'autre, et du silence de la Sainte Ecriture, que s'il y avait des hommes au delà de la
zône torride, ils n'étaient point de la famille
d'Adam, et que, dans un tel embarras, appuyé
d'ailleurs sur l'autorité des plus savants jusqu'à
lui, il se trouvait conduit à nier la possibilité du
passage et l'existence de populations antipodes.

En ce qui est spécialement de la preuve que les Portugais seuls ont pénétré les premiers dans cet autre monde, elle nous est donnée par les hommes de la plus grande autorité. Abraham Ortelius, flamand, s'exprime ainsi, in *Théatro orbis, Africæ tabula* : « Cette contrée méridio-
» nale demeura inconnue des anciens jusqu'en
» l'an 1497, où Vasco de Gama, ayant doublé le
» premier le cap de Bonne-Espérance, et accom-
» pli sa navigation autour de l'Afrique, parvint
» à Calicut. » — Théod. Zuingerus, in *Theatro vitæ humanæ.* lib. 2, Vol. 19, tit : *De nautis* :
« Certes, elle est admirable cette navigation des
» Portugais, qu'il leur fallut accomplir dans
» des mers absolument inconnues, sous d'autres
» astres, un autre Ciel, et avec d'autres moyens.
» Bien que, dans ce long voyage, ils ne pussent
» aborder que des terres dont les langues, les
» religions, les mœurs diverses leur étaient tout-
» à-fait insolites, même barbares, et très-hos-
» tiles aux étrangers, ils ne furent point arrêtés
» par ces difficultés immenses. » — Ange Poli-
tien, liv. 10, ép. 1, Fr. Guicciardini, *Hist. d'Italie,* liv. 6, — Petr., Maffœus, *Hist. de l'Inde,* témoignent que les îles Moluques, qui étaient incon-
nues aux Grecs et aux Latins, ont été enfin dé-
couvertes par nous. — Juste Lipse, au chap. 17 du livre 2 de sa physiologie : « Notre âge a refuté
» l'opinion de Pline et des anciens, prouvé que
» la zone torride est habitée, et que l'on peut la
» traverser. » — Thomas Bossius (1) : « De toute

---

(1) *De signis Ecclesiæ,* tom. 1, lib 6, Cap. 6, n. 20; Tom. III, lib. 21, Cap. 2, ver. 6.

» l'antiquité, il n'est aucun peuple qui ait ouvert
» des navigations aussi longues, aussi produc-
» tives que celles des Portugais. »—Hartman, de
Nuremberg. (*Sub sextà mundi ætate, in Por-
tugalia.* f° 290.) : « Le génie des Portugais
» nous a ouvert un nouveau monde, inconnu
» auparavant. » Aubert Mira, de Bruxelles,
(*Politia. Eccles.* lib. 3, Cap. 3, ad finem.) ; « Le
» portugais Vasco de Gama est le premier Euro-
» péen qui, après avoir contourné toute l'Afri-
» que, en 1497, ait pénétré dans l'Inde jusqu'à
» Calicut. » — P. Bertius, dans sa géographie,
Inde orientale, p. 581 ; « Mais enfin Vasco de
» Gama, portugais, ayant doublé le cap de
» Bonne-Espérance et fait le tour de l'Afrique, en
» 1497, montra aux Européens la route à suivre
» pour se rendre de leur monde en ces parages.»
Et cette heureuse navigation avait été prédite
autrefois par de remarquables prophéties :
Isaïe, chap. 18, s'était écrié :

« Ite, Angeli veloces, ad terram convulsam, et dilace-
ratam, ad populum terribilem, post quem non est alius,
ad gentem expectantem et conculcatam, cujus deripue-
runt flumina terram ejus. »

— Rebellus et Lucena (1) expliquent cette
prophétie par la navigation des Portugais dans
l'Inde, par la mer d'Ethiopie ; toute autre nation
que les Japonais étant plus proche, soit au
Levant, soit au Couchant. Et Thom. Bossius (2)

---

(1) REBELLUS, *De oblig. just.* tom. 2, lib 18. *De promis.
et donat ;* 9, 23, sect. 3. — LUCENA. *Vita Xaverii* lib. 5,
Cap. 21. —

(2) TH. BOSSIUS. *De sign. Eccl.* Lib. 20, Cap. 3,
Signo 84 ; et Cap. 6, p. 50 cum seqq.

considère l'accomplissement de cette prophétie, par un de nos compatriotes comme un des illus- tres prodiges de l'Eglise et de la foi catholique.

Deux autres témoignages éclatants confir- ment cette prophétie : En l'an 1520, (dit Osor. *De reb Emmanuelis*, p. 435). comme Jacq. Lap. Sequeira, gouverneur de notre empire des Indes, avait pénétré dans le golfe Arabique, et remonté jusqu'à la ville d'Archiqui (1), vers le roi d'Ethiopie ; le gouverneur d'Archiqui apprenant que la flotte était portugaise, salua Sequeira par la lettre la plus polie, témoignant qu'il rendait de grandes grâces à Dieu, par la permission de qui son heureuse arrivée confir- mait les Prophéties. Dans le passé, en effet, des hommes de Dieu, qui avaient donné dans ces régions les plus grands exemples d'une admi- rable vertu, y avaient prédit que des Chrétiens fort éloignés de ces peuples par terre et par mer, conduiraient une flotte sur ces rivages. C'est ce que David, Empereur d'Ethiopie, déclara lui-même dans les lettres qu'il écrivit en 1521, au roi Emmanuel, lettres qui se trou- vent au tome 2 de l'Histoire d'Espagne, de Paul Jove, page 1293.

Le même évènement avait été prédit avec des signes plus miraculeux par St Thomas, apôtre d'Orient, ainsi que le font savoir Maffœus et Lucena, le premier au livre second de son Histoire des Indes, et le second dans la vie de

_____

(1) Sans doute celle que des cartes plus récentes ont nommée *Erkico*, au bord de la mer Rouge. et Camoëns, *Arquico* (ch. 10, st. 52).

St François Xavier, liv. 1, chap. 13. — Méliapour
(nommée par nous St Thomé) était alors distante de 12 lieues de la mer. Après y avoir
construit une église, et érigé une croix de
pierre, l'homme de Dieu prophétisa que lorsque
la mer arriverait jusqu'à cette croix, des hommes blancs y viendraient, des pays les plus
éloignés pour établir définitivement la religion
sainte, qu'il avait apportée. Et la prédiction ne
fut point trompeuse; car lors de l'arrivée des
Portugais sur ces bords interdits durant tant
d'années à l'accès des Européens, la plage dont
il s'agit était enfin baignée par l'Océan.

Mais, à défaut d'autres preuves, il me suffirait de l'autorité d'un autre apôtre d'Orient,
Xavier lui-même, que le pape Grégoire XI
vient d'admettre au nombre des saints. —
Lucena nous apprend, au chap. 15 du livre 7 de
de sa vie, que Xavier avait formellement et
publiquement affirmé à Pierre Sylvius, propre
fils de Gama, et gouverneur de Malacca, que
Gama, le premier, avait ouvert les portes de
l'Inde, en traversant le grand Océan, avec un
heureux et immortel succès, et pour la plus
grande gloire de Dieu.

Maintenant, faisons un pas vers d'autres
navigations des anciens, sur lesquelles s'appuie
l'Anonyme. (1).

_____

(1) Nous ne saurions négliger, malgré toutes les autorités invoquées dans ce chapitre, de conseiller la lecture
de la controverse engagée, au sujet de l'antériorité des
navigations normandes, entre M. d'Avezac, membre de
l'Institut, et M. le vicomte de Santarem (*N. du Traduc.*)

CHAPITRE V

Des navigations de Hannon et d'Eudoxe

Au rapport de Mela, de Pline, de Solino, de Mariana (1), le Carthaginois Hannon, ayant équipé une flotte de soixante quinquerèmes, partit de Cadix, doubla le cap Hesperion (que l'Inconnu appelle le cap de Bonne-Espérance) et pénétra dans le golfe arabique; puis au bout de cinq ans (l'an 312 depuis la fondation de Rome) il revint en Espagne, déclarant que ce n'était pas la mer qui lui avait manqué, mais les vivres. — Dans le cours d'une si longue navigation, il fit bâtir plusieurs villes, comme il appert de son périple, et dévoila l'existence de plusieurs peuples qui ne se communiquent que par signes, les uns n'ayant que des langues sans voix, les autres n'ayant même point de langues; et certains d'entre eux ayant les lèvres adhérentes, à l'exception d'une petite ouverture sous le nez, par laquelle ils pouvaient boire, ou, lorsque la faim les pressait, manger, grain à grain, les fruits naissant çà et là.

Dans l'Ile des Gorgones, que Mariana croit être celle de St Thomas, les femmes, raconte-t-

---

(1) Mela, lib. 3, Cap. 10. — Pline, lib. 2, Cap. 67; lib. 5. Cap. 1; lib; 6, Cap. 31. — Solino, cap, ult. — Mariana. lib. 1, Cap. 22.

il, sont velues sur tout le corps, et deviennent
fécondes sans le concours des hommes (Mela,
lib. 3, Cap. 10.). A la faveur d'un prodige,
Hannon ayant suspendu les peaux de deux de
ces femmes en offrande à Junon, elles se con-
servèrent jusqu'au temps de la chûte de Car-
thage. (V. Mela. Pline, Mariana, aux passages
cités).

Le Catoblepas, qui nait en Lybie, n'est pas un
animal bien grand; mais il est remarquable
par la grosseur et la longueur de sa tête; il
n'attaque ni ne mord; mais il suffit d'avoir vu
ses yeux pour en mourir. — Voilà, entr'autres
choses, ce que contient le périple de la navigation d'Hannon, auquel l'Inconnu ajoute une
telle foi qu'il en affirme, avec assurance, la
parfaite clarté.

Cependant, du temps de Pline, il n'existait
plus ni trace, ni souvenir de ces cités; les
mânes des victimes du Catoblepas ont, seuls,
pu révéler à Hannon que ses yeux leur avaient
donné la mort; et pour ne rien dire de tant de
peuples sans langues, instrument à défaut
duquel se dissoudrait toute société humaine,
(Gen, 11) au moins émettrai-je l'avis que notre
Inconnu ferait sagement d'appeler en Hollande
ces femmes qui conçoivent sans fréquentation
des hommes, afin d'y suppléer par leur fécon-
dité, à la perte de tant de mille hommes qu'a
dévorés la dernière guerre. C'est ainsi qu'à
Lisbonne et le long du Tage, lorsque souffle le
vent d'Ouest, il suffit d'y tourner les cavales
pour qu'elles conçoivent et produisent ensuite

de fort malicieux poulains. (Varron, lib. 2. *De
Re rust.* — Virg. *Georg.* lib. 3. — Sil Ital. lib. 3.
— Ed. Nonius, *Descr. Lusit.* C. 29.)

Le plus merveilleux, ce sont ces trente mille
hommes persuadés de s'embarquer pour une
navigation si inconnue et si aventureuse, et la
flotte capable de contenir cette foule, avec
tous les approvisionnements nécessaires pour
un si long espace de temps.

Mais, dissertons d'après la raison et l'autorité. — Arrien, dans la *Vie d'Alexandre*, livre 8,
atteste que Hannon revint de l'Ile des Gorgones
en Espagne, n'ayant pu s'avancer plus loin,
faute de vivres; et Pline (Liv. 5. chap. 1.) considère le récit d'Hannon comme une fable. Il y
» a, dit-il, des commentaires du Carthaginois
» Hannon, qui, dans le temps de la prospérité
» de sa patrie, avait reçu l'ordre d'explorer le
» tour de l'Afrique, et que suivirent plusieurs
» d'entre les Grecs. Ils nous ont transmis bien
» des récits fabuleux. » — Démocrite, dans
Athénée, dit : « Si Juba en a rappelé quelque
» chose dans ses livres, il est digne de ceux
» qu'amusent les livres africains des égare-
» ments d'Hannon, » remarque à laquelle
Isaac Casaubon ajoute celle-ci, sur Athénée :
« C'est comme s'il eût dit avec Virgile, Eclog. 3 :

« Qui Bavium non odit, amet tua carmina, Mœvi ! «

Et un peu plus loin : « Autrefois déjà, les
» Carthaginois avaient exercé la navigation
» dans l'Océan Atlantique, et découvert des
» rivages inconnus pendant bien des siècles.

5

» Hannon fut leur principal chef; mais ni le
» périple qu'il a mis an jour, ni les livres écrits
» par d'autres sur le même sujet, n'ont obtenu
» la confiance des hommes, ce qui a donné
» naissance à un proverbe. » — Les Anciens
voulaient-ils parler d'une chose absurde et
mensongère, ils la taxaient d'empiètement sur
la navigation d'Hannon et sur son périple, qui
a avancé sans aucun fondement des choses dont
la fausseté ne pouvait, cependant, être démontrée aux anciens.

Bien plus : les auteurs anciens qui nous ont
transmis le souvenir de cette navigation d'Hannon autour de l'Afrique après avoir doublé le
cap Hespérion, ont pensé que cette excursion
vers le pôle sud avait pris fin dans l'hémisphère
nord, tout au plus vers l'Equateur; — et c'est
tout ce que Hannon et les Carthaginois ont per-
suadé. Pline, dans le passage où il parle de
cette navigation, affirme qu'il était impossible
de pénétrer au-delà, montrant bien ainsi que le
Cap de Bonne-Espérance était encore inconnu
de son temps. De même, Abr. Ortelius, dans
son Tableau de l'Afrique, après avoir rapporté
la navigation d'Hannon, fait observer que le
passage dans l'Afrique méridionale a été
ouvert par Vasco de Gama, le premier; ce qui
a déjà été établi plus au long dans le Chapitre
précédent.

C'est de la sorte, que doit être expliqué
Mela, lorsqu'il dit que les Iles des Gorgones se
terminent au promontoire nommé Hespérion
Ceras (lib. 3. C. 10, in fin.); et cela est évident,

puisque Ptolémée (lib. 4, *De inter. Lybiæ situ,*
Cap. 6.) place à 13 degrés de latitude dans
l'Océan Arctique ce cap Hespérion Ceras ou
Hesperi Cornu, passé lequel Hannon revint à
l'Est sur la côte d'Afrique; tandis que le Cap
de Bonne-Espérance dépasse de beaucoup ,
dans les mers Australes, la ligne équinoxiale
dont il est éloigné de 35° Sud. (1) Et après le cap
Hespérion, qui n'est autre que le cap Vert,
comme Molina, Guicciardini et Mariana l'ont
fait observer (2), Pline et Solinus y placent
encore les Canaries (3). — Il est donc clair que
les Caps Hespérion et de Bonne-Espérance sont
distants de bien des degrés, et situés dans des
hémisphères différents.

Ce qui aura, je crois, induit Hannon en
erreur, c'est que la côte occidentale d'Afrique,
à partir du détroit de Gibraltar, s'étend au Sud
à peu près jusqu'au 5ᵐᵉ degré de latitude avant
l'Equateur, et ensuite tourne brusquement vers
l'Orient jusqu'à une distance considérable, pour
revenir ensuite au Midi jusqu'au cap de Bonne-
Espérance. Il est probable, en effet, qu'Hannon
se voyant obligé de revenir à l'Est après avoir
doublé ce Cap, aura été effrayé, et que, reve-
nant en arrière (comme le dit Arrien) il aura
pensé que l'Afrique finissait là, ce que, par

---

(1) Osor *De reb. gest. Emmanuet,* lib. 4. p. 169. —
Guicciardini lob. 6, *Hist. Ital.*

(2) Molin. Tract. 2, disp. 24,—Guicc. lib. 6.—Mariana,
lib. 1, cap. 22.

(3) Plin, lib. 6, cap. 31 et 32. — Solinus. cap. 58.

ambition et pour la gloire de son nom, il a
voulu persuader aux autres.

Mais, depuis les navigations de nos Ancêtres,
les demeures des Gorgones, le jardin des Hes-
pérides, les pommes d'or placées sous la garde
d'un dragon terrible, le char du soleil, le retentissement des cymbales et des tambours, les
flûtes dominant le son des voix humaines, sont
propres, comme les fables de la Grèce, à diver-
tir les charlatans et les magiciens ; fictions
auxquelles les Hollandais doivent fermer
l'oreille s'ils ont gardé ce caractère sérieux des
vrais Spartiates, des vieux Sabins, des Catons
si vantés que leur attribue Erasme (Chiliad. 4.
cen. 6. C. 35). Qu'ils se souviennent seulement
de cette épigramme de Martial (lib. 6, ép. 57.) :

> Horum nequities, jocosque noscat
> Aurem qui modo non habet Batavam ;

bien que Torre-blanca Villalpanda veuille
que toutes ces merveilles aient existé, mais par
quelque sortilège et les artifices du Démon.
(De Magià, lib. 2, C. 29, n. 38 ; — *Apologia de
los libros de Magia* ; Cap. 5, à n. 53.)

Il en est de même de la navigation d'Eudoxe (1), qui, fuyant Lathire, roi d'Alexandrie,
entreprit une circumnavigation dont quiconque est friand d'ingénieuses bagatelles peut
lire l'appréciation dans Strabon (lib. 2) qui, par
la même occasion, réfute savamment l'assertion concernant la connaissance que l'on

---

(1) PLIN, lib. 2. C. 7. — MELA, lib. 3, C. 10. — DAMIAN
DE GOES, *Hist. de Principe D. Juan*, lib. 2, cap. 67.

aurait eue de débris de navires Espagnols naufragés. Vraiment, il est honteux de perdre son temps et son parchemin à de telles puérilités. « Elles ne sont guères différentes, dit Stra-
« bon, des contes de Pythéas, d'Evemerus et
« d'Antiphanes. Mais il faut pardonner à ceux-
« ci qui n'ont eu pour but que d'amuser; et qui
« donc, au contraire, voudra se montrer indul-
« gent pour un philosophe qui prétend vous
« convaincre, et dispute une palme glorieuse ?»
Si donc l'Anonyme plaisante (et c'est à tort qu'en une chose sérieuse il se joue de ses compatriotes), il peut être excusé, d'après le sentiment de Strabon; et si, comme il l'avoue, il ajoute foi à ses récits, je le trouve, à bien plus forte raison, digne d'excuse.

Quant à ce que Pline nous apprend, d'après la relation de Cornelius Nepos, de certains Indiens qui, jetés par la tempête sur les côtes de Germanie, auraient été offerts en présent, par le Roi des Suéves à Q. Metellus Celer, collègue du Consul Caïus Afranius; les plus doctes auteurs pensent qu'ils venaient de l'Inde occidentale, c'est-à-dire de l'Amérique (1) — A cette conjecture adhèrent, et Nepos lui-même qui ne parle que de l'hémisphère Nord, et Pline qui, après ce qu'il vient de rapporter, déclare qu'il n'y a point de passage possible de l'Océan Arctique à l'Antarctique.

Et, — pour ajouter encore à ce qu'ont dit

---

(1) M. Ludovicus ad Plinium, lib. 2, Cap. 67. — Lucena, lib. 10, cap. 22, in Vità Xavierii.

Nepos et ses adhérents, — quand même ces
Américains auraient donné aux Européens
connaissance des Indes Orientales, et pour
cela, auraient passé peut-être pour Orientaux;
il n'y aurait, là, rien de surprenant, puisqu'à
cette époque les Chinois étaient les maîtres du
commerce et de la navigation des deux
Indes (1); que les Indiens d'Occident, aussi bien
que ceux de Java et autres Orientaux, tirent
d'eux leur origine et leurs mœurs, ainsi que
l'attestent leurs Annales, et ne diffèrent d'eux
ni par la couleur, ni par la conformation du
visage (2).

Par la même raison, l'on peut admettre, il me
semble, ce que Lucius Marineus (lib. 19. C. 16)
rapporte d'une monnaie à l'effigie et au nom de
César-Auguste, trouvée en Amérique, et que
l'archevêque de Cosenza envoya à Rome au
Souverain-Pontife; d'où cet auteur conclut que
les Romains parvinrent autrefois en Amérique;
ce que repoussent toutefois comme une illusion
Juste Lipse (lib. 2, cap. 19) et Borrel (*De præst.
reg. cath.* cap. 46, à n, 225). Ils pensent que cette
médaille aura été jetée là par quelqu'imposteur
dans un but de mystification.

Pour moi, je considère comme certain que les
Romains ne sont point parvenus en Amérique,
comme l'établit l'anglais Alain Copus (Dialog.

---

(1) Lucena, ibid.

(2) Ant. Galuano, en *los descubrimientos del mundo.*
— Osor, lib. 8, p. 320, *De rebus Emmanuel.* — Lucena,
lib. 10, Cap. 22. — Petr. Bertius, in *Geogr: Descr.
Javæ.* P. 611.

6, cap. 9.); mais cette médaille a bien pu, du
temps des Romains, être portée de Taprobane
en Amérique par les mains des Chinois. Car,
sous le règne de Claude, un affranchi d'Annius
Plocamius, naviguant autour de l'Arabie, fut
violemment poussé par des vents de Nord, et
atteignit le quinzième jour un port de Taprobane, où la bonté du roi l'accueillit hospitaliè-
rement. Pline, qui cite ce fait (lib. 6, C. 22)
ajoute que ce navigateur avait porté, entr'autres
choses, des monnaies frappées à l'effigie des
empereurs, que le Roi prit grand plaisir à
examiner.

En 1575, les serviteurs de Jean de Melo, de
Sancto Pelago, en tirant des pierres des ruines
de certains édifices, découvrirent des monnaies
de bronze et d'or, marquées de lettres latines
en partie rongées par le temps, mais où l'on
distingait un C, et les lettres R, M, N, placées à
des intervalles qui permettaient de reconstituer
ainsi la légende : *Claudius, imperator Roma-*
norum. (LUCENA. *Vita Xavierii,* lib. 2, C. 18.).
De pareilles monnaies ont donc pu être appor-
tées par des marchands chinois dans leur
pays, et de Chine en Amérique, sans qu'il y ait
à supposer ni fourberie, ni navigation des
Romains dans le Nouveau-Monde.

Il est temps de mettre un terme à ce travail
et à ces querelles d'esprit touchant l'origine
des Indes occidentales, discussion dans laquelle
Borrel semble s'égarer bien loin (1), lorsqu'il

(1) *De præst. reg. cath.* Cap. 43 à n. 4.

essaye de prouver par l'autorité de l'Ecriture
Sainte, que ces Indiens descendent des dix
tribus d'Israël. (Esdras, 4, cap. 13.). Car
Acosta (1) fait observer, en se basant sur ces
Annales, que ces terres étaient habitées avant
la naissance d'Abraham. Juste-Lipse (2) émet
une opinion plus inadmissible encore, à savoir
que les Américains sont venus d'Europe ou
d'Afrique dans le continent qu'ils habitent, par
l'Ile Atlantide, qui était plus grande que l'Afrique et l'Asie ; mais que dans une seule nuit, le
bouleversement de cette Ile à la suite d'un
déluge, et de l'envahissement d'une mer que
la vase et les récifs rendaient innavigable,
n'avait laissé émerger que les Canaries et
autres Iles semblables, ainsi que le mentionne
Platon dans Critias et dans Timée. Mais tous
ces récits au sujet de l'Atlantide ne peuvent
être rapportés sérieusement qu'à des enfants et
à de vieilles femmes, comme (après Procus,
Porphyre et Origène) Acosta l'a démontré dans
son traité *De naturà novi orbis*, livre 1er,
chap. 22.

D'après les conjectures d'Acosta (3), de
Pierre Morejon (4) et de plusieurs autres
encore, que cite Fr. Lopez de Gomara dans son
histoire générale des Indes, il est probable que

(1) Acosta. *De nat. novi orbis*, lib. 1, Cap. 23.

(2) Juste-Lipse. *Philosog.* lib. 2, C. 19; et lib. 1
de *Const.*, cap. 16.

(3) Acosta. *De nat. nov. orb.* lib. 1. C. 20 et 21.

(4) P. Morejon. *La persécution de Japon.* tom. 2,
lib. 2. C. 2.

ce Nouveau-Monde n'est pas entièrement séparé de l'Ancien, mais qu'ils se tiennent bien
plutôt par quelque point, ou ne sont pas fort
éloignés l'un de l'autre du côté de la Chine ou
par la Tartarie. Le contraire, du moins, n'a
pas été prouvé jusqu'à ce jour ; et ce qu'il y a
de certain, c'est que les habitants de l'Amérique
tirent leur origine des Chinois, comme nous
l'avons remarqué ci-dessus.

Ainsi se réfute également le récit d'Hérodote
(lib. 4 in Africæ descript.) au sujet de la
circumnavigation de l'Afrique par les marins
de Darius et par d'autres ; récit auquel Pinedam
(lib. 4. *De reb. Salom.* c. 14, § 3, n. 1.) a attaché
trop d'importance ; car Hérodote dit lui-même :
*Ceux qui rapportent cette histoire ne trouvent
aucune créance auprès de moi, bien que, peut-
être, auprès de quelqu'autre ;* et Strabon,
livre 2, a montré que ces navigations étaient
supposées.

De tout ce qui a été exposé dans ce chapitre
et le précédent, il résulte donc que les Portugais, les premiers, ont ouvert la route de
l'hémisphère austral à travers l'Océan Atlantique. Que si d'autres (accordons cela à l'Anonyme) ont autrefois dépassé le cap de Bonne-
Espérance, en portant leurs investigations vers
les contrées d'Orient, ou bien ils ont péri par
naufrage, ou bien, effrayés par des phénomènes
prodigieux, vaincus par la violence des tempêtes, ils n'ont plus osé s'exposer de nouveau à
de tels périls. Quelle gloire y a t-il donc d'avoir
pénétré dans le labyrinthe pour être immolé

par le Minotaure? La palme n'est-elle pas due au seul Thésée qui, par la mort du monstre, y conquit pour lui et ses compagnons un sûr accès? — Oui, les Portugais, au mépris des bornes d'Hercule, arrivant à travers l'Océan dompté jusqu'à ce cap des tempêtes, ont non-seulement facilité cette navigation (1) ; mais ils ont fondé des établissements sur les rivages orientaux (2) et ont soumis à leur autorité plusieurs rois, mentionnés au nombre de vingt-huit, comme tributaires du Portugal par P. Antoine Roman dans son Histoire d'Orient. C'est à quoi fait allusion Georges Bucanan, dans ces vers consacrés à la louange des Portugais :

> Jàmque jugi patiens Indus nec turpe putaret
> A domino Ganges poscere jura Tago.

Et Jules Scaliger, célébrant Lisbonne entre toutes les autres villes :

> Cernis ubi advectus peregrinis flatibus orbis?
> Cernis ubi in parvo est India sita sinu?
> Pressa maris facies, domita est violentia cœli ;
> Quid reliqui est, nisi te carpere sceptra poli?
> Haud potes esse Deus ; non vis homo vivere; fors te
> Ex homine egressum tertia quando capit?

---

(1) Episcop. PORTALEG. dialog. 4, cap. 23: — GUICCIARDINI, lib. 6. *Hist. Italiæ.* ZUINGER. *Theatr. vitœ humanœ.* lib. 2, vol. 10, tit, *De nautis.*

(2) BOSSIUS. *De sign. Eccles.* tom. 1, lib. 8, cap. 1, sign. 32.

NOTE DU TRADUCTEUR
sur le Chapitre VI

Déjà, dans la préface de cette traduction,
le lecteur a été prémuni contre les développements considérables donnés par Freitas à la
théorie du pouvoir du Pape sur le temporel des
Princes. Ces développements étaient-ils nécessaires à la justification de la domination portugaise en Asie? Ne lui suffisait-il pas d'avoir dit
et prouvé que le Souverain Pontife, arbitre
reconnu, dans le passé, entre les Princes chrétiens, et agissant en vue de la propagation de
l'Evangile, que tous avaient également à cœur,
n'avait rien concédé à l'Espagne et au Portugal
que du consentement, au moins tacite, de
l'Europe entière ? Et la conclusion naturelle
n'était-elle pas que rien ne dût être changé
par la violence, surtout par la révolte, à un
état de choses admis jusque là comme légitime?
Mais Freitas n'a pas voulu seulement la justification du passé; il visait au maintien du
statu quo par l'autorité du Souverain Pontife ;
et c'est sous l'empire de cette ambition, condamnée d'avance, qu'il a exposé, invoqué toute
la doctrine de la suprématie du pouvoir spirituel sur le pouvoir temporel *dans la Chrétienté*. C'était risqué, c'était dangereux en
s'adressant à des Princes, dont plusieurs s'étaient détachés du Saint-Siège ; tandis que d'autres contestaient énergiquement leur dépen-

dance. Une fois lancé dans cette voie, le Professeur, absorbé et entraîné par sa thèse, n'a su ni pn s'arrêter. Aussi, a-t-il fatigué et mécontenté les puissants du dix-septième siècle, autant qu'il serait désavoué par ceux de nos jours. En voulant trop prouver, trop obtenir de vive force, il a encouru l'insuccès, et par surcroît, un long et injuste oubli. Osons dire que, pour avoir succombé sous l'exigence absolue des mœurs nouvelles, et de l'intérêt général des peuples, ce vaillant adversaire des Provinces-Unies, ce champion si bien armé de tout l'arsenal de la vieille Ecole, si dignement retranché dans les doctrines de sa foi, n'en est que meilleur et plus intéressant à connaître.

Son premier mot, au début de ce chapitre VI n'est-il pas d'avertir qu'il va naviguer dans la tempête ? Comment ne pas rendre hommage à son courage malheureux ?

CHAPITRE VI

De la puissance du Souverain-Pontife à l'egard des choses temporelles.

················

Pour traiter à fond, comme le sujet l'exige, cette question qui va porter notre navigation dans une vaste mer et parmi les tempêtes, il faut préluder à l'entrée en scène par quelques appareillages.

Des trois sortes de gouvernemeut, démocratie, aristocratie, monarchie, cette dernière est la meilleure, au sentiment de saint Jérôme. « Les abeilles, dit-il, n'ont qu'une reine, les » grues ne suivent que l'une d'elles en ordre » méthodique. Il n'y a qu'un empereur, un seul » juge de la province. Rome, à sa fondation, » ne put avoir pour rois deux frères, et fut » souillée par le fratricide. Esaü et Jacob se » querellaient dans le sein de Rebecca. Il n'y » a qu'un évêque par diocèse, un archiprêtre, » un arch'diacre. Tout l'ordre ecclésiastique » repose sur l'autorité de ses chefs. » Tel est aussi l'enseignement de docteurs illustres (1), citant eux-mêmes ceux dont ils l'ont tenu.

---

(1) ARIST. lib. 8, *Ethic.* cap. 10; lib. 3, Polit. cap. 5. — PLUTARCH. De *Monarchia.*— D. AUGUST. lib. 2, *De civit. Dei ;* cap. 21. — D, THOMAS, 1 p, q. 103, art. 3; et *De regim. princip.* cap, 1 cum seqq. — BELLARMIN, lib. 1, *De rom. pont.* cap. 1, cum 3 seqq. — BAR. *De regim. civil.* à n. 6. — CORCETUS, *De regià potest,* p. 5, 9. 71, — NAVAR. in c. novit, not. 3, n. 15 et corol. 68. — ANT. PEREZ, in *Pentateucho fidei,* lib. 5, *De rom. pontif.* dub. 1, cap. 12 cum seqq. — SUAREZ, *contrà errores Angliæ,* lib. 3, cap. 10, n. 23.

En signe de quoi, Dieu n'a donné qu'un père
au genre humain, et non pas deux ou plusieurs,
comme l'a expliqué St Chrysostôme, cité par
Bellarmin et Perez, aux lieux indiqués ci-
dessus. Et l'histoire nous montre que la première monarchie des Assyriens et la dernière
des Romains ont été plus durables, plus utiles
et plus fermes que les gouvernements exercés
par plusieurs magistrats, un Prince et des
Grands. Aussi, Senèque (lib. 2, *De benef.*) s'in-
digne-t-il avec raison contre Brutus, et le taxe-
t-il d'imprudence, pour avoir tué Jules César
dans l'espoir de la liberté; ajoutant, d'ailleurs,
cette raison « que la plus grande prospérité
d'une nation s'obtient sous un roi juste. » Et,
bien que deux Empereurs aient parfois com-
mandé ensemble, ce n'est point en vertu d'un
droit. (Glos. cap. *in apibus*; Tiraq. *de primog·*
q. 17, opin. 4, n. 20. — Pinel. L. 1. C. *de bonis
maternis*, 3 p. n. 16, post alios.)

Aussi, lorsque l'Eglise militante eût été instituée par le Christ, ce plus sage des législateurs; lorsque ce souverain Prince qui tient
le Ciel et la terre sous son éternel Empire eut
résolu d'établir sur terré sa République céleste,
il fut convenable qu'après nous avoir donné ses
lois, il créât une magistrature apte à la gouverner selon ces mêmes préceptes (1). —
Saint Thomas, aux passages plus haut mentionnés, et au livre 4 *contrà gentiles*, ainsi que

---

(1) Eleganter Osorius. lib. 1, contrà Haddonem; Vers
sed ut aliquid. pag. 87. —

les auteurs déjà cités, en conclut qu'elle devait
être placée sous le régime monarchique, comme
étant le meilleur (1). — Osée avait dit déjà :
Les fils de Juda et les fils d'Israël se rassem-
bleront et se donneront un seul chef. — Et
saint Jean : *Il y aura un seul troupeau et un*
seul pasteur. (chap. 10).

Lors donc que le Christ dut se séparer corporellement de son Eglise militante, il lui fallut
confier à quelqu'un des siens le soin de la
diriger ; et c'est sur Pierre que, avant sa
passion, il promit de l'édifier. (Math. 16.).
« *Tu es Petrus ; et super hanc petram ædifi-*
cabo Ecclesiam meam ; et tibi dabo claves
regni cœlorum. » Et après sa résurrection, il
lui confia le soin de ses brebis : « *Pasce oves*
meas. » (Joan. ult.) n'en exclut aucune, qu'elle
soit Roi, qu'elle soit Empereur (2).

L'Eglise militante durera jusqu'à la fin des
siècles ; *cujus regni non erit finis.* (Luc. 1.).
Ecce ego vobiscum sum usque ad consumma-
tionem sœculi. (Math. ult. et concil. Nicen).
Le nombre des pécheurs, la violence des tyrans,
la fausse doctrine des hérétiques ne pourront
donc ni la détruire, ni l'ébranler. *Regnum ejus*

---

(1) TURRECREMATA, *in Summ. Eccles* ; lib. 2. cap. 22.
VICTORIA. — R-lect, *De potest. Eccl.* quæst. 3. n. 2. —
SOT. lib. 4, *De just*, quæst. 4, art. 2. — BELLARMIN,
l.b, 1, *De rom. pontif.* cap, 9 cum seqq. — MOLIN. 1. tom.
De justitià, disp. 23. — VALENTIA, in *Analysi fidei.*
lib, 7, cap. 8. — ANT. PEREZ, *De rom. pont* ; dub. 1.
cap. 10, à n. 45.

(2) TURRECREM. lib. 2, *de Summ, Eccl.* lib. 15.—SUAR.
lib. 3, *contrâ errores Angliæ*, cap. 10, n. 18 et seqq., e.
cap. 12 à n. 3.— HIER. ALBA, *de potest Papæ.* 2 p. n° 159

quod non corrumpetur. — *Portæ inferi non prævalebunt adversûs eam.* *L'Eglise peut être attaquée, jamais vaincue* (1). Or, il convenait que le Souverain Pontife succédât à saint Pierre, avec la même puissance de gouverner, et que cette même puissance universelle fût transmise, en ordre perpétuel, à ses successeurs. C'est la raison de ce beau texte d'Innocent IV, en concile général (2), où, sous l'inspiration de l'Esprit-Saint, les Pontifes et les Pères jugèrent bon de déclarer : « Descen- » dant du haut des cieux en ce bas-monde, » pour la rédemption du genre humain, et » subissant une mort temporelle, le fils de » Dieu, Jésus-Christ, pour ne pas délaisser sans » pasteur, au moment de remonter vers son » Père, le troupeau racheté au prix de son » sang glorieux, en confia le soin à l'apôtre » saint Pierre, afin que, par la stabilité de sa » foi, il affermît les autres dans la religion » chrétienne, et que pour l'œuvre du salut, il » embrasât leurs âmes par l'ardeur de sa » dévotion. Et, par suite, étant devenus nous- » mêmes apôtres de cette même religion par » la volonté du Seigneur, nous sommes, sans » mérites, appelés à sa succession; et malgré » notre indignité, nous tenons lieu du Rédemp- teur sur la terre. » — (Suivent d'autres citations qui reproduisent la même pensée).

Autrement, en effet, il n'y aurait pas eu de

---

(1) DAM, 7. Ang. lib. 1. *de symb.* cap. *5.*
(2) C. 1. *De homi* lib. 6.

raison pour une monarchie céleste dans l'Eglise
universelle du Christ; mais le pouvoir d'un
grand nombre y eût été institué. Et quel serait
le lien de la concorde, par l'autorité duquel
seraient apaisées les tempêtes, écartées les
turbulentes opinions, domptés et comprimés la
vanité et l'orgueil, si nul n'avait été établi
dans l'Eglise dès ses commencements, pour
contenir chacun par son autorité et par sa
puissance? — Puis donc que l'Eglise du Christ
est simple et unique, et qu'elle ne peut l'être
sans l'existence d'un Prince seul, concluons-en
la nécessité de donner à l'Eglise militante un
chef et gouverneur universel. (CAJET. *De potest. Papæ,* tract. 1, cap. 4 ad fin; et cap, 12
cum seq. — CANUS. *De locis théolog.* lib. 6,
cap. 3, conclus. 3. — SOTUS, in 4 distinct. 20,
quæst. 1, art. 2 concl; et dist. 24, quæst. 2 et 5.
ALBAN. *De potest. Papæ,* 2 p, à n. 155, — ANT.
PEREZ, *in Pentat. fidei,* lib. 5, *De rom. pont.*
cap. 10. n. 49 et 50. — ROFENSIS contrà Luthe-
rum, art. 27 — COSTERUS. *in Enchyridion*
cap. 4, *de Summ. Pontif.* — Et alii relati per
HENRI. lib. 3, *De pœnitent,* cap. 5 § 5, litera Y.)

Or, quel successeur perpétuel peut-on nous
montrer, autre que le Pontife de Rome (1) ? —
Cette succession continuée pendant tant de
siècles depuis saint Pierre jusqu'à Urbain VIII
qui tient aujourd'hui glorieusement le gouver-
nail de l'Eglise militante, n'a pu s'introduire et

_____

(1) BELLARMIN. lib, 2, *De rom pontif.* cap. 12, cum
seqq. — SUAR. lib. 3 *contr. err. Angl.* cap. 13 cùm seqq;
et *De fide,* disp. 10, sect. 2, à n. 1.

sé continuer par l'habileté humaine, ni par un simple mortel, comme le montre P. Zumel in 1 D. Tho; quæst. 1, art. 8; quæst, 2, arg. 11, invoquant à cet égard le témoignage de saint Augustin qui a professé être retenu dans l'Eglise par cette invariable succession du siége romain. — Les anciens Pères, à savoir : Irénée, (lib. 1, c. 2 et 3, et lib. 3, c. 3), Augustin (epistol. 165.), Optat (lib. 2, contrà Parm.) ont transmis nominativement à la postérité tout cet ordre de succession des pasteurs de l'Eglise romaine; et jamais rien de semblable ne s'est produit depu·s l origine du monde. (Zummel, quæst. 2, ad. 3.) Et tandis que la pureté et l'intégrité de la foi s'y maintenaient, les siéges des autres apôtres, par la suite des temps, s'éteignaient ou étaient envahis par l'hérésie. (Bellarm. lib. 4, *De verbo Dei*, cap. 9, ad fin. — Cordova, lib. 4, quæst. 14.).

· Ici ne convenait point cette liberté qui suppose un Etat se gouvernant sans roi, un navire sans maître ni pilote, des brebis sans pasteur, un homme privé de l'usage de son esprit et de sa raison. L'Eglise, d'ailleurs, ne pouvait être dirigée par une communauté quelconque; et il ne convenait pas, non plus, que les agneaux du Christ fussent régis, d'une manière indépendante, par les divers princes temporels. (Osor. lib. 1, contr. Haddonem). — (Perez, in Pentat. fidei, lib. 5, dub. 1, c. 10 à n. 45). Dans de telles conditions, ils n'auraient pu ni conserver la même foi, ni y être ramenés par les mêmes décisions, par suite de la facilité

naturelle aux hommes de se mettre en dissentement les uns avec les autres; à tel point que
deux arbitres, même choisis du consentement
commun des parties, ont grand peine à s'accorder en un même sentiment, comme le fait
remarquer Ulpien sur la loi *Item si.* 19 § fin. ff.
De arbitris. — Albanus (*De potest. papæ,* 2 p.
n. 154) et Suarez (lib. 3, *cont. err. Angl.* c. 8, à
n. 3) disent aussi que tels sont les enseignements
de l'expérience.

D'où il suit que l'Eglise étant un seul corps,
les chrétiens doivent demeurer aussi dans
l'unité. (Joan. 10 et 17). « *Pater sancte, serva
eos in nomine tuo, quos dedisti mihi, ut
sint unum, sicut et nos.* » (Paul, ad. Cor. 1.).
Le Christ est-il donc divisé? poursuit Albanus
(*de pot. Papæ*). — Pour conserver cette unité,
il faut évidemment que quelque puissance
s'exerce sur le gouvernement de toute l'Eglise (1)
Le royaume du Christ, l'union et la parfaite
intelligence des fidèles, habitant les diverses
régions du globe, dans une même foi, dans les
mêmes dogmes, n'admettent ni deux ni plusieurs chefs (2). Bien que, parfois, il y ait eu
simultanément deux ou plusieurs papes élus, à
la naissance d'un schisme, par la faute de leurs
électeurs, ceux-ci et les autres fidèles savaient

---

(1) D. Thom. ad 3 part. id addit. quæst. 40, art. 6.

(2) Glossa celebr. in cap. *Non autem.* 7 quæst. 1, lau-
data à Tiraquello, *De primog.* quæst. 17, opin. 4, n. 21.
— Navarr. in cap. novit, notab. 3, n. 140.— Pinel, lib. 1,
part. 3, n. 16, c. *de bonis maternis.* — Covar. in reg.
peccatum, 2 p. § 9. n. 5, vers. 4 et 6...., etc.

parfaitement qu'il ne devait y en avoir qu'un
seul ; ils ignoraient seulement quel était le
véritable. Le droit, en lui-même, était incon-
testé ; son observation seule faisait défaut.
(Tex. in l. *duo sunt Titii*, ff ; *De testam tutelà*.

Cela posé, la puissance spirituelle peut être
considérée comme étant de deux sortes :
1º imparfaite et restreinte aux bornes de la
nature ; 2º parfaite et supérieure à cette même
nature. — Sous le premier aspect, nous la trou-
vons dans la loi naturelle et dans la loi positive ;
car, avant la loi du Christ, il y eut dans tout
état de nature une institution sacrée de prêtres
et de Pontifes. Par la raison naturelle, en effet,
les hommes savent qu'il y a un culte à rendre à
Dieu ; mais comme tous ne sauraient accomplir
en toute facilité ce culte divin, il a bien fallu
en déléguer le soin à des ministres ; or, ce soin
ne pouvant s'exercer sans quelque pouvoir, il
s'ensuit que dans la loi de nature est comprise
une certaine puissance spirituelle que l'on
trouve chez presque toutes les nations qui sont
hors de l'Eglise. Elles établissent des prêtres et
des pontifes investis de ce pouvoir ; et si elles
les établissent pour de fausses divinités, elles
auraient pu, cependant, les déléguer au culte du
vrai Dieu, selon cette parole de St Paul aux
Romains : *Eo quod cum Deum cognovissent,
non sicut Deum glorificaverunt, aut gratias
egerunt.* — Et telle était, sous l'ancienne loi de
Dieu, la puissance spirituelle dont font mention
l'Exode, 29, et le Lévitique, 2 et 6. Car, bien
qu'émanée de Dieu, elle ne contenait rien qui

fût au-dessus de la nature, et ne produisait pas
d'effet spirituel ; comme il conste de l'Epître de
St Paul aux Romains, chap. 3, et des remarques
de Victoria, Cordova, Sotus, Suarez et Henriquez (1) — Ajoutons que chez le peuple fidèle,
dans l'état de nature, le premier né était communément appelé au sacerdoce, comme le fut
Melchisedech. (Gen. 14. — HENRIQ. post plures,
lib. 1 de Missâ, c. 1. § 10, et c. 10, § 4, liter. H.—
SUAREZ, cap. 9; n. 2.)

Considérée sous le second aspect, c'est-à-dire
dans sa perfection et au-dessus de la nature, la
puissance spirituelle émane du Christ Notre-
Seigneur, comme nous l'avons montré ci-
dessus ; et elle produit des effets surnaturels.

Les prêtres, à raison des fins auxquelles ils
étaient délégués, ont toujours été en grande
estime et en honneur dans toute république.
Ainsi, ceux que désignaient les Égyptiens
étaient nourris et exempts de tributs. (GEN. 41
et 47.) ; et cet honneur était principalement
attribué au Grand-Prêtre et au Souverain-
Pontife (2)—Cicéron, dans l'exorde du discours
pro domo suâ, l'exprime très élégamment :
« Quod si ullo tempore magna causa in sacer-
» dotum populi romani judicio ac potestate

_____

(1) VICT. De potest. Eccl. 1 p. quæst. 3, n. 6, et 2 p. in
princip. n. 3. — CORD. lib. 4, quæst. 4, ad 4, et quæst. 5.
art, 2, ad ultim. — SOT. d. art. 3, concl. 1. — HENRIQUEZ.
De sacram lib, 1, cap. 13, § 5 : — SUAREZ, lib. 3,
De primatu Pontif. romani, cap. 9, num. 4.

(2) FENESTELLA, De sacerd. rom., c. 5. — AGELLIO,
lib. 10. c. 5. — PLUTARCH. Problem. 42 et 48.— ALEX. ab.
ALEX. Dierum genal. lib. 2, cap. 8.

» *versata est, hæc profecto tanta est ut omnis*
» *Reipublicæ dignitas, omnium civium salus,*
» *vita, libertas, aræ, foci, Dii Penates, bonæ*
» *fortunæ, domicilia, vestræ sapientiæ, fidei,*
» *potestatique commissa et credita esse vide-*
» *bantur.* »

Aussi l'Empereur romain usurpait-il la
dignité de Souverain-Pontife ou Grand-Prêtre ;
comme nous le voyons dans les historiens de
l'Empire, et dans Onufrius (Cap. *Cleros,* vers
Pontifex., 21 dist.). Autrefois, dit-il, « ceux qui
» étaient rois étaient en même temps Pontifes ;
» car la coutume des ancêtres était que le Roi
» fût aussi Prêtre et Pontife; de là vient que le
» titre de Pontife était appliqué aux Empe-
» reurs. » Et ceux-ci mettaient la dignité
sacerdotale avant la majesté impériale, comme
il appert de leur titre : Augustus Pontifex
Imperator. — Dans la loi ancienne, le sacrifice
était offert pour le Pontife avant de l'être pour
le Roi (Levit. 4). Le Prince souverain y est
tenu d'obéir à la parole du Prêtre; ce qui est,
à plus forte raison, obligatoire sous la loi de
grâce, puisque le Souverain-Pontife et les
Prêtres sont d'un rang plus excellent et plus
élevé (1). Quoique la puissance spirituelle ou
ecclésiastique et la puissance temporelle, laïque
ou politique, diffèrent en bien des choses (2),

---

(1) Vives, lib. 8, *De civit. Dei.* c. 19, ad fin. —
Bellarm. lib. 2, *De rom. Pontif.* cap. 29 ad 4. — Suar.
lib. 3, *Contrà errores Angliæ,* c. 26. post plures quos
citant.

(1) Nav. in cap. *Novit.* notab. 3, n. 88, — Molin. 1 tom,
De justitià: tract. 2, disp. 21, col. 8, vers. *habemus.*

il en est deux, cependant, où elles se distinguent plus essentiellement, à savoir : leur cause
efficiente et leur objet.

Car, bien que toute puissance spirituelle ou
temporelle vienne de Dieu, suivant ce texte de
St Paul, aux Romains, c. 13, « *Il n'y a pas de*
» *puissance qui ne vienne de Dieu ;* » et celui
de St Jean. c. 19. « *Tu n'aurais aucun pouvoir*
» *sur moi s'il ne t'était donné d'en haut;* »
cependant la puissance spirituelle ou ecclésiastique et la suprême administration de
l'Eglise universelle a été accordée exclusivement et immédiatement par le Christ à St Pierre
et à ses successeurs les Pontifes romains, en
ces termes : *Pasce oves meas, — Tibi dabo*
claves Regni cœlorum; et quodcumque ligave-
ris super terram erit ligatum et in cœlis;
afin que cette puissance découlât de St Pierre
et de ses successeurs, non moins immédiatement, comme de la tête aux membres, sur les
Evêques et autres prélats de l'Eglise. C'est ce
que Léon 1er fait ressortir dans son troisième
sermon *De ordinatione Petri* : « C'est seule-
» ment par Pierre qu'il a donné aux autres ce
» qu'il a voulu qui leur fût commun; » et dans
son épître 87 (in C. *Ità Dominus,* 19 dist.): « Le
» Seigneur a voulu que ce caractère sacré
» appartînt au ministère de tous les apôtres;
» mais de telle sorte qu'après avoir été placé
» essentiellement dans la personne de St Pierre,
» il répandit de là ses dons, comme d'un chef
» sur le corps entier. » (1).

———————————

(1) Freitas mentionne ici (au cours de son texte, comme

· Quant à la puissance temporelle ou politique,
elle a été accordée par Dieu, comme auteur de
la nature, au Roi ou au chef de la République,
moyennant cette lumière naturelle qui fait
usage de l'élection ou d'un autre mode de trans-
mission. La République ne pouvant exercer
elle-même cette puissance, était obligée, par
raison et force du droit naturel, de la conférer
à un seul ou à plusieurs. — Déléguée au
Prince, elle découle de lui comme d'une source,
sur les magistrats inférieurs (1). — Si quelquefois, et par un privilège spécial, certains rois,
dans la loi écrite, ont été immédiatement
choisis de Dieu, comme Saül et David, ce
privilège ne convenait pas à d'autres, et l'on ne
voit pas qu'il leur ait été accordé. Suarez le fait
remarquer (lib. 3, c. 3, n. 10.); et c'est prouvé
aussi par cette prohibition du Deutéronome,
17 : « *Vous ne pourrez faire roi un homme*
» *d'une autre nation,* » Donc, l'élection du
Roi appartenait bien au peuple ; et même il a
été soutenu que ces rois désignés par le choix
et la volonté de Dieu avaient été élus immé-

___

d'habitude) les très nombreuses autorités qui, depuis
l'avènement du Christ jusqu'au concile de Florence (1439)
ont enseigné la doctrine de la suprématie du Pontife
Romain : Turrecremat. — Covarr. — Navarr. — Bursat.
— Cajetan. — Bellarmin. — Molina. — Perez sur Saint
Chrysostôme, etc.— Il ne m'a pas semblé nécessaire d'indiquer ici les titres, pages, articles et numéros des ouvrages qu'il invoque. — Je prendrai quelquefois, le plus
rarement possible, cette liberté. (*Note du Traducteur*).

(1) AVENDAN. lib. 1. *De exequend.* c. 1, n. 6. — COVAR.
pract. c. 1, n. 6. — NAVAR. cap. *novit,* notab. 3, n. 5. —
MOLIN. disp. 26. — SUAREZ, lib. 3. *De primatu rom.*
Pont. cap. 2, 3 et 6, n. 17.

diatement par le peuple. (BELLARM. et SUAREZ.
c. 10 à n. 5.)

Les mêmes puissances diffèrent aussi et souverainement, par le but principal de chacune
d'elles. — Car la puissance spirituelle ou
ecclésiastique est établie pour une fin surnaturelle, et pour les moyens qui lui sont propres;
elle a en vue notre bonne vie spirituelle, notre
âme et la vie éternelle. « *Ad consommationem
sanctorum* » dit St Paul aux Ephésiens ch. 4;
et aux Hébreux ch. 13 : « *Obedite præpositis*
» *vestris; ipsi enim pervigilant, tanquàm*
» *rationem pro animabus vestris reddituri.* »
— Le Pape Gélase, s'adressant à l'Empereur
Anastase, lui disait aussi que les Empereurs
chrétiens avaient besoin des Pontifes pour leur
vie éternelle; et que grave était la responsabilité
des prêtres, qui auront à rendre compte à Dieu
même de la conduite des Rois de l'humanité.

Au contraire, la puissance politique ou
temporelle est principalement instituée et dirigée pour une fin naturelle, et pour que, par les
moyens qui lui sont propres, nous ayons une
existence bonne dans ses conditions naturelles
et extérieures. « *ut quietam et tranquillam
vitam agamus,* » écrit St Paul à Timothée.
c. 2. — puisqu'il faut considérer comme double
la vie de l'homme, à savoir corporelle et spirituelle, selon ce que dit encore St Paul dans la
première aux Corinthiens; c. 14.

Ainsi, comme la puissance temporelle fut
nécessaire pour la conservation de la vie du
corps; de même, pour la conservation de la vie

de l'âme fut nécessaire une certaine puissance qui dirigeât les hommes vers le bien spirituel; et cette dernière nécessité fut d'autant plus grande que la vie spirituelle l'emporte en excellence sur celle du corps.

Or, la suprême puissance ou juridiction séculière se comporte et peut être envisagée de deux manières : tantôt, en effet, elle procède directement et principalement; tantôt moins principalement et par voie indirecte. On l'entend dans le premier sens quand il s'agit d'elle pour la fin naturelle et temporelle en vue de laquelle elle a été directement et principalement instituée et concédée par Dieu aux Rois et aux Empereurs, avec intervention de la lumière naturelle; on l'entend dans le second sens toutes les fois qu'elle consiste et s'exerce, non plus vers cette même fin, mais vers un but écarté sur lequel elle est appelée et dirigée incidemment par quelque circonstance accidentelle. C'est ce qui appert du Chapitre *Per Venerabilem*, versiculo *rationibus; qui filii sint legitimi*, en ce passage : « *sur lequel* » (*patrimoine de l'Eglise*) *nous exerçons, au* » *temporel, une pleine puissance,* » et en cet autre : « *Dans les pays étrangers, en considé-* » *ration de certaines causes, nous exerçons* » *occasionellement (casualiter) la juridiction* » *temporelle.* » C'est bien dénoter que la puissance temporelle a, d'abord, une action principale et directe; mais que, dans ces cas spéciaux, elle est moins principalement, incidemment et indirectement exercée.

De même, tel qui ne peut connaître d'une
cause, si elle est principale, peut en connaître
incidemment. (L, 1. C. *De ord. judic.* in hæc
verba : *Neque enim impedit* (1). Ainsi, le juge
ecclésiastique, qui ne peut connaître principalement d'une cause temporelle ou profane
(Cap. *causam quæ*, ibi : ad *Regem pertinet*) (2) peut, néanmoins, y statuer si elle sur-
vient incidemment dans une cause ecclésiastique, introduite au principal devant lui (3).
Bien que, dans cette acception, la juridiction séculière, eu égard à son objet matériel,
et aux intérêts sur lesquels elle se porte, soit
dite temporellement exercée, selon la doctrine
de St Thomas (4) ; cependant, comme nos actes
sont caractérisés et nommés plutôt par leur
but et leur cause que par le fait et la chose

---

(1) Neque enim impedit notionem ejus, quod statùs
quæstio in cognitionem vertitur, etsi super status causa
cognoscere non possit ; pertinet enim ad officium judicis
qui de hæreditate cognoscit, universam incidentem
quæstionem quæ in judicium vocatur, examinare. — C.
pen. *de in integ. rest,* ibi : De hâc causâ cognoscere,
nequeunt, nisi coràm eis mota fuerit incidenter. (L.
quoties. C. *De judiciis* , junctis resolutis ad illius intel-
lectum per Goveanum, lib. 1, Var. Cap. 33. — ROBER.
lib. 3 Sententiarum cap. 12. — ANT. FAB. lib. 17 Conject.
cap. 8. — DONEL. lib. 7 comment, c. 9, ubi OSVALD,
littera Y.

(2) Ad Regem pertinet, non ad Ecclesiam de talibus
possessionibus judicare. *Qui filii sint legitimi.* cap *Novit.*
in pr. vers. *Non enim. de judiciis.*

(3) Cap. 3. *de donat inter virum,* ubi gloss. 2, et omnes
ibi. — BALD. n. 1 et add. in d. 1. *quoties.* — PALACIUS
in repet. cap. notab, 3. princip. — TIRAQ. tract. res.
inter alios, n. 16. — MOLIN. lib. 2. cap. 15, n. 76.

(4) D. THOM. 1, 2, quæst. 18, art. 6.

elle-même (1), il s'ensuit qu'à proprement et strictement parler, et eu égard à son but, une telle juridiction, prise sous son second aspect, n'est pas et ne peut être purement temporelle ; elle est plutôt distraite, divertie des juridictions temporelles (à raison du but et de la cause de l'action) ; de telle sorte que, pour la rigueur de cette discussion, elle tire son nom et le caractère de son exercice de la fin qu'elle se propose. Et ainsi, le Pontife n'a point la puissance temporelle, mais une certaine puissance sur les choses temporelles. (BELLARMIN. adv. Barclaium, cap. 12 § 3.).

D'après ces courts préliminaires, il est aisé de réfuter tout ce que l'on a coutume d'objecter contre la puissance du Souverain-Pontife, tant au spirituel qu'au temporel. Et quoique plusieurs, et des plus doctes, se soient plu à attaquer cette attribution, aucun de leurs écrits ne nous ont fait changer d'opinion, de crainte de passer pour apostat. Ainsi, d'ores et déjà, il est établi que la puissance spirituelle ou ecclésiastique que le Christ, notre Seigneur, a concédée à St Pierre, dans la loi de grâce, n'a point pris fin par sa mort, mais a été transmise aux futurs Evêques de Rome. Et, quoique le Christ notre Seigneur se soit adressé personnellement à lui, l'appelant de son nom propre Simon Barjona ; cependant, comme il promet-

---

(1) L verum 40, ibi : *Nec enim factum quæritur, sed causa faciendi*, ff. *de furtis*. c. cum voluntate 54, in princip. ubi scribentes, *de sententia excommun.* — D. THOM. ubi suprà. post. Arist. et quæst. 1, art. 3.

tait en même temps d'élever sur lui son Église qui devait durer perpétuellement, et lui recommandait en même temps ses brebis, nonseulement les présentes, qui étaient fort peu nombreuses, mais aussi les futures; nous devons en conclure que sa parole au premier des apôtres a passé à ses successeurs.

Il est reçu, en effet, que toutes les fois que, par l'objet dont il s'agit, par l'intention, ou par d'autres circonstances, il appert qu'un mandat est adressé à la dignité, quoique le nom propre de la personne soit exprimé, il doit passer aux successeurs de cette dignité. C'est ce que résolvent communément les Docteurs (1).

Ainsi, les rescrits s'étendent aux successeurs dans toutes choses afférentes à leur dignité, bien que le propre nom du prédécesseur y soit exprimé (2);

Ainsi, l'obligation contractée en son propre nom par le tuteur ne le suit point à la fin de sa tutelle, mais bien celui qui le remplacera (3) ;

Ainsi, le serment prêté à un homme en

---

(1) Ex DECIO, n. 3, vers. *Et idem*, alias n. 38. — BERO , à n. 82, in cap. *Quoniam.* — ABB. *de officio deleg.* — COVAR. C. *requisisti. de testamento.* — MENOCH. lib. 1 *de arb.* 9. 68, n, 20. — BARBOS. L *qui à tale*, 14 n. 41, *solut. Matrim.* 2. tom. — SANCHEZ, lib. 8. *De matrim*, disp. 27. n. 2.

(2) Cap. *dilecti de foro compet.* ubi gios. 1. — Abb. not. 2. — DECIUS, ubi proximè.— COVAR. n. 4. vers. *sextâ* in d, cap. *requisisti.*

(3) L. *Post. mortem.* §. 1, ff, *Quando ex facto tutoris,* ubi notant BART. et alii. BOER. decis. 273, post. allos.

dignité, pour une chose qui concerne la dignité et non la personne, passe au successeur, bien qu'ayant été prêté à la personne en son nom propre (1);

Ainsi, ce qui a été laissé au Roi, en son nom propre, est dû à son successeur (2);

Et par suite, enfin, les privilèges concédés au Roi, en son nom propre, par le Siège apostolique, appartiennent, en toute justice, à ses successeurs; comme aussi, il résulte de là que la puissance et la juridiction attribuées à St Pierre, l'ayant été pour l'utilité de l'Eglise, ont passé aux futurs successeurs de l'Apôtre (3).

Cela est encore prouvé par cette considération que le gouvernement de l'Eglise est de l'ordre surnaturel, et par conséquent ne peut convenir à personne autre que le mandataire du Christ. Or, c'est à Pierre, et non à l'Empereur ou aux Rois que le Christ a donné mandat, comme le font observer Bellarmin, St Thomas, Suarez, et plusieurs autres (4).

---

(1) Cap. *Veritatis* 14, *de jurejurando*, ut contrà alios optimé resolvit COVAR., ubi proximè.

(2) L. *Quod principi*, 58 ff. *de leg.* 2; ubi CUMAN. et alii. — CORRAS, lib. 3 Miscel, c. 19, n. 2. — CABED. lib. 4, divers. C. 20, à n. 8.

(3) C. 1, *de translatione episcop.* ibi : *Ex illo generali privilégio quod Beato Petro et per eum Ecclesiæ rom. Dominus noster indulsit;* et C. ubi ANT. n. 3, et alii latè prosequuntur. BELLARM. lib. 2. *De rom. Pontif.* c. 12 cum. seqq. — VALENTIA, in *Analysi fidei.* lib. 5 *De rom. Pontif.* dub. 2. c. 1 cum seqq. — SUAREZ *contrà sectas Angliæ;* lib. 3. *De prim. rom. pontif.* c. 7. cum duob. seqq.

(4) BELLARM. d. c. 7, vers prima — D. THOMAS, lib. 1, *de regimine principum;* c. 17, et lib. 3, c. 8. — SUAREZ. d. c. 7, n. 5 et c. 8, n. 2, etc.

Et la divine Providence en a usé de la sorte, dans la salutaire prévision qu'à partir de la naissance de l'Eglise évangélique, et pendant quelques siècles, aucun souverain n'embrasserait le christianisme ; afin qu'il fût plus évident que l'Eglise, parfaitement gouvernée par Pierre, puis par les apôtres, puis enfin par leurs successeurs, n'avait point eu de Prince terrestre en qui on pût dire qu'avait résidé la puissance spirituelle soit pour le tout, soit pour partie ; qu'ainsi elle aurait pu n'en compter jamais dans son sein, si ce n'eût été les exclure tout-à-fait, contre sa suprême volonté, de la rédemption éternelle. La divine Providence, dirai-je encore, a voulu ainsi faire comprendre à tous que rien dans cette partie n'a été donné aux rois, et qu'ils ne sont rois que jusque là ; à moins de dire que tant qu'il n'y ait point eu de rois chrétiens, tant que l'Eglise a vécu sous des Princes payens, il n'y a pas eu de gouvernement ecclésiastique, ce qui est absolument contraire à la foi et à la promesse du Christ, et serait d'autant plus monstrueux que l'Eglise aurait eu ensuite autant de chefs qu'elle aurait compté de princes chrétiens, contrairement à son établissement, par le Christ, sous un seul pasteur. (JOAN. 10). Les rois et les empereurs sont donc entrés, en leur temps, dans l'Eglise du Christ ; mais, ou bien ils ne se sont jamais rien arrogé des choses ecclésiastiques ; ou bien, s'ils l'ont fait, ils sont regardés comme ses tyrans et ses persécuteurs, plutôt que comme ses nourriciers et ses sectateurs. C'est ce qu'avait prédit Isaïe. C. 49.

Il n'y a point à s'arrêter à cette objection
que, dans la loi de nature, la puissance royale
était jointe à la spirituelle; et qu'ainsi, ce droit
naturel reste entier sous la loi de grâce. — Il
est répondu, en effet, que ces deux puissances
ne sont pas unies par le droit de nature, mais
que cette double attribution a dépendu, pour
un temps, de la situation de la République.
Ainsi les Empereurs romains n'ont pas toujours
été souverains Pontifes; et, après l'expulsion
des Rois, un grand-Prêtre fut institué chez les
Romains, sans être investi de la dignité royale,
qui demeura dans le Sénat. (V. Tite-Live et
autres). — De même dans l'ancienne loi, ces
offices furent divisés. « Amarias Josaphat, roi
» très bon, prêtre et pontife, présidera à toutes
» les choses qui appartiennent au culte de
» Dieu; et Zabadias sera préposé à toutes les
» œuvres qui se rapportent aux fonctions
» royales. » (Paralipomènes, 2, c. 19); et au
chapitre 26, il est rapporté que le Roi Osias
ayant voulu s'ingérer dans le sacerdoce, fut
aussitôt frappé divinement d'une lèpre fort
grave. Pour la même cause, Saül fut rejeté de
Dieu et privé de son royaume. (1 Reg. c. 13).
Donc, sous la loi de grâce, il put y avoir changement, division et distinction; et le Pape
Nicolas fit connaître cette distinction à l'Empereur Michel en ces termes: (in C. *cum ad ve-*
rum): « *Idem mediator Dei et hominum,*
» *homo Jesus-Christus actibus propriis et*
» *dignitatibus distinctis, officia potestatis*
» *utriusque discrevit.* » Et c'est de toute

sagesse, font observer à ce sujet Bellarmin et Suarez, puisque les fonctions sacerdotales de la nouvelle loi sont encore plus augustes que les anciennes. (BELLARM. lib, 1 *de rom. Pont.* c. 7. col. 3, ad fin. — SUAREZ lib. 3 *de primatu Rom. Pont,* c. 9 à n. 3). — Concluons, en troisième lieu, que la puissance ecclésiastique ou spirituelle est supérieure à la puissance temporelle ou politique. — Car, puisque sa fin est l'éternelle béatitude, vers laquelle doivent, en définitive, être dirigées toutes choses temporelles, il faut, disait déjà Platon au 1er livre *des Lois, que le législateur adopte et suive un ordre dans lequel les choses divines et humaines se correspondent* (1); et la puissance spirituelle doit tout diriger vers ce but. Tout art, toute puissance qui a un but direct peut disposer des choses qui tendent à ce but, comme (avec le philosophe païen l'enseigne St Thomas, § 2 quæst. 40, art. 2 ad 3), et comme ci-après nous le montrerons plus amplement; et il s'ensuit que la puissance temporelle est inférieure et subordonnée à la puissance spirituelle. Car, ainsi que l'art du fabricant de mors ou du constructeur de navires est inférieur à l'art de l'équitation ou à celui de la navigation pour lequel il est établi (Arist. d. c. 1.) ainsi en est-il, dit Victoria, (de *potest. Eccl.* 1 p) de la puissance temporelle à l'égard de la spirituelle. Toutefois, cet exemple tiré

---

(1)V. D. AUG. *de civ. Dei* lib. 19, cap. 17. — BELLARM. lib. 5, *de Rom. Pont.* cap. 7, rat. 1.

des arts n'est pas absolument exact; car, si ces
arts supérieurs n'existaient pas, les inférieurs
disparaîtraient; et pareille conséquence n'est
pas applicable aux puissances susdites, puisque la temporelle ne dépend pas à un tel point
de la spirituelle qu'elle cesse d'être avec celle-
ci, comme cela se voit parmi les infidèles chez
lesquels la puissance temporelle existe vérita-
blement. Nous en parlerons plus loin.

Mais une comparaison plus juste indique
q e le royaume terrestre est établi pour servir
le royaume du Ciel, de la même manière que
dans l'homme, la chair est soumise à l'esprit.
Car, bien que les fonctions et les actions de
l'une et de l'autre soient différentes; cependant,
comme ils ne font en nous qu'une seule
hypostase, ils s'assemblent et s'unissent de
telle sorte que l'esprit préside et que la chair
soit soumise. De même, dans l'Eglise de Dieu,
les deux puissances font un seul Etat, un seul
royaume, un seul corps : *Unum enim sumus
corpus in Christo, singuli autem alter alte-
rius membra* (St Paul aux Romains, 42) —
Et, bien que la plupart du temps, l'esprit ne
prenne point part aux actes de la chair, et
lui en laisse le libre exercice; cependant,
s'ils commencent à faire obstacle à la fin
spirituelle, l'âme peut user de son droit pour
dompter la chair, prescrire des jeûnes et
d'autres mortifications entraînant même perte
et faiblesse pour le corps, pour qu'il n'empêche
pas les dons de l'esprit. Si, même, il en est
besoin pour ses fins, l'esprit peut commander

à la chair de s'exposer au sacrifice de la vie et
de tous ses biens (1).

Lors donc qu'abondant en ce sens, Innocent III
compare la puissance ecclésiastique au soleil
et la puissance laïque à la lune, il faut
entendre non seulement qu'à l'exemple de ces
astres, dont le soleil est le plus grand et la
lune le moindre, le pouvoir ecclésiastique est
plus excellent que le pouvoir séculier (2), mais
aussi que, de même que la lune reçoit et
emprunte sa clarté du soleil, source de toute
lumière (3); ainsi la puissance laïque, c'est-à-
dire le Roi ou Empereur reçoit et emprunte du
Souverain-Pontife sa clarté et sa splendeur
spirituelle, et peut-être dirigé et pressé par lui
vers cette illumination et ce but élevé, tout
ainsi que la lune ne peut décliner cette influence
naturelle du soleil.

Et non-seulement la lune, mais toutes les
planètes sont soumises au soleil, puisqu'elles
reçoivent de lui la lumière, ce qui a fait dire à
Cicéron, dans le *Songe de Scipion*, en par-

---

(1) Post. GREGOR. NAZIANC. statim citandum : D. THOM.
De regim. Priucip. lib. 1, Cap. 14, et lib. 3, Cap. 10
cum seqq. — TURRECREM. lib. 2 *in Summâ*, ca. 113. —
SOT. in 4, dist, 25. q. 2, art° 5 ; et lib. 4 *de Just.* quæst. 5,
art. 4. — BELLARM, *De roman Pontif.* cap. 6, 7 et 8 ; et
De potest. summ. pont. in reb. temporal. cap, 13, ad fin'
— SUAR. lib. 3 *De primatu Rom. Pontif.* cap. 21, 22 et
23, post. infinitos, quos citant.

(2) Gloss. ult. in cap. *Duo sunt,* 96 dist. — NAVAR. in
ca. Novit. notab, 3, n. 125, *de judiciis.*

(3) D. THOM. 2. 2. 9. 47, art. 5 ad 2 ; et quæst. 58, art. 6,
in corpore.

lant du soleil : « *Dux est, et princeps, et*
» *moderator luminum reliquorum.* »

Cette puissance du Pontife sur les Rois et les
Empereurs a été confessée par le pape Gélase
s'adressant à l'Empereur Anastase dans ces
termes : « *Obsequi solere principes Chris-*
» *tianos decretis Ecclesiæ, non suam præ-*
» *ponere potestatem : Episcopis caput subdere*
» *Principem solitum.* » Le pape Jean a dit
aussi : « *Ad sacerdotes Deus voluit quæ*
» *Ecclesiæ disponenda sunt pertinere, non ad*
» *sæculi potestates, quas, si fideles sunt,*
» *Ecclesiæ suæ sacerdotibus voluit esse sub-*
» *jectas.* » Ainsi donc, ce n'est pas seulement
quant à leurs personnes privées, mais quant à
leur dignité que les Rois chrétiens sont soumis
au Pontife. — A ces paroles du Pape Nicolas :
« *Christiani imperatores pro æternà vità*
» *Pontificibus indigerent* » Gélase ajoute :
« *Quanto pro ipsis regiminibus, aliàs regibus*
» *hominum in divino, sunt reddituri examine*
» *rationem !* (1) » C'est ce que l'Apôtre avait
dit déjà à tous les fidèles : « *Obedite præpositis*
» *vestris et subjacete eis ; ipsi enim pervigi-*
» *lant tanquàm rationem pro animabus ves-*
» *tris reddituri.* » (Paul ad Hœbr. 13.) Saint
Grégoire de Naziance, dans un discours adressé
à des citoyens frappés de crainte, haranguait
ainsi les Empereurs : « *Souffrirez-vous que je*
» *vous parle en toute liberté ? La loi du*

_____

(1). Gélase, in cap. *Duo sunt.* 96 dist. — Joan Papa,
in cap. *Si Imperator Nicolatis,* cap. cum ad verum.

» *Christ vous soumet à ma puissance et à*
» *mes tribunaux. Car nous aussi, nous exer-*
« *çons l'empire, et un empire plus élevé et*
» *plus parfait ; à moins qu'il ne soit bon et*
» *juste que l'esprit se soumette à la chair, et*
» *les intérêts célestes à ceux de la terre.* (1) »

A rien ne sert d'objecter que personne ne
peut être juge ou témoin dans sa propre cause,
comme l'a dit saint Jean : « Si ego testimonium
» perhibeo de meipso, testimonium meum non
» est verum, » et selon la loi *Nullus*, ff. *de test...*
Ainsi, disent les novateurs, il n'y a point à
croire le Pontife qui s'attribue la primauté et
l'autorité sur les Princes. Cette objection est
facile à repousser d'abord par cette simple observation (appuyée d'autorités sans nombre),
que le Prince suprême peut être juge dans sa
cause (2). Cette doctrine est indubitable, quand
il s'agit non des intérêts de la personne, mais
de ceux de la dignité, dans laquelle peut être

---

(1) Cap. *Suscipitis*, dist. 10, prosequuntur D. Thom *Si
is est*; lib. 1. *de regim. princip.* cap. 14, et lib. 3, cap. 10
cum seqq. — Bellarm. *de translat. imp.* lib. 1, cap. 2
ad 7 *Mendacium.* — Suar. lib. 3 *de primatu pontif.*
c. 22, à n. 1 ; — et cæteri præcitati.

(2) Cap. *cùm venissent de judiciis*, ubi glos. recepta,
ibi per Abbat et Decium, num. 5, aliàs à n. 30 et omnes.
L. *Et hoc Titus*, ubi Bar. et omnes ; *L. proximè* ff. *de his
quæ in testam. detentur*, ubi Bart, et omnes. — Jas.
n. 5, in l. *est conceptum* ff. *de jurisdict.* — Bernard, et
add. regul. 581 et relati per Duen, reg. 67. — Et in nostrà specie Nava, cap. Novit, Notab. 3, num. 47. — Bellarm. *de roman pontif.* lib. 2, c. 14. — Ant. Perez in
Pentateuch. fidei, lib. 5, dub. 5, cap. 5, n. 97. — Suar.
contrà Angl. err. lib. 3, cap. 16, n. 3, et lib. 4, cap. 2, n. 10.

juge un inférieur même (1). L'objection pèche
encore en ceci que l'assertion des Pontifes est
d'accord avec les témoignages manifestes de
la Sainte Ecriture, l'autorité de tous les conciles, l'assentiment uniforme de l'Eglise catholique; comme il appert, entre autres, des documents rapportés par Bellarmin *de potest. summi Pontif. in reb. temporal.* (à principio), où il
accumule dix conciles, les Pontifes, les Pères,
les plus illustres auteurs Allemands, Français,
Anglais, Ecossais, Italiens et Espagnols, qui
rendent la chose évidente. Ici donc, il n'y a
point de preuve à tirer du passage de St Jean
sur lequel on se fonde (JOAN. 5); mais au contraire, il faut s'en rapporter à celui-ci : *Quare
testimonium meum et Patris non accipitis?*
(JOAN. 8) montrant que la vérité était assurée,
non-seulement par sa propre parole, mais encore par le témoignage du Père céleste, par les
prophéties et les œuvres qui accompagnaient
l'affirmation du Christ; comme le dit fort bien
JANSENIUS, dans la concordance des Evan-
giles (2). Sont donc à bon droit considérés
comme coupables de sacrilége, ceux qui refusent en ce point leur fidélité aux Pontifes ro-

_____

(1) Glossa, verbo *privetur*, in C. *si quis ergà* 2, q. 7,
celebris ex Innoc. Abbate, et aliis, in cap. *Nosti de electione.* — ALEX. Cons. 79, num. 2, vol. 1. — JAS, n. 10,
in l. *qui jurisdictioni,* ff. *de jurisdict.* — NAVAR. n. 48,
ubi proximè, et præcitatis.

(2) Cap. 63, vers. *Si ego testimonium,* cum seqq.; et
cap. 77, vers. *dixerunt ergo.* — C'est Cornelïus Jansenius, premier évêque de Gand, et non l'évêque d'Ypres,
de mêmes nom et prénom, auteur des cinq propositions
condamnées. (*Note du Trad.*)

mains. C'est ce qu'enseigne Innocent IV, et ce qu'appuie saint Augustin en ces termes : «*Tenet* » *me in Ecclesià catholicà consensus populo-* » *rum atque gentium ; tenet authoritas mira-* » *culorum ; tenet ab ipsà sede Petri usquè ad* » *præsentem Episcopatum successio sacer-* » *dotum* (1). »

De cette subordination au pouvoir spirituel, il y a lieu de conclure, quatrièmement, que le Pontife romain peut, de son autorité, censurer et même déposer, après un convenable aver- tissement, les Empereurs et les Rois qui abusent de leur pouvoir ; qui, par méchanceté ou insigne négligence, nuisent gravement au bien spirituel, à la foi catholique, au gouvernement de l'Eglise, à la tranquillité et à la paix des fidèles. Et cette puissance qu'ont les Pontifes de priver les Empereurs et les Rois de leur domination, ainsi que le fréquent usage qu'ils en ont fait, se trouvent confirmés par l'histoire (2). C'était, en effet, une nécessité pour la fin surnaturelle, le bien spirituel, la défense et

---

(1) Cap. *licet ex suscepto*, n. 3, vers. *Sed dicet aliquis de foro compet.* — NAVAR., in d. notab. 3, n. 45. — D. AUGUST. *Contrà epistolam Fundamenti Manich*, cap. 4.

(2) V. Text. in cap. *Alius*, 15 q. 6 ; cap. ad apostolicæ, *de re jud.* — CASTAL. *de Imperatore*, quæst. 81, et post *Guerrerum*, MENCH. cap. 8, n. 20. — PALACIUS, *de justà retentione regni.* — NAVARR., 2 p., § 7. — BELLARM. *de roman. pont.*, lib. 5, c. 8 ; et *de potest. summ. Pont. in temporal.*, contrà Barclaïum, in pr. cap. *de sententià conciliorum.* — GRISALDUS, *in decisionibus fidei, verbo Papa*, n. 25. — SUAR. contrà errores Angl., lib. 3, c. 23, n. 6. — — MARTHA, *de jurisdict.* p. 1, cap. 23. — TIRACQ. *de primog.*, q 22, n. 4. — BURSAT, cons. 124, n. 75, vol. 1. — MENCH. illust. c. 8, à n. 20. Et passim. alii.

la conservation de l'Eglise (1). Le cas du grand-
prêtre Joad contre la reine Athalie suffit à le
démontrer (PARALIP. c. 23. — 4 Reg cap. 11, de
quo corol. ult. ad 5.)

L'opinion de saint Thomas est conforme à
ce qui vient d'être énoncé. Voici comment il
s'exprime aux chapitres 14 et 15 du livre Ier
De Regimine principis : « *Puis donc que le*
» *but de la vie présente est la béatitude cé-*
» *leste, il est du devoir d'un Roi de procurer à*
» *la multitude une bonne vie, 'en ce qui con-*
» *court à cette céleste béatitude, c'est-à-dire*
» *qu'il prescrive ce qui y conduit, et qu'il in-*
» *terdise, en ce qui lui est possible, les choses*
» *contraires.* » —Voilà donc, d'après saint Thomas, à quel effet les puissances séculières sont
établies *intrà Ecclesiam*, comme l'enseigne
doctement saint Isidore, in cap. *Principes*
sæculi, 23, quæst. 5, en ces termes : « *Les*
» *Princes du siècle ont acquis souvent dans*
» *l'Eglise (intrà Ecclesiam) une puissance*
» *très-élevée, afin de fortifier par son moyen*
» *la discipline ecclésiastique. Des puissances*
» *intrà Ecclesiam ne peuvent être nécessaires,*
» *à un autre point de vue, que pour achever*
» *par la crainte des lois ce que le prêtre ne*
» *peut obtenir par la prédication de la doc-*
» *trine ; et, de la sorte, le royaume céleste est*

---

(1) VICTORIA, NAVAR., et citati corol. præced. — CAS-
TAL, ubi suprà. — CLAR., in pract. § ult. quæst. 35 à n. 6.
BELLARM. de *Rom, pont.*, lib. 5, cap. 7 et 8, et lib. 1 *de*
translat imperii, cap. 12, vers. *qui cum ità sint.* — MOL.
de just., tom. 1, tract. 2, disp. 29, vers. *ex dictis Soti*,
et col. pen. vers. ad. 2 vero, cum seqq.

» *servi par ceux de la terre.* » Et peu après :
« *Sachent les Princes du siècle qu'ils ont un*
» *compte à rendre au sujet de l'Eglise dont le*
» *Christ leur a confié la protection !* » Donc,
si le Prince catholique et fils de l'Eglise aban-
donne ses intérêts, la combat, détourne son
peuple de la vie éternelle, contrairement à sa
charge et à ses devoirs; sans aucun doute, il
est à diriger et à corriger par le Pontife romain. (D. Thom. d. cap. 14.)

Or, d'après le proverbe , il est plus facile
d'empêcher une chose avant qu'elle arrive que
de l'ôter après qu'elle est accomplie. Ainsi,
puisque le Souverain Pontife peut déposer un
Empereur ou un Roi déjà établi, lorsque cela
est nécessaire; à plus forte raison, pour les
mêmes causes et dans les mêmes termes, peut-il
l'empêcher de s'établir (1). Barclay lui-même
l'a reconnu (2) ; un hérétique ne peut être élu
Roi ou Empereur (3). Que si les Pontifes Romains ne déposent pas toujours, ce n'est point
que le pouvoir leur manque; mais ils s'abstiennent, parce qu'ils redoutent par dessus tout
les hérésies, les rébellions, les schismes, ou
d'autres maux semblables, comme le font observer Molina et les autres docteurs plus haut
cités.

---

(1) Molin. disp. 29, vers. *ex dictis;* post Victoriam,
Pigium, Turrecrematam et alios quos refert Bellarm.
in apologià contrà serenissimum Jacobum, Angliæ
Regem.

(2) Bellarm. *de potest. Summ. Pont. in tempor.,* c. 20.

(3) Cap. *Venerabilem,* ibi : *Hæreticum, de electione.*
— Castald. *de imperatore,* quæst. 75, n. 4, et præcitati.

Il faut remarquer ici que lorsque le Souverain
Pontife dépose un Empereur ou un Roi, ce
n'est point comme juge ordinaire, et de la
même manière qu'il dépose un Evêque, ou le
prive de son siége, mais à titre de souverain et
universel pasteur, quand il le faut absolument
pour la fin surnaturelle; et que cela dérive de
son pouvoir spirituel. (DUEDONIUS, lib. 2, *de
libert. Christ.*, cap. 2, vers. *cœterùm.* — BEL-
LARM., lib. 5, *de rom. pont.* cap. 6, vers. *quan-
tùm ad personas.* — MOLIN. disp. 29, vers. *ex
dictis infero.*) C'est ce que signifie assez le
texte ad *apostolicæ* (vers *nos itàque, de re judicatà*, in C.), dans lequel le Souverain-Pontife
se considère comme vicaire de Dieu sur terre,
et ayant puissance par ces paroles : *quodcumque ligaveris*..., etc. (BELLARM. adv. Barclaïum,
cap. 3, vers. 4.)

Ecartons, dès lors, cette chicane de Barclay
sur la puissance du Souverain-Pontife, qu'il
prétend ne laisser leur couronne aux Rois qu'à
titre précaire, et toujours révocable à son gré.
Cette allégation est indigne d'un jurisconsulte
et ne mérite point de réponse; nous y revien-
drons toutefois (Corol. penult.). Ces moyens
évasifs, ces échappatoires sont de l'invention
des Protestants, comme le remarque Suarez,
livre 3 *contrà Angliæ errores*, chap. 29, Nos 2
et 3.

Quoique la déposition d'un Empereur ou d'un
Roi se fasse habituellement en concile (ainsi
qu'il appert du chapitre *ad apostolicæ* précité,
vers *nos itàque*); parceque, de la sorte, elle

est délibérée plus amplement, avec plus de
maturité et d'utilité; le Souverain Pontife peut,
néanmoins, la prononcer de lui seul, en toute
justice et validité. (Cap. ALIUS 15, quæst. 6).
Tous les auteurs qui ont écrit sur le texte *ad
apostolicæ* en conviennent. (1) — Mais, comme
c'est chose fort grave, et que la nécessité de la
mesure doit être manifeste et discutée à fond,
les papes proposent et examinent ordinairement de telles causes dans un consistoire de
cardinaux. (BELLARM. adv. Barclaïum, cap. 12
§ 4, ad fin).

Il n'y a point à s'arrêter, non plus, à cette
objection que, dans la primitive Eglise, ni
St Pierre, ni ses successeurs n'ont usé de ce
pouvoir; ce qui signifie bien, dit *sérieusement*
Barclay, qu'il n'appartient pas au Souverain-
Pontife. (*De potest. summ. pont. c. 6.*) Bellarmin, au même chapitre, et Suarez (*contrà
errores Angliæ*, lib. 3, c. 29, à n. 3) répondent
justement que cette abstention des premiers
Papes ne tient point à un manque de pouvoir,
mais au défaut de sujet ou d'opportunité. Les
souverains temporels, en effet, étaient païens;
les forces de l'Eglise étaient débiles; et les
temps étaient tels alors, que les Chefs ecclésiastiques devaient se disposer au martyre,
plutôt qu'à réprimer les écarts des Princes.

---

(1) ALEXANDRINUS, in cap. *si Papa*, ad fin. 40 dist. —
BARTOL. in l. *si Imperator.* n. 4. c. *de regibus.* — BALD.
in proœmio ff. *veteris.* — JUL. CLARUS, § ult. quæst. 35.
n. 6. — GAMBARA, *de offic legati.* lib. 2, tit. *de variis
ordinarium nominibus.* n. 220. — CASTALD. *de Imperatore*, quæst. 81, n. 2.

C'était le temps où s'accomplissait encore cette prophétie du psaume 2 : *Quare fremuerunt gentes, et populi meditati sunt inania; astiterunt reges terræ et principes convenerunt in unum adversûs Dominum et adversûs Christum ejus.* — Mais dès que l'Eglise vit lieu à l'établissement de sa puissance, elle ne se manqua point à elle-même; et ce fut alors que s'appliqua cette autre prophétie, contenue peu après dans le même psaume : *Et nunc, Reges intelligite; erudimini (non erudite) qui judicatis terram.* — Et, *servez le Seigneur avec crainte,* dit St Augustin dans sa lettre au Comte Boniface, rapportée dans le chapitre *si Ecclesia,* 23, q. 4. Le même St Augustin, dans sa lettre 40, à Vincent, rapportée dans le chapitre *non invenitur,* 23. q. 4, satisfait à l'objection par la figure et l'exemple de Nabuchodonosor qui, dans le principe, poursuivait les hommes pieux et justes, mais qui, dans la suite, s'étant converti, exigea que le vrai Dieu fût honoré, et que quiconque blasphèmerait le Dieu de Sidrach, Misach et Abdenago fût soumis à des peines méritées. (DAN. 3). — Il n'y a. donc rien à conclure du non-usage d'un droit au début de la naissance de l'Eglise; mais la force et la nature de la puissance divinement accordée à Pierre et à ses successeurs, demeure prouvée par l'Ecriture Sainte. C'est ce qu'enseigne le chapitre *non invenitur,* dans ce passage : *non invenitur exemplum in Evangelicis et Apostolicis litteris;* et en celui-ci : *Quis negat non inveniri? Sed nondùm implebatur illa pro-phetia* etc.

Bien moins encore nous fait obstacle cette remarque, que les Pontifes se sont parfois soumis au jugement des Empereurs. (C. *nos si incompetenter* 41 ; c. *si quis super*, 42. 29 7. c. *mandasti;* cap. *auditum* 2, q. 5). Car, s'il y a diversité d'enseignement à cet égard, comme il appert de ce document, que rapporte Suarez, (lib. 4, *in defensione fidei catholicæ*, c. 7. n. 10); c'est qu'il s'agit d'autres droits, qui ne comportaient pas une soumission juridique, mais un arbitrage accepté par la libre volonté des Souverains Pontifes (1). Le vicaire du Christ ne peut pas, le voulût-il, se soumettre à un autre, soit à l'égard de sa juridiction temporelle (2), soit qu'il s'agisse de la force coërcitive de son pouvoir spirituel (3). — Bien plus, les Empereurs ont reconnu que le Souverain-Pontife leur était de beaucoup supérieur. (Prosequuntur, ex RUF et aliis, BELLARM. lib. *de Ecclesià*, cap. 18; SUAREZ, lib. 3 *contrà Angliæ errores*, cap. 31 n. 9).

Si l'on en vient à alléguer qu'un Empereur a

---

(1) D. THOM. 2, 29. 67, art. 1, ad 2; ubi CAJETANUS, BELLARM, lib, 2 *de rom. pont.* c. 29, arg. 6; et lib. 2, *de Concil.* c. 18, TURRECREMATA, lib. 2. *summæ*, cap. 104 et 105, SUAREZ. d. cap. 7. à n. 3.

(2) ABB. n. 7. — FELIN. 2, in capit. *Ecclesia Stæ Mariæ De Constitutionibus; —* BALD, in l. *est receptum C. de jurisdict.* — D. THOM. et omnes, in 4 distinct. 18 et 19. — CAJETANUS, d. art. 1, et alii, quos refert et sequitur latè probans SUAREZ, d. cap. 7, n. 2.

(3) BELLARM. TURRECREM, et alii citati à Suarez, n. 3, ubi proximè; et constat. ex C. *patet.* 9, q. 3.

parfois connu de la cause d'un Pontife, et l'a
déposé; assurément cela n'a point été fait léga-
lement, comme l'ont prouvé, d'après l'histoire,
les Pères et autres auteurs, Bellarmin et
Suarez, dans leurs traités déjà mentionnés (1).

Concluons, cinquièmement, de cette puissance du Souverain Pontife, qu'il a la faculté
d'accorder aux Princes catholiques et bien
méritants, les titres et les insignes de la royauté,
ce qui ressort de nombreux exemples. —
Godefroi de Bouillon en 1099, obtint le titre de
Roi de Jérusalem, qu'il avait glorieusement
délivrée de la domination et de la tyrannie des
Infidèles (2). — Alphonse VII fut appelé
Empereur des Espagnes, du consentement
d'Innocent II, en l'an 1135 (3), ce que Gembrard
fait remonter, toutefois, au temps de Gélase en
1118. — Roger fut créé Roi de Sicile par
Urbain II qu'il avait défendu (4) Henri I, en
1179, reçut d'Alexandre III pour lui et ses successeurs, la dignité de Roi de Portugal (5). —

(1.) BELLARM. lib. 2 *de rom. pont.* c. 29, arg. 5, et lib. 2
de translat. imperii, cap 4. col. 5, et *in apologià ad
Jacobum,* magn. Brit. Regem, cap. 17, resp. 1. — SUAREZ,
contrà Angliæ errores, lib. 3, cap. 29, n. 9, cum seqq.

(2) D. ANTONIUS, *de excommunicatione,* cap. 72. —
MARTA, *de juridict.* lib. 1; cap. 26, n. 38.

(3) MARIAN. *Hist. Hisp.* lib. 10, c, 16.

(4) MARIAN. lib. 10, c. 5. — MARTA, c. 26 à n. 6.

(5) ED. NONIUS et alii, in *Vità Henr.* 1. — BARONIUS,
tom. 12. — AZOR, tome 2, lib. 4, c. 34. — Illustr. D.
Rodericus Acùncha, épiscop. Portucal, no catalogo dos
Bispos de Porto, 2 p. c. 6, ad fin — P. ANT. DE VASCON-
CELLAS, in *descript.* Lusit; in princ, n. 4, ubi refert.
Alexandri diploma.

C'est encore ainsi que Pie V donna au Prince d'Etrurie Cosme de Médicis, la couronne, le sceptre, les insignes et le titre de Grand-Duc (1). Et le Roi d'Angleterre se glorifie encore de trois titres que ses prédécesseurs obtinrent, savoir ceux de Roi de Jérusalem et de Roi d'Irlande qu'Henri II reçut d'Adrien IV, (d'autres disent d'Alexandre III) (2), et celui de *Défenseur de la Foi catholique* (plût au Ciel !) concédé à Henri VIII par Léon X (3). — Les Souverains Pontifes ont encore usé de ce droit et de cette autorité envers d'autres Princes, comme l'exposent Marta (*De jurisdict.* lib. 1 c. 26, à n. 5.) Joseph Valentin (*De oscul. ped. rom. pont.* c. 17) et Bursat. (cons. 124, n. 76). — Et certes, c'est avec raison; car les Princes étant les défenseurs de l'Eglise, nécessairement constitués à cette fin (cap. *Principes,* 23, q. 5) comme nous l'avons fait remarquer, il est convenable qu'ils soient décorés par le Prince souverain de l'Eglise des honneurs et des récompenses qu'ils ont mérités.

La sixième et principale question soulevée au sujet du pouvoir du Souverain-Pontife, est celle-ci : Il s'agit de savoir si le Souverain-Pontife a, en cette qualité, sur l'univers chré-

---

(1) ANT. DE FUENMAVOR, in *vità Cosm. de Médicis,* lib, 5.

(2) POLID. VIRG. *hist. Angl.* lib. 13. — RIBADENEIRA, lib. 1. *Hist. ecclesiast. de Inglaterra,* c. 14. — AUBERT. ABIRŒUS, in *Politica ecclesiast.* lib. 1, c. 52.—et *in geogr. ecclesiast.* Verbo *Hibernia,* ubi id Joanni II tribuit.

(3) RIBADENEIRA lib. 1, c. 3.

tien une suprême puissance ou juridiction temporelle. La généralité des juris-consultes et quelques théologiens résolvent ce doute par l'affirmative. Ils soutiennent que le Pape a cette suprême puissance temporelle, non pas il est vrai *in actu* (pour l'action, ou la direction), mais *in habitu, seu potentià* (à titre de possession, d'investissement); et que, s'il l'exerce le plus souvent par l'Empereur et le Roi, il le fait aussi quelquefois par lui-même, et traduit en acte sa possession (1). — Bartole, sur la loi 1. §. *præsides. ff. de requir reis*, affirme que c'est une hérésie de prétendre le contraire, et que, pour ce motif, le Dante, cet illustre poëte, a été déclaré hérétique. Marta adopte énergiquement cette opinion (2). (*de jurisdict.* 1. part. cap. 18 usquè ad. c. 26).

Outre bien des raisons invoquées par Navar, et une vingtaine que Bermond cite dans Menchaca, ou divers autres motifs donnés par Perez et Marta, il en est un sur lequel Navar insiste principalement : c'est que *le Christ a donné à Pierre, gardien de la vie éternelle, les droits*

---

(1) Glos. INNOCENC. et doctores communiter in C. *Novit, de judiciis*, et in cap. *Causam quæ*, 7, *qui filii sint legitimi*, et glos 4 in capit. 1, 22 distinct. cum similibus.

(2) Elle est fort commune, ainsi que l'attestent après d'autres auteurs, Navar. Cap. *Novit*, Notab, 3, n. 19, cum seqq.— COVAR. regul. *peccatum*, 2 p. § 9, n. 7. — MENCH. illustr. c. 20, n. 2, vers *contrariam*. — PEREZ, ad l. 1, tit. 1, lib. 3. — Ordinamenti, pag. 4, vers *prætereà*. — MOLIN. *de justit.* tract. 2, disp. 29, in princ. — SALAS, *de legibus*. disp. 7, n. 27. ubi Alv. Pelagium, Bossium, et alios theolog. citat. — MARTA, d. 1, p. c. 19 à n. 6. — et veriorem post alios dicit BURSAT, cons. 90, n. 82, et cons. 200, n. 18.

de l'Empire terrestre aussi bien que de l'Empire céleste (1). D'après les propres paroles du Seigneur (Luc. 22), il enseigne et il prouve qu'il y a dans l'Eglise deux glaives : l'un spirituel, hors du fourreau, et par suite activement exercé ; l'autre temporel, renfermé dans le fourreau, est possédé et doit être employé pour l'Eglise, par la main des Rois et de leurs armées, au gré et pouvoir du prêtre, c'est-à-dire du Souverain Pontife.

Il représente, en second lieu, que le Christ, notre Seigneur, eut cette souveraine puissance temporelle, d'après ce texte de saint Mathieu (D^{er} ch.) : *Toute puissance m'a été donnée au ciel et sur la terre*, et autres paroles semblables (Nav. N° 8). Or, le Christ a donné son pouvoir à Pierre, à titre de son vicaire, ainsi qu'aux successeurs de Pierre ; nous l'avons amplement dit ci-dessus ; donc il leur a donné sa haute et suprême puissance temporelle (Cap. *Ità dominus* 19 dist. — Cap. *in novo*, 21 dist. — Cap. 1, 22 dist.).

Enfin, au chap^e *Venerabilem, de electione ;* au chap. *Alius*, quæst. 6 ; au chap. *Licet, de foro compet ;* au chap. *Grandi, de suppl. neglig ;* au chap. *ad apostolicæ, de re jud*..... et dans beaucoup d'actes semblables, nous lisons que les Souverains Pontifes ont exercé un pouvoir, en ce qui est de la translation de l'autorité impériale, de l'élection et de la confirma-

---

(1) NAVAR. cum similibus citatis, per glossam ibi, text. in extravag. *Unam sanctam, de majoritate inter communes.*

tion de l'Empereur, de sa déposition et de celle
des Rois, de la désignation du tuteur qui leur
était nécessaire, et autres cas semblables qui,
tous et chacun, semblent appartenir à la puissance temporelle et non point à la spirituelle.

Les théologiens, communément, et quelques
jurisconsultes embrassent l'opinion contraire,
comme plus sûre; ils vont jusqu'à penser que
le Pontife de Rome a seulement la puissance
spirituelle, qu'il n'a point cette suprématie
séculière appelée le glaive temporel, pas même
intrinsèquement et potentiellement. (Paludan,
Turracrem, Cajetan, Victoria, Sotus et autres,
que mentionnent et suivent Molina, *De just.*
tract. 2, disp. 29, col. 4, vers. *inter has*), Bellarm. disant que telle est l'opinion commune
des catholiques (Suarez, lib. 3, contrà err.
Angl. c. 5 à n. 8.—Pegna, ad *directorium super*
extrav. Unam sanctam ; — Balde et autres jurisconsultes cités par Navar., cap. *Novit.* etc.)

C'est au soutien de cette opinion que Bermond, mentionné par les auteurs précités, a
rassemblé vingt arguments de principe, et
Marta vingt-deux. Il s'appuie, d'abord, sur le
texte du chapitre *Novit* développé de plusieurs
manières par Navar. (Cap. *causam quæ.* n. 21,
*qui filii sint legitimi): Ad Regem pertinet, non
ad Ecclesiam, de talibus possessionibus indi-
care ;* sur celui du chapitre *Quoniam : officia
utriusque potestatis discrevit,* et sur celui du
chapitre Si *duobus,* § ult. *(de appellat. per locum ab speciali) : In his quæ sunt nostræ tem-
porali jurisdictioni subjecti,* et autres textes
produits par les auteurs précités,

Il s'appuie, en second lieu, sur ce sentiment d'un grand nombre : que le Christ, en tant qu'homme, n'a eu, ni voulu avoir la royauté temporelle, héréditaire, élective ou autre, et n'a jamais exercé une telle puissance ; selon cette parole de saint Jean, chap. 18 : *Regnum meum non est de hoc mundo ;* sur cette autre du Psaume 2 : *Ego constitutus sum Rex ab eo super Sion* (id est *Ecclesiam) ;* cette autre encore de saint Luc, chap. 12 : *O homo ! quis me constituit judicem aut divisorem inter vos ?* et d'autres encore qu'examinent Navar., Victotoria, Sotus, Henriquez, Molina et Suarez. Il remarque que, même après sa résurrection, le Christ n'eut point le domaine temporel du monde, et qu'il concéda seulement à saint Pierre et à ses successeurs la puissance spirituelle et les clefs du royaume des cieux, en ces mots : *tibi dabo claves regni cœlorum ; et quodcumque ligaveris,* etc... (Math. 16).

Il représente enfin que la suprême puissance et le glaive temporel ne peut exister *in solidum,* en plusieurs. — Or, il est hors de doute que cette puissance est pleine et entière (*plena et in solidum)* chez l'Empereur et les Rois. Le Roi de France ne reconnaît point de supérieur dans les choses temporelles. Et les Pontifes Romains ne consentent point à ce qu'il leur soit attribué plus de puissance que de raison ; comme Navar. l'atteste de Pie V, in cap. *non liceat Papæ,* § 3, num. 6.

Tout en se tenant dans ce dernier sentiment, il faut remarquer que les deux opinions des

catholiques (bien que différant beaucoup dans
leurs termes et leur explication) s'accordent
en fait dans la pratique et en substance, et
peuvent être ramenées à une juste appréciation.
Bellarm. lib. 5 *de Rom. Pont.* C. 4 et 6 et con·
tra Barclaïum. c. 3. — Molin. *de just.*, tract. 2,
disp. 29; et passim noviores.) Ces auteurs, en
effet, sont d'accord pour reconnaître cette
puissance du Souverain Pontife, *juxtà juris
terminos ;* et bien que les uns la représentent
comme directe, et d'autres comme indirecte,
ils ne sont pas en dissentiment sur le pouvoir
lui-même et sur sa substance. — Donc pas
d'obstacle de leur part à la première opinion.

L'obstacle, en premier lieu, ne saurait venir
de ce texte du chap. Ier, 22 dist. : *Terreni simul
et cœlestis imperii jura commisit,* auquel répondent la glose au mot *terreni,* et les sui-
vantes *in extravag.* in Joan. 22, *ne sede va-
cante,* où le même texte est reproduit (1). Ce
passage, en vérité, est facilement admissible ;
d'abord par ce qu'il n'est pas à entendre d'une
seule et même manière, mais selon la qualité,
le caractère de chaque puissance, de telle sorte
que la puissance spirituelle soit possédée directement, et la temporelle indirectement,
ainsi que l'exprime Molina (*ubi proximè*); et
c'est aussi le sentiment des autres; ou plutôt le
Pape Nicolas, si c'est à son sujet que Bellarmin

---

(1) Turrecremata, et alii, in d. cap. 1. — Navar. d.
notab. 3, n. 126. — Bellarm. lib. 5, *de rom. pont.* c. 5,
in pr. — Molina, d. disp. 29, col. 3, vers. 1, et col. pen.
vers. 4.

a soulevé des doutes, semble avoir fait allusion
à ces paroles du Christ (Math. 86) : « *Tibi dabo*
» *claves ; et quodcumque ligaveris super ter-*
» *ram erit ligatum et in cœlis.* » Ainsi le sens
du texte *terreni simul et cœlestis....* est que le
Christ a concédé à saint Pierre, gardien des
clefs du royaume des cieux les droits de l'autorité terrestre et céleste, afin que ce qu'il aurait
lié ou délié par la première, le fût aussi par la
seconde. S'il en était autrement, ce même Pape
serait en contradiction avec lui-même, dans la
decrètale *cum ad verum*, 96 dist. — Decius, Ca-
gnol et Bellarmin contestent ce point; et ainsi,
le texte précité ne prouve pas ce qu'ont soutenu nos auteurs. (??)

Le traducteur, dans sa Préface, a reconnu
son impuissance à rendre exactement, en
français, le passage qu'il transcrit ci-après :

Ad extravag. *Unam Sanctam de majoritate*,
et authoritatem Evangelii Lucæ 22, circà duos
gladios, quos Pontifex ibidem expendit ; inter
alia, de quibus per Abbatem à Num. 6. Navarr.
notab. 3, num. 139, in cap. *Novit, de judiciis ;*
— Castald. *de Imperatore*, q. 50 à num. 22 ; —
Covarr. reg. *peccatum*, 2 p. § 9, num. 7, vers, 3 ;
— Victoriam, *de potestate Pontificis*, n. 19 ; —
Duar: lib. 1, *de sacris Ecclesiæ minist.* cap. 4 ;
— Igneum, in tract. *An Rex Franciæ recognos-*
eat Imperatorem. n. 105. — Bellarm. lib. 5, *de*
Rom. Pontif., cap. 5, vers. 2, et cap. 7, vers.
item potest, cum seqq., et *de potest. Summ.*
Pontif. in temporalibus, contrà Barclaïum

cap. 19, vers. *addit*. — Molin, *de just*. 2 tract.
disp. 29, concl. 3, vers. 4. — Pegna ad directorium, 1 p., in d. extravag. commen. 8; — Marta, *de jurisd*., 1 p. cap. 18, n. 2. Satisfit ex
mente communi Pontificem ex sententiâ D.
Bernardi (lib. *de consideratione* ad Eugenium)
totum esse in ostendendo, quod ultrâ gladium
spiritualem, temporis etiam est in Ecclesiâ,
non quod sit eodem modo quæ spiritualis exis-
tit; et itâ docet Pontifex spiritualem esse supe-
riorem, temporalem vero inferiorem et illi
subjectum; insuper illum ab Ecclesiâ, hunc
vero pro eâ, id est pro conservatione ejusdem,
et in ordine ad finem supernaturalem fore
exercendum, quod satis constat ex verbis tex-
tûs et Extravag. *Meruit, de privilegiis inter
communes*, quidquid aliter intelligant alii citati per suprâ citatos, dùm existimant Pontificem in d. extravag. *Unam*, tanquàm veritatem
Catholicam declarasse utrumque gladium esse
apud Romanum Pontificem, et Imperium ab
eodem haberi : contrâ quam declarationem Ludovicus Imperator constitutionem promulgavit
quâ majestatis reos condemnat eos qui dixerint
Imperium à Pontifice haberi; ut per Alber. et
alios relatos à Decio, n. 7, vers. *sed alias*, num.
63. Duar. Castald. à numer. 7, dictis locis; et
fortassè, quia multi olim sic putabant, suppo-
sitâ eorum opinione emanavit d. extravag.
Meruit, quæ constituit Regem Galliæ post
d. extravag. *Unam Sanctam*, non magis subjici Pontifici, quàm antè illam subjiceretur.
(Bellarm. contrâ Barclaïum, cap. 3, n. 2).

Authoritas vero illa *Ecce duo gladii et satis est*
(Lucæ, 2) in sensu litterali explicatur à Teo-
philato et Patribus, ut per Bellarmin, d. vers. **2**
et d. cap. 19; Cajetan, tentacul. 1, quæst. 2.
vers. *ad hanc.* et vers *ad objecta*; Jansen. in
Concordià, cap. 133, ad finem; Joan. Suar. Epis-
copus Conimbricens. in Lucam, tractat. 251;
quàmvis Bernard et Pontifex in sensu mistico
eam authoritatem adducant.

Et licet Barclaïus ex verbis D. Bernardi et d.
extravag. *Unam Sanctam,* ibi : *ad nutum
sacerdotis*, intelligat assensum, ut ad libitum
Pontificis detorqueat sensum, attamen nutus in
superiore importat imperium et potestatem :

ANNUIT, et totum NUTU tremefecit Olympum.

(Virg. lib. 10.)

Tullius in Catilinam : « *Hæc Deorum im-
mortalium* NUTU *atque Consilio gesta esse
videntur.* » — 2. Regum, 17 : *Domini autem*
NUTU *dissipatum est consilium Architofel.* —
Job. 26 : ou *Columnæ cœli contremiscunt, et
pavent ad* NUTUM *ejus.* Observat Bellarmin
contrà Barclaïum. cap. 19.

Le second argument ne résiste pas davantage; parceque, d'abord, il demeure contro-
versé, comme nous l'avons déjà dit, si le
Christ, Notre-Seigneur, a été ou non, monarque
temporel, et a possédé un pouvoir supérieur
sur toutes les choses temporelles. Victoria,
Sotus, bien d'autres cités par Henriquez,
Bellarmin aussi, tiennent pour la négative (1).

---

(1) HENRIQUEZ, lib. ult. *de Ultimà fine.* cap. 25, § 1. in
fine; littera A. — BELLARM. lib. 5, *de rom. pont.* c. 5,
n. 60.

L'affirmative plus commune et plus vraie (bien
que le Christ n'ait pas usé de cette puissance)
est embrassée par St Thomas, Navar, Men-
doza, après d'autres docteurs qu'ils citent, par
Vasquez, Suarez, Azor, Henriquez lui-même,
et d'autres cités par lui, ainsi que par Marta;
et ils s'appuient tous sur ce qui est dit par
St Jean, chapitre dernier: *Data est mihi
omnis potestas in cœlo et in terrà.*

Ce même argument ne prévaut pas non plus,
parceque, en admettant la dernière opinion au
sujet de la puissance absolue du Christ, il ne
l'a pas plus communiquée dans son excellence
et sa plénitude à Pierre et à ses successeurs,
qu'il ne l'a communiquée avec cette plénitude
absolue dans les choses spirituelles (1).

Au troisième argument, l'on répond qu'il est
seulement prouvé qu'au Souverain-Pontife
appartient le droit de juger et de déposer Rois
et Empereurs en vue d'un but surnaturel; ce
qui n'entraîne ni ne suppose, au préalable, une
suprême puissance temporelle, mais seulement
la puissance spirituelle, comme nous l'avons
souvent expliqué ci-dessus.

De notre opinion, toutefois, et de ses fondements, il demeure démontré seulement que le
Pontife Romain ne peut pas exercer directement la juridiction temporelle; mais nos
auteurs ne concluent pas qu'elle ne puisse

(1) D. THOM. *de regimine principis,* lib. 3, c. 10, in
fine, receptum ex Navarro, d. *notab.* 3, n. 30. — Bellarm.
lib. 5 *de rom. pont,* c. 4 in fine. — et *adv. Barclaium,*
c. 27 ad finem. — MOLIN. 2 tract. *de justitià,* tom. 1,
disp. 29, col. 5.

être exercée indirèctement poùr la fin surnatù-
relle; et dans ce cas, le Pape ne trouble pas là
puissance temporelle du Roi (contrà cap.
Novit., *de Judiciis*). Il la troublefait, à là
vérité, s'il l'entravait pour sa fïn naturelle. Et,
bien plus, il est certain que le Christ exerça
lui-même cette puissance; puisqu'il chassa du
temple les vendeurs et les acheteurs. Il semble
bien alors avoir fait. usage d'une àutorité
temporelle, mais inférieure, indirecte, secondaire quant à sa fin *naturelle*, et dirigée vers
un bien surnaturel, qu'offensaient ces trafi-
cants (1). Or, sans aucun doute, le Christ a
communiqué cette puissance à St Pierre, et l'a
laissée dans son Eglise.

Ainsi, et de même sorte, se réfute l'objection
qu'une puissance ne peut pas exister dans sa
plénitude chez deux personnes à la foìs. Cette
règle est applicable quand il s'agit d'une même
puissance ou autorité qui existerait de la
même manière, et en vertu d'un même droit
chez les deux; mais il en est autrement si les
deux modes sont divers et si l'un des droits est
subordonné (2). Et de la sorte, il n'y a rien

---

(1) Videndi **Abb**. et alii, in d. cap. *novit.* — **Bellarm.**
lib. 5. *de rom. pont.* c. 4. col. 2, vers : *respondent;*
quidquid aliter intelligat **Marta**, *de jurisdict.* 1 p.; cap.
22, col. penult. vers.....

(2) Juxtà text. junctà glossà antepenult. et ultim. in l.
1, ff, *si ager vectig.* — l. *in rebus,* ibi ; *Naturaliter in
ejus permanserit dominio;* junctà lege *si prædium,* 23,
C. *de jure dotium,* authent. *si vero Dominus,* ibi :
domini principalis. — C. de hæretic. — Resolvunt latè
Pinellus, l, 1, *de bonis maternis,* 3 part. à n. 1.—Velasc.
de jure emphyt. quæst. 13 à princ. et in n. 13.

d'inconciliable à ce que les Princes temporels
aient une puissance suprême, principale et
directe sur les choses temporelles, en même
temps que le Pape, dans une circonstance
donnée, exercerait cette puissance temporelle,
indirectement et moins principalement.

Il y a lieu pourtant de distinguer à ce sujet,
entre les Rois et les Empereurs; car l'Empire
Germanique dépend du Souverain Pontife plus
que tout autre Etat Catholique (NAVAR. in cap.
novit, notab. 3 n. 127. — MOLIN. De justitià;
tract. 2, disp. 29; vers. *ex dictis infero*). Il en
est ainsi, bien qu'absolument et eu égard à son
origine et à sa nature, l'Empire, comme tout
royaume quelconque, vienne de Dieu et non du
Siége apostolique ou du Souverain Pontife (1);
et néanmoins, depuis la translation faite par
Léon III à la personne de Charlemagne, sous
des conditions expresses (cap. *Venerabilem,
de electione*), on peut dire en un sens que
l'Empire Germanique est tenu de l'Eglise et du
Souverain Pontife au moyen de cette translation et de ce pacte; et ainsi le pontife Romain,
dans l'élection, la confirmation, le couronnement et le serment qu'il reçoit, exerce la
puissance (2). Et il agit ainsi pour que l'Empire
ne retourne point aux Grecs; pour prévenir

(1) Cap. *duo sunt*, 96 dist, cap. *solitæ, de majoritate
cum aliis*; auth. *quo modo* oporteat episcopos in princip.
—l. 1, in princip. C. *de veteri jure*, ibi; Imperium quod
nobis à cœlesti majestate traditum est. — DRIEDON lib. 2.
de libertate christianà, cap. 2, et infrà referend :

(2) Cap. *Venerabilem*, clem. 1, de jurejurand. Clem.
Pastoralis ad finem, *de re judic.* cum aliis.

que, par suite, d'anciens dommages ne se
renouvellent, pour empêcher que quelqu'hérétique, quelque schismatique, adversaire de la
foi de l'Eglise ne devienne Empereur;—et ainsi
peuvent être conciliés la glose et les docteurs
qui nient que l'Empire soit tenu de l'Eglise ou
du Souverain Pontife, et ceux qui affirment le
contraire, dont l'opinion est plus communément adoptée. Que les premiers soient donc
compris en s'en tenant à la nature des choses,
et les seconds, eu égard à la translation ulté-
rieure de l'empire; et alors cessera la controverse. Certes, dans cette translation, élection
etc, la puissance exercée par le Souverain
Pontife n'est point séculière ou politique,
mais ecclésiastique; il pourvoit, comme pasteur
de l'Eglise, à une fin surnaturelle qui est le
salut des âmes, comme le fait justement remarquer Bellarmin, *de translatione Imperii,*
cap. 15.

Observons particulièrement, en septième
lieu, que William Barclay, dans son traité
De potestate Papæ, a grandement failli (lui qui
se donne pour jurisconsulte habile et pour
Catholique), lorsqu'à l'exemple d'Ismaël, il a
dressé sa tente contre ses frères, en s'efforçant
d'élever son opinion unique contre tous les
théologiens catholiques, contre les professeurs
de droit canon et de droit civil, sans citer aucun
auteur, sans produire aucun argument solide.
Il reconnaît bien dans le Souverain Pontife la
monarchie, la juridiction et la puissance
spirituelle de l'Eglise, même sur les Rois et les

Empereurs; mais il nie que le pouvoir temporel soit subordonné au spirituel; et conséquemment que le Pontife puisse statuer en quoique ce soit dans les choses temporelles, priver (par exemple) les Rois hérétiques de leur domaine et de leur royaume; à quoi répondent savamment et amplement (selon leur coutume) Bellarmin dans son livre impartial *De potestate Summi Pontificis in temporalibus*, et Suarez *contrà errores Angliæ*, lib. 5, *De primatu Summi Pontificis*, c. 21 à n. 4. J'ai pensé, toutefois qu'il y avait lieu de réfuter dans le présent écrit les principes de Barclay, et d'y faire ressortir la faiblesse des arguments sur lesquels il s'appuie.

Donc, Barclay argumente d'abord ainsi : Si la puissance directe n'appartient pas au Pape sur les choses temporelles, une puissance indirecte ne lui appartient pas davantage; d'après cette règle que ce qui est interdit par une voie ne doit pas être admis par une autre. — En second lieu, dit-il, les puissances spirituelle et temporelle sont distinctes par le droit divin; ni l'une ni l'autre n'a la supériorité. (cap. *duo*, 96 dist.) Il cite St Bernard, lib. 1 *de considerat*, Driedon, *de libertate christianà*, cap, 2, et Hossius. apud Athanasium,— in *Epistolà ad solitariam vitam agentes*. — Troisièmement, la puissance temporelle et la puissance ecclésiastique font un gouvernement dont elles sont les deux membres (ad Roman. 12 et 1, ad Corinth. 12.) Or, le pied ne dépend pas du pied, ni le bras du bras, ni l'épaule de l'épaule; mais d'un centre qui

leur est commun. — Quatrièmement, Innocent III (in cap. *Venerabilem, qui filii sunt
legitimi*) convient que le Roi de France ne
reconnaît point de supérieur dans les choses
temporelles; donc ceux qui accordent une
puissance, même indirecte, au Pontife, contredisent le Pape Innocent; car *il a* et *il n'a pas*
ne peuvent être simultanément. — Cinquièmement, cette puissance attribuée au Pontife sur
les choses temporelles est fondée, ou sur le
droit divin, ou sur le droit humain, ou sur
l'opinion. Mais il n'apparaît aucune trace de
son établissement par le droit divin; placée, au
contraire, dans les Rois, par le droit divin, la
puissance temporelle n'a pu être détruite par
le droit humain; et il existe un tel dissentiment entre les théologiens et les canonistes au
sujet de la puissance temporelle du Pape,
directe pour les uns, indirecte pour les autres,
que cette question demeure douteuse, incer-
taine, et laissée à l'appréciation de chacun. —
Sixièmement, les Rois et Princes païens ont
toute puissance temporelle; donc, ils ne la
perdent point par leur conversion, pas plus
que ne l'ont perdue les simples particuliers,
(art. 5), à l'exception des choses par eux
offertes volontairement; de même les Princes,
en s'engageant à servir le Christ, ont retenu
pleine et entière leur souveraineté temporelle
et leur puissance politique; autrement, il
s'ensuivrait que le Pontife serait plus grand
que Dieu; car il est plus grand que Dieu, s'il
peut enlever aux Princes les royaumes que

Dieu leur a donnés. — Septièmement, si l'on veut que cette puissance appartienne au Souverain Pontife, parceque tout gouvernement doit être parfait, et suffisant pour pourvoir à ses fins, comme le dit Bellarmin (*de Summo Pontifice*, lib. 5, cap. 7, vers. *secunda ratio*) il s'ensuivrait, à l'inverse, que le gouvernement temporel aurait le pouvoir de disposer des choses spirituelles, et de déposer le Prince suprême de l'Eglise, si cela devient nécessaire pour ses fins. Or, c'est faux et absurde; donc la première supposition est fausse également. — Huitièmement, le Roi Salomon prononça que le Grand-Prêtre Abiathar était digne de mort, pour s'être attaché à la conjuration d'Adonias, et l'exclut du sacerdoce (3 Reg. cap. 2); et cette puissance n'a pas été perdue par le baptême dans la loi de grâce, puisque le Christ n'est pas venu pour délier de la loi, mais pour la compléter. — Neuvièmement : St Grégoire (Epist 61, lib. 2) s'appelle *serviteur indigne* de l'Empereur et dit que le Ciel a donné à l'Empereur puissance sur tous les hommes; — donc sur le Pape, puisqu'il est homme !

Nous allons répondre à ces arguments, en laissant de côté quelques autres.

En premier lieu, il n'y a point d'objection à tirer de la règle *cùm quid unà vià* etc. Car, indépendamment de la réponse de Bellarmin (*de potest. summ. pontif. in temporal. c. 5*) et des autres cas de limitation de cette règle, elle est limitée toutes les fois que la chose

prohibée est la conséquence d'un acte permis (1) C'est, en effet, un axiôme vulgaire,
tant en philosophie que dans l'un et l'autre
droit, que qui veut la fin, veut les moyens ;
que le conséquent dérive d'un antécédent ;
qu'à celui auquel on accorde une puissance ou
juridiction quelconque, sont également accordées les conditions sans lesquelles il ne peut
aucunement, ou sans notable difficulté, exercer
cette juridiction ou ce pouvoir. C'est une
seule et même concession, et non deux conces-
sions distinctes (2). Ce principe est bien plus
sûr encore lorsque la fin dont il s'agit est plus
excellente que ses moyens ; lorsque le conséquent ou le principal est plus excellent que
l'antécédent ou accessoire ; lors enfin que la
puissance ou juridiction concédée est plus
grande et plus haute, et que les précédents de
son exercice, c'est à-dire ses moyens, sont
moindres, se rapportent à une puissance
moindre ou inférieure (3). Bartole, Everard,
Menochius, etc, considèrent cela comme très

---

(1) Mariana, post. Alexand. quem citat. — Socin, cons.
3, n. 39, vol. 2. — Vinc. Carroccius, in repetit. C. cûm
quid prohibetur. lib. 6, p. 1 ; pag. 1 usq. ad 79. — Suarez,
in specie, lib. 3, contrà err. Angl. c. 30, n. 1 et 2.

(2) L. 2. ff. de ju isdict : Cui jurisdictio data est, ea
quoque concessa esse videatur, sine quibus jurisdictio
explicari non potuit. — Capit. prœtereâ, quia ex eo quod
causa sibi committitur, super omnibus quœ ad causam
ipsam expectare noscuntur, plenariam recipit potestatem.
— Idque ad varias quæst. tradunt Jasson, Purpurat,
Decius, Curtius, et noviores ; Everard, Menochius, etc.

(3) Bart. n. 2 et 3 in d. l. 2. — Everard, loco 125,
vers. dicta tamen regula. — Menoch. casu 112, à
n. 18, etc,

certain,. comme indubitable, si les moyens à
employer appartiennent à une puissance qui
est non seulement inférieure, mais subalterne
ou subordonnée à celle dont la supériorité est
reconnue.

Remarquez aussi que cette règle *cum quid
unà vià......*, est applicable lorsqu'indirectement et en fraude de la loi quelqu'un poursuit
ce qui lui est directement défendu, comme
dans l'exemple de Barclay.: *Celui qui ne peut
aliéner ne peut transiger* (liti concedere) (1).—
Mais, dans le cas qui nous occupe, le Souverain Pontife ne recherche pas une puissance
directe sur les choses temporelles. Car en
déposant un Roi à raison d'hérésie ou du tort
qu'il cause au bien spirituel, le Pape ne se met
point en son lieu et place, n'usurpe ni le
Royaume, ni l'Empire; mais en l'excluant ou
l'éloignant, et usant seulement d'un droit qui
lui est propre (comme nous l'avons démontré)
il laisse le Royaume ou l'Empire à la disposition des électeurs ou des successeurs légitimes.
D'où il suit qu'Innocent IV, lorsque dans le
concile général de Lyon, en 1245, où intervin-
rent, indépendamment des Archevêques et
Evêques convoqués de toutes parts, Baudouin,
Empereur d'Orient, St Louis, Roi de France et
bien d'autres Princes ; lors, dis-je, que dans ce
concile représentant, sans doute, l'Eglise, il
enleva l'Empire à Frédéric II; il dit dans sa

(†) Ex Panormitano, in C. Dudùm, *de electione*, et in
C. cum pridem, *de pactis* ; de quo videndus est Molina,
lib. 4, cap. 9.

sentence : *Que ceux à qui, dans cet Empire, appartient l'élection de l'Empereur, élisent librement son successeur.* (C. ad apostolicæ, ad finem, de re jud. in 6.) Semblablement, lorsque, dans le même concile, il donna pour curateur au roi Sanche, son frère Alphonse, comte de Bologne : « *En cela*, dit-il, *Nous n'entendons point enlever au susdit Roi, ni à son fils légitime, s'il en a, le Royaume dont il s'agit.*

Barclay est donc hors de la question pour ne rien dire de plus, lorsque, du principe que nous avons exposé, il infère que le Souverain Pontife peut, à son gré, déposer les Rois, et faire Roi qui bon lui semble. Et, dit-il, je le démontre ainsi : *Le Pape peut enlever le trône à l'un et le donner à l'autre, si cela est nécessaire au salut des âmes ; donc partout où il lui plaît, il peut priver un Prince de son royaume, et le conférer à un autre. La preuve, c'est que lui-même est juge.* Avec cette même subtilité, Barclay pourrait conclure qu'il ne faut pas faire de Roi, parce que ce Roi pourrait prendre vos fils pour en faire des cochers et vos filles des parfumeuses (1 Reg. 8). Il raisonne donc d'après une supposition fausse et absolue, ou plutôt inepte.

Nous avons donc expliqué ce qu'il faut entendre par les mots *directè* et *indirectè ;* et quoiqu'il en soit, Barclay n'en comprend pas la portée, quand il estime que la même puissance directe est admise indirectement par les Théologiens, rapportant ces mots *ad modum*

acquisitionis, ce qui est souverainement absurde. Ce sont les termes dont se sont servis
Innocent, Turrecremata, Victoria, Navarre et
plusieurs autres, mentionnés par Molina et
Suarez. Bellarmin fait aussi remarquer que
cette distinction des mots *directè* et *indirectè*,
ne se rapporte pas *ad modum acquisitionis*
comme le pense à tort Barclay, mais a pour
but d'expliquer qu'il s'agit d'un objet secondaire, et convenable à la suprême puissance
spirituelle.

La seconde objection de Barclay n'a pas
plus de fondement; car nous avouons que la
puissance royale ou temporelle, et la puissance spirituelle ou ecclésiastique sont distinctes, de droit divin, suivant les termes de la
bulle : *cum ad verum* (96 distinct) : « *cùm ad*
» *verum ventum est, ultrà sibi nec Imperator*
» *jura pontificatûs arripuit, nec Pontifex*
» *nomen imperatorium usurpavit, quoniam*
» *idem mediator Dei et hominum homo*
» *Christus Jesus sic actibus propriis et digni-*
» *tatibus distinctis officia potestatis utrius-*
» *que discrevit.* » Ce que nous nions, c'est que
par cette distinction des droits il soit prouvé
qu'une de ces puissances n'ait aucune autorité
sur l'autre. Le contraire est affirmé par ces
autres expressions du même texte : « *Impera-*
» *tores pro æternâ vitâ Pontificatûs indige-*
» *rent.* » Paroles qui se trouvent reproduites
dans la bulle *quoniam*, 10 distinct, et dans la
bulle *Per venerabilem qui filii sint legitimi* :
« *In aliis regionibus* (c'est-à-dire dans les pays

» soumis à l'Empereur ou au Roi), *certis*
» *causis inspectis temporalem jurisdictionem*
» *casualiter exercemus.* » Et encore dans la
bulle *solitæ de majorit :* « *Potuisses autem*
» (Imperator) *prærogativam sacerdotii ex eo*
» *potiûs intelligere, quod dictum est non à*
» *quolibet sed à Deo, non Regi sed sacerdoti,*
» *non de regià stirpe sed de sacerdotali pro-*
» *sopià descendenti, de sacerdotibus videlicet,*
» *qui erant in Anathot : Ecce constitui te*
» *super gentes et regna, ut evellas et dissipes,*
» *ædifices et plantes.* » (Hierem 1). Enfin, dans
la bulle *Duo sunt,* 96 distinct : « *Duo sunt*
» *quippè, Imperator Auguste, quibus prin-*
» *cipaliter hic mundus regitur, auctoritas*
» *sacra, et regalis potestas ; in quibus tanto*
» *gravius est pondus sacerdotum, quanto*
» *etiam pro ipsis regibus seu regiminibus*
» *hominum in divino sunt reddituri examine*
» *rationem.* » Si donc le Pontife doit rendre
compte de l'administration du Roi au Tribunal
de Dieu, il est clair qu'il a quelque pouvoir de
la diriger, comme l'a bien remarqué Bellarmin,
dans son traité de la puissance du Souverain
Pontife sur le temporel, chapitre II. — Saint
Bernard, Hossius et Driedonius admettent-ils le
contraire, comme on peut le voir dans leurs
écrits? Bellarmin en a donné l'explication au
chapitre 13 du même ouvrage. Au surplus
Driedonius (lib. 2, cap. 2, *de libertate chris-*
tianà) approuve complètement la suprématie
pontificale à l'égard des Rois et des Empereurs. Qu'il nous suffise d'en citer un double

témoignage. Voici, d'abord, ses propres expressions (col. antè penult.) : « *Ex hoc igitur*
» *liquidum est Papam, in quantum Vicarius*
» *Christi et successor B. Petri, præter potes-*
» *tatem cognoscendi pœnitentium peccata in*
» *foro conscientiæ, pœnitentiamque illis*
» *debitam inungendi, habere etiam à Christo*
» *potestatem seu juridictionem, in foro exte-*
» *riori, excomunicandi, seu à consortio Eccle-*
» *siæ segregandi homines contumaces.* » Et
(col. ult.) : « *Cæterûm Papa, quamvis facul-*
» *tatem eligendi, coronandi aut instituendi*
» *Imperatorem non habeat ex jure divino,*
» *ratione curæ pastoralis potestatem habet*
» *in Imperatorem christianum, perindè ac*
» *pastor spiritualis in filium, et tanquàm*
» *pastor in ovem suam, et ideo super his quæ*
» *concernunt directionem Imperii ejus in*
» *fide et moribus Christianis, et in causis*
» *atque officiis spiritualibus disponendis, et*
» *in episcopatibus per loca vel civitates insti-*
» *tuendi. Imperator ipse subjectus est Papæ.*»
— Auparavant déjà (col. 5), expliquant ces
paroles de l'Evangile de Saint Jéan, chap. 21,
Pasce oves meas, il avait dit : « *Id est, sis*
» *pastor ovium mearum ; officium autem*
» *Pastoris non solum est docere et panem*
» *verbi Dei dispensare, sed est et oves custo-*
» *dire à lupis, et educere in pascua, et morbi-*
» *das et contagiosas ab ovili separare, et*
» *adversarios coërcere et in virgà disciplinæ*
» *corrigere.* »

Aucune force, non plus, dans ce troisième

argument, qu'un membre n'a point de puissance sur un autre membre de même espèce;
ce qui serait confirmé par cette règle de la
bulle *Innotuit de electione :* « *Par in parem
non habeas Imperium.* » — Or le Pontife et
l'Empereur sont des membres de la même
espèce; donc l'un des deux n'a aucune autorité
sur l'autre; d'où, il s'ensuivrait encore que la
puissance politique et la puissance spirituelle
sont comme les deux épaules d'un même
corps, et qu'aucun des deux n'est subordonné
à l'autre. — Soit; mais toutes deux sont
soumises à la tête, au chef qui est le Christ.
Cet argument, cette comparaison, ou plutôt
cette prétendue égalité des deux puissances
répugne essentiellement à la Sainte-Ecriture, à
la foi et à la doctrine catholiques, puisqu'elle
ne considère pas Pierre et son successeur
comme le chef visible de l'Eglise, mais comme
un membre inférieur, ce qui est le propre de
l'hérésie, en si grand crédit aujourd'hui (Bellarmin, *de potest. pontif. in temp.* cap. 14). —
La puissance civile, nous l'avons prouvé, est
donc subordonnée à la spirituelle, et se comporte par suite, comme un membre à l'égard
de la tête. C'est pourquoi les Princes séculiers
qui font partie du corps de l'Eglise, et en sont
les défenseurs (cap. *Principes;* cap. *Regum :*
cap. *administratores,* etc.) exercent divers
offices près de la tête à qui il appartient d'im-
primer une direction, et dont ils sont justement
nommés les bras : « Sicut in uno corpore
» membra habemus; omnia autem membra

» non eumdem actum habent; ità in Ecclesiæ
» corpore. » (Cap. *singula*, 89 dist.) Or, le
procédé ne convient point au Souverain Pontife, en qui réside la suprême puissance ecclésiastique. Vicaire du Christ, il représente le
Christ lui-même, premier Chef de l'Eglise
(cap. 2 *de translat. Episcopi ;* — ad Ephes. 5.);
c'est par cette considération que le Pape reçoit
l'onction sur la tête, et l'Empereur sur le bras
ou, sur l'épaule. La nature du Principat est
ainsi convenablement manifestée selon ces
paroles d'Isaïe, cap. 9 : « *Factus est princi-
patus super humerum ejus.* » et par l'ordre
de Samuel qui fit apporter une épaule devant
Saül, après lui avoir donné place en tête de
tous ses invités (1 Reg. c. 9.) Au contraire,
l'onction sacramentelle est observée sur la tête
du Pontife, parcequ'il représente la personne
du Chef dans sa charge pontificale. Il y a encore
à faire ce rapprochement entre l'onction du
Pontife et celle du Prince, que la tête du Pontife est consacrée par le St-Chrème, et le bras
du Prince adouci (*delinitur*) par l'huile ; afin
de montrer combien grande est la différence
entre l'autorité du Pontife et la puissance du
Prince (1). Et cette onction sainte, donnée à
l'Empereur dans l'Eglise, met bien en évidence
l'obéissance et la soumission du fils envers sa

---

(1) INNOCENT III, in cap. 1, §. *undè de sacrâ unctione.*
— ubi observant ABB. et reliqui. — CASTALD, *de Imperatore.* — BALD, *de dignit. reg. hisp.* — CÆS. BARON,
Annal. tom. 5, ann. 496. — JOS. STEPHANUS, *de Oscul,
ped. rom. pont. cap. 7 in fine.*

mère l'Eglise, et envers son chef le Pontife
Romain. Pour cette raison, les jeunes guerriers
recevaient autrefois leurs glaives de l'autel,
pour qu'ils eussent à s'y déclarer fils de l'Eglise,
et tenir ces glaives de St-Pierre, pour l'honneur du sacerdoce, la protection des pauvres,
le châtiment des malfaiteurs, et l'indépendance
de la patrie (Blesen. *Epist. 49.*)

Quelle importance pouvons-nous attacher à
cette quatrième objection, qui se prévaut de
l'autorité d'Innocent III (cap. *Pervenerabilem.
qui filii sunt legitimi*) déclarant que le Roi de
France n'a point de supérieur quant au temporel ; d'où il résulterait que ceux qui accordent
au Souverain Pontife un pouvoir temporel en
vertu des intérêts spirituels sont en contradiction avec Innocent? Ne suffit-il pas de répondre que ce même Innocent III a déposé l'Empereur Othon IV? Ce ne sont donc pas les
docteurs qui contredisent Innocent; il se serait
contredit lui-même. (V. Bellarmin. *De potest.
summ Pontif. in tempor.* cap. 14). Observons,
de plus, que dans cette même bulle *Pervenerabilem,* Innocent décide que le Pape exerce
occasionnellement, c'est à-dire incidemment
et indirectement, un pouvoir dans les possessions temporelles de l'Empereur et des Rois.
D'où il est très-vrai que l'Empereur, les Rois
et autres souverains, n'ont point de supérieur sur leur territoire; mais qu'il n'en faut
pas conclure l'absence de supérieur *in spiritualibus;* car ce n'est pas, à proprement parler,
une juridiction temporelle, mais plus exacte-

ment une juridiction spirituelle, tout-à-fait sienne, et non point étrangère à sa charge, qu'exerce le Souverain Pontife, en vue des intérêts spirituels (*ad spiritualia*).

La cinquième objection n'a pas plus de valeur. Cette puissance du Pape, d'après elle, n'est pas de droit divin. Opinion fausse et plus téméraire que l'hérésie. Voici donc les autorités qui font foi de ce droit divin : *Tibi dabo claves Regni cœlorum* (Math; c. 16); *Pasce oves meas; et quodcumque ligaveris super terram erit ligatum et in cœlis.* (Joann. 21, Math. 16). St Paul expose aux Corinthiens (I. cap. 6) la plénitude de la puissance apostolique, en ces termes : *Nescitis quia et angelos judicabimus ? Quanto magis sæcularia ?* C'est ce qu'ont bien pesé, et tout spécialement, Innocent III, in cap. *Pervenerabilem, qui filii sunt legitimi,* — Innocent IV, in cap. *Ad apostolicæ, de re judicatà;* et ce qu'observent Driedonius, Bellarmin et Suarez (1). — Ce que nous soutenons peut se prouver jusqu'à l'évidence de deux manières; puisque Marsilius Padouan, Barclay et autres adversaires recherchent le sens du texte exprès de l'Evangile. Car ils ne nient pas que le Pontife puisse réprimander les Princes et les Rois, surtout s'ils sont hérétiques, par des censures ecclésiastiques d'excommunication et d'interdit; mais ils nient qu'il puisse procéder au delà

---

(1) DRIEDON. lib. 2, *de libertate Christianà*, cap. 2. — BELLARM. *de potest. summ. pontif. in temporal.* cap. 5. — SUAREZ. lib. 3, *de primatu Rom pontif.* cap. 23, à n. 2.

contre eux; comme l'ont remarqué Azor, *in Summâ*, 2 p. inst. lib. 4, cap. 19, et Suarez, *de primatu Rom. Pontif.* lib. 3, c. 23, n. 9.

La première raison à leur opposer, c'est que la force directrice (qu'ils reconnaissent au Pontife à l'égard des Rois, comme il appert des passages de leurs écrits cités par Suarez) est inefficace sans la contrainte. C'est le sentiment d'Aristote (*10 Ethic. cap. ult*) et du jurisconsulte Paul, in l. ult. ff. *de officio ejus cui mandata est jurisdictio*, ibi : « *jurisdictio sine modicâ coërctione nulla est.* » Innocent III s'en explique ainsi, in C. *pastoralis, 28. de officio delegati :* « Cum delegato à principe « jurisdictio dandi judicem sit à lege concessa, « potest compellere renitentem eo quod juris- « dictio illa nullius videretur momenti, si co- « ërctionem aliquam non haberet. » Le Prince, en effet, en même temps qu'il confie la magistrature à quelqu'un, le charge de faire tout ce qui est de son exercice (1). Ainsi, il n'est point nécessaire que cette conséquence soit exprimée dans la commission, puisqu'elle dérive forcément de la nature même des choses (2). Ecoutons Alexandre III, in cap. *prætereà. 5. de officio delegati :* » *Hæc tibi authoritate præ- « sentium innotescat, quod postquàm ei causa « licet simpliciter delegatur, satis potest nostrà « auctoritate partes compellere et etiam con-*

_____

(1) Ex Ulpiano, in l. *quidam consulebant*, ff. *de re judic.*, — cum pluribus aliis.

(2) Ex reg. l. *ad rem*, c. — l. *ad legatum*, 62. ff. *de procurat.*

« *tumaces severitate ecclesiasticà coërcere,*
« *etiam si litteræ commissionis id non conti-*
« *neant.* » Et le Pape en donne cette raison,
« quià ex eo quod sibi causa committitur, su-
« per omnibus quœ ad causam ipsam expectare
« noscantur plenariam recipit potestatem. »
St-Paul (1 ad Corinth. 4) donne à entendre en
quoi consiste cette puissance coërcitive : « *Vul-*
« *tis in virgà veniam ad vos.* » Et c'est cette
même expression *Virga* qu'emploie l'Ancien
Testament pour indiquer la puissance coërcitive : « *Rege eos in virgà ferreà* » (psalm. 2)
comme le prouve Suarez (c. 23, n. 4) d'après
les écrits des Saints Pères.

La seconde raison de repousser l'opinion de
nos adversaires, c'est que les autorités par nous
citées sont générales, et s'expriment en termes
généraux, embrassant toutes les brebis et tous
les sujets. Car, nous ne devons point distinguer
où la loi ne distingue pas.. (l. *de pretio* ff. *de*
publiçianà.) Saint Mathieu ch. 18, a dit de
même : « *si Ecclesiam non audierit, sit tibi*
« *tanquàm ethnicus et publicanus.* » Et Saint
Paul, dans son épitre à Tite, ch. 3 : « *Hæreti-*
« *cum hominem devita.* » Que conclure de ces
règles, sinon que celui qui veut exempter le Roi
de cette soumission, ainsi définie, doit prouver
sa limitation par les termes exprès de la Sainte
Ecriture, afin que l'on soit convaincu par son
argumentation. Car celui qui a pour soi une
règle de droit divin ou humain, obtient gain de
cause jusqu'à ce que son adversaire prouve le
contraire. La Constitution *de consugio lepro-*

sorum dit encore : « *Generali præcepto apos-
toli quod exigitur est solvendum cui præcepto
nulla in hoc casu exceptio invenitur.* » *(1)*
D'où il s'ensuit que la règle doit être observée
envers toutes autres personnes privilégiées, à
moins que le privilège ne concerne un cas spécial (l. *in fraudem* 16, §. ult. in fin. ff. *de milit
testam.*, ibi : *quia generalis est ista determi-
natio. (2)*

Par suite, la glose (Verbo *publica*) nous apprend que le fisc, non plus que le Roi, n'est pri-
vilégié, si ce n'est dans les cas exprimés par la
loi. (3)

Que si l'on nous demande encore quelqu'exemple de la Sainte Écriture concernant la personne d'un Roi ; voyez au second livre des
Paralipomènes, chap 26, celui d'Osias qui,
pour avoir usurpé les fonctions sacerdotales,
et ne s'être pas rendu aux remontrances des
prêtres du Seigneur, fut aussitôt frappé divinement de la lèpre, et séparé de la société par
leur jugement, privé de l'administration du
Royaume, et relégué dans sa maison solitaire

---

(1) Glossa 1, in rubricà *ubi homines, de regul. juris*,
in C. — Tiraq. plures congerens *de retractu*, tit. 1. §. 1,
glos. 9, n. 211.

(2) Ubi notat Baldus ; exornant ad varias quæstiones
Costa, post alios, in cap. *si pater.* 1 p. verb. *habens*
n. 9, *de testam*, in C. — Valasc. *de jure emphyt.* 9. 22,
n. 5. — Tiraq. in tract. *de præscr.* glos. 11, n. 3.
Suarez, *contrà errores Angliæ.* lib. 3, cap. 23, n. 20.

(3) l. *item venient, §. in privatorum.* ff, *de petit.
hæred.;* et verbo *pertinet* in l. 1 C. eod. — Ripa, n. 14.
— Alciat, 12. — Camillo, 67. Barbosa, p. 7, n. 19, in l.
ff. *soluto matrim.* — Tiraq. d. gloss. 14, n. 100. —
Perez. *de jure fisci,* lib. 6, tit. 2, n. 3 ; — post alios.

jusqu'à la mort. (1) Si donc, à cause de cette
lèpre, le prêtre a pu jadis juger le Roi et le priver de son pouvoir, il le peut à plus forte raison aujourd'hui, pour la lèpre spirituelle, l'hérésie, dont celle du corps n'était que la figure.
(Augustin. lib. 2, *de quæst. Evang*; quæst. 40)
En effet, dans sa première aux Corinthiens,
chap. 10, Saint Paul dit que tout ce qui arrivait
aux Juifs était la figure de l'avenir; et voici
l'enseignement d'Innocent III, in cap. *Perve-*
nerabilem, (vers *in rationibus*) « cùm Deute-
« ronomium lex secunda interpretatur, ex vi
« vocabuli comprobatur, ut quod ibi decerni-
« tur, in Novo Testamento debeat observari. »
(Notat Palacius, *de retentione Regni Navarr*
2 p. §, 8; Bellarm, lib. 5, *de Rom. Pont.* cap. 8;
et *de potest. summ. Pont. in tempor.* C. 37,
Marta, *de jurisdict.* 1 p. cap. 23, à n. 3).

Encore un exemple : C'est celui de la reine
Athalie, privée du trône et de la vie par ordre
du grand-prêtre Joad, à cause de l'hérésie,
puisqu'elle favorisait la superstition et l'ido-
latrie de Baal (4 *Regum*, 11, et 2 *Paralip.* c, 23).
Bellarmin, Marta, Palacius, en citent encore
d'autres exemples, tirés de l'ancienne loi; et
quoique Barclay (*de pot. summi Pontif, in*
temporal. r. 38) s'efforce de se dérober à cet
exemple, en disant qu'Athalie avait usurpé le
trône par tyrannie, et ne fût déposée et mise à
mort que pour ce motif; je ferai remarquer que
s'il a été permis au Pontife, à cause de cette

---

(1) GASP. SANCTUIS. — JOSEPH. lib. 9, *antiquit.* cap. 11.

usurpation, de priver du pouvoir et de la vie même une Reine qui occupait le trône par le consentement du peuple, et de mettre à sa place un autre Roi, comme le fit Joad en intronisant Joas; c'est *à fortiori* son droit quand il s'agit de l'hérésie.

De tout ce qui précède, il ressort avec évidence que Barclay affirme à tort que cette puissance du Souverain Pontife n'est pas fondée sur le droit divin, mais introduite par des opinions contraires. Car, pour la puissance, elle est bien de droit divin; et les opinions sur son action directe ou indirecte ne se contredisent point quant aux effets, mais seulement quant au mode de son exercice; comme il arrive parfois aux théologiens de controverser sur les matières de la foi. (Bellarm. *de pot. summ. Pont. in temp. c. 3*).

La sixième objection de Barclay consiste à dire que s'il était permis au Pape de déposer les Rois, ce pontife serait plus grand que Dieu. Bellarmin y répond, *loco citato ;* et j'ajoute que cette défaite de Barclay est puérile; car si on l'admettait, il ne serait non plus permis au Roi de sévir contre les criminels. En leur ravissant leurs biens et la vie, il se mettrait au dessus de la Divinité. — En fait, les païens, Princes ou simples particuliers ne perdent point, pour la foi, leurs biens ou leurs couronnes; mais entrés dans la bergerie du Christ, ils sont tenus d'obéir à l'ordre du Pasteur, quant à leur fin surnaturelle; et les Rois et les Princes souverains temporels, plus ils sont élevés, plus grands sont les bienfaits qu'ils ont reçus de la bonté du Dieu très-grand; plus aussi ils sont tenus envers Lui à la reconnaissance et au respect. Pour n'y point faillir gravement, ils ont besoin d'un pasteur de leurs âmes, qui les dirige dans la voie du salut; comme le rappellent si justement le Cardinal R. Polus, dans son dialogue *de Pontifice maximo*, Osorio dans son épître à la reine Elisabeth d'Angleterre; Ribadeneira, *en el Principe Christiano*, et Bellarmin, *de potestate summi Pontificis in temporalibus*.

La septième objection est tout-à-fait absurde. Elle argüe de la nécessité que la puissance temporelle soit en droit, pour atteindre son but, de disposer des choses spirituelles, et de déposer le Prince Spirituel lui-même. Quoi de plus absurde, en vérité ? Mais l'absurde suit toujours l'absurde. Il n'est pas étonnant que Barclay raisonne dans cette supposition ; et Bellarmin lui répond abondamment, chap. 17. Il n'est aucunement nécessaire, pour atteindre un but temporel, de troubler les maisons de saintes filles et d'abolir leurs instituts, de renverser les signes qui renouvellent fréquemment la mémoire des dons et des bienfaits divins, d'effacer et détruire toutes les choses saintes, les cérémonies, les sacrements ; de bannir l'obéissance et la vénération des chrétiens envers le Souverain Pontife, leur conducteur. Le corps ne doit pas être préféré à l'âme, la chair à l'esprit, la lune au soleil, ni le temporel au spirituel (. C. *Solitæ, de majorit.* Cap. *Suscipitis*, dist. 10).

La huitième objection se fonde sur la déposition du prêtre Abiathar, par Salomon (3 Reg. Cap. 2). — Saint Thomas et d'autres y ont répondu de bien des manières. (1) Ils disent tous que Salomon n'a pas déposé Abiathar, comme roi, mais bien comme prophète, afin que fût accompli ce que Dieu avait prédit à Hélie dans la ville de Silo, qu'il ôterait à sa maison la souveraine sacrificature,

Pour moi, j'ai deux ou trois observations à faire sur cet acte de Salomon. D'abord, ainsi que l'observent les auteurs précités, c'est pour une conspiration qu'Abiathar, qui avait embrassé le parti d'Adonias, fut destitué de sa charge sacerdotale (JOSEPH, *de antiqu.* lib. 8, cap. 1); or, l'opinion commune, et suivie dans la pratique. est que le crime de lèse-majesté humaine, même sous la loi de grâce, fait perdre le privilège de nationalité et d'autorité (2). — Donc, rien d'étonnant à ce que Salomon, pour se mettre en garde contre l'avenir, ait chassé Abiathar de la ville, et, comme conséquence, l'ait destitué de son office. — Cela se justifie d'autant mieux qu'alors les fonctions étaient habituellement temporaires; que le prêtre ne

---

(1) D. THOM. lib. 1, *de regim. princ.* C. 14.—ABULENS. — JACOBAT, *de concilio,* lib. 9, art. 12. — TURRECREM, lib. 2, cap, 96. — GRISALDUS, in *decis fidei,* verbo *Imperator,* n. 10. — VALENZUELA, *contrà Venetos.*— SUAREZ, *contrà errores Angliæ.* — BECCAN.... etc.

(2) CLARO. §. ult. quæst. 36, n. 27. — SUAR. *contrà Angl. err.* lib. 4, Cap. 24, n. 10 juxtà cap. *perpendimus. de sententià excomunic.* — D. RODERIC. ACUNHA, episc, portug. in tract. *de confessariis sollicitant.* Quæst. 24, n. 74.

pouvait rien opérer de surnaturel; n'avait point de caractère indélébile; qu'il lui était permis d'user du mariage hors du temps de son ministère. Son élection *ex Dei institutione*, son élection appartenait à la communauté de la seule tribu de Lévi, où le sacerdoce, qui avait une origine charnelle, se transmettait charnellement d'Aaron à ses descendants (1). Le cérémonial de l'onction, des ornements sacerdotaux, des rites à observer dans l'offrande des sacrifices, étaient déterminées en vue d'exprimer au mieux la figure du Christ à venir, et le signe infaillible de l'alliance divine. Rien d'étonnant, alors, que le Roi surpassât tout autre en puissance et en honneur; supériorité qui a pris fin dans la loi de grâce, à raison de plus grande sublimité de la mission sacerdotale (2).

Je remarque, en second lieu, que cet acte de Salomon n'a rien de commun avec la question qui nous occupe. — Autre chose, en effet, est de discuter de la puissance du Souverain Pontife soit au spirituel, soit au temporel en vue du spirituel; autre chose de parler de l'indépendance ou de l'immunité de la personne ecclé-

---

(1) Exod. 28; Hebr. 7; HIERON. in Isaï. cap. 66 — SOTUS, in 4, distinct. 20, quæst. 1, art. 3. — LEDERMA, 2 p. quæst. 21, art. 1. — BELLARM. lib. 2, *de clericis*, c. 6.

(2) D. THOM. lib. 1. *de regim. princip.*, cap. 14. — CORDOVA, lib. 4, qu. 4 et 5; — NAVARR. cap. *Novit.* Not. 3, n. 33. 34. 38 et 139. — SOTUS, d. art. 3. — TURRECREM, in *Summ. Eccl.* lib. 1. cap. 91 et lib. 2 cap. 96. — BELLARM lib. 2 *de Rom. Pont.* 29, et *de pot. in tempor.*, C. 15. post alios.

siastique. C'est ce que Bellarmin et Suarez ont
fait ressortir.

J'observe, enfin, que si, dans l'ancienne loi,
le Roi était absolument supérieur au Prêtre en
puissance et en honneurs, comme on l'admet
communément, et comme le veulent Barclay
et ses disciples, il n'est pas moins avéré que
par la puissance spirituelle du Prêtre sur le
Roi, le premier pouvait prononcer la déchéance
du Roi, et le priver de la vie, à cause de la
souillure de la lèpre et de l'hérésie. A plus forte
raison en doit-il être ainsi sous la loi de grâce,
dans laquelle le Souverain Pontife est absolument supérieur à l'Empereur ou au Roi. Ce qui
n'était autrefois que figuré doit être observé
depuis que l'objet de la figure s'est réalisé.
(Ex. cap. *per Venerabilem,* Bellarmin et Marta
n. 63 et alii).

Ne serait-il pas irrationnel que sous la loi de
grâce, le Pontife Romain qui, de l'aveu même
de Barclay, est à la tête de l'Eglise militante,
au dessus de tous les Rois catholiques, pût
être déposé, s'il venait à tomber dans l'hérésie (1) ? — et que, pourtant, si un Roi était
hérétique, il n'existât, dans l'Eglise de Dieu,
aucun remède pour le ramener, comme le
veulent Barclay et les adeptes de sa doctrine ?
(Bellarmin, adv. Barel. cap. 22, p. 212; Suarez
contrà Angliæ errores, lib. 3, cap. 23, n, 1.

---

(1) Cap si Papa 40 dist. — Turrecrem, lib. 4 Summæ
cap. 1 et 20. — Castro, *de justà heret. punit.* c. 23 et 24.
— Bellarm. *de Roman. pont* lib. 2. cap. 30. — Suarez,
lib. 4 *de legibus,* c. 7; *contrà Angl. errores,* lib. 4
doctrina, c. 27.

Et toutefois, si vous y prenez garde, le préjudice porté à l'Eglise par l'hérésie d'un Roi est plus grand que celui dont Elle peut souffrir par l'aberration d'un Pape. Car, l'Evêque de Rome, s'il tombe dans l'hérésie, ne l'embrasse que comme simple particulier ; et il n'est point à craindre qu'enseignant l Eglise, il infecte de cette hérésie le monde catholique, à cause de l'assistance de l'Esprit-Saint : *Ego rogavi pro te, ne deficiat fides tua* (1,. Au contraire, un roi hérétique, par son commandement et sa puissance, peut détourner ses sujets de la foi catholique, au moyen de pénalités, jusqu'à celle de mort, comme l'expérience, ò douleur ! nous l'a montré. Contre un tel mal, le Christ nòtre Seigneur n'a-t-il donc laissé à l'Eglise militante aucun remède ? Le peuple, si son Prince s'échappe en tyrannie contre lui, peut le priver du tròne et de la vie (2) ; et il n'appartiendrait pas au Souverain Pontife, lors même qu'on l'implore, de châtier de même l'hérésie qui engendre un plus grand mal dans le présent et pour l'avenir !

Mais voici un bel exemple que Barclay tire des liens du mariage (*de potest summi Pont.* c, 20) : Nul homme, dit-il, n'est tenu d'épouser

---

(1) Pigmius, lib. 4 Hierarch. eccles. cap. 8. — Augustin, lib. 4 *doctrina*, c. 27 et *epistol.* 166. — Genebrard. *Chronic*, lib. 3, p. 245. — Bellarm., lib. 4, *de Rom. Pont.*, c. 2. v. 3 cum seq. et c. 7. — Canus. lib. 6 *de locis theologis* ; cap. 8, col. antepenult.

(2) Ex reg. 1. ut vim ff. de just. — Suarez. contrà *Angliæ errores*, lib. 3, citans Bellarm et Novarr. — Menchaca Iliust. cap. 8, n, 19 ; et *de success. creut.* lib. 3 §. 26, n. 47.

une femme acariâtre ; si cependant il le fait, il
ne peut ensuite s'en séparer ; de même aucun
Etat n'est tenu d'accepter pour Roi un hérétique ; mais si son roi vient dans la suite, à se
détourner de la foi catholique, il le doit supporter, et ne peut le déposer, quelques violences
que subissent les citoyens, dans leurs biens,
leurs âmes et leurs corps. — Outre la réponse
de Bellarmin à cet exemple (*de potest. sum.
Pont, in temp. c. 20*), j'observe que le couronnement d'un Prince ne comporte pas la signification absolue de l'union indissoluble du Christ
avec son Eglise (1). Mais, si nous admettons
l'argument de Barclay, au moins devrait-il
comparer des choses de même nature ; sinon ce
serait un argument *à disparatis*. Ainsi, qu'une
épouse tombe dans l'hérésie, il y aura lieu
de la séparer de son mari ; et si elle persiste
dans son apostasie, elle sera punie du dernier
supplice ; et son mari pourra en épouser une
autre (1 *Corinth.* 7). De même, en vertu de
l'exemple de Barclay, si un Roi devient hérétique, il doit être séparé de l'Etat, de l'administration de la République, son épouse ; et s'il
persiste, qu'il soit pour vous comme un païen
et un publicain ; et qu'un autre soit mis à sa
place. — Au contraire, s'il s'agit d'un Roi
mauvais et injuste, il doit être supporté et non
déposé. Ce n'est que dans le péril que fait courir aux âmes un si puissant ennemi, que les
vassaux sont déliés de leur serment de fidélité,

_____

(1) C. *Gaudemus, de divortiis.* — Videndus HENR.
lib. II, *de Matr.* cap. 2, § 1, et cap, 8, § 1.

s'il est publiquement avéré que leur Seigneur est hérétique et schismatique. *Hæreticum hominem devita*, écrivait St-Paul à Tite, chap. 3. *Veni separare hominem adversùs patrem suum*, avait dit le Christ en envoyant ses apôtres évangéliser le monde (Math. 10) (1). Barclay disserte donc contre tout droit et toute raison.

Neuvième et dernière objection de Barclay : St Grégoire, dit-il, s'est bien nommé le serviteur, non-seulement de l'Empereur, mais de tous les catholiques. Eh ! qui ne voit que c'est par suite de ses habitudes d'humilité, et par excès d'amour pour le prochain ? (Bellarmin, *de Rom. Pont.* c. 8. arg. 6, lib. 2. — et adv. Barclaium, c. 3, n. 10, et c. 7, vers. 4.) — Et quant à ce qu'ajoute St Grégoire de la puissance de l'Empereur *super omnes homines*, il va sans dire qu'il s'agit de tous les hommes sujets de l'empire romain. — Autrement, il faudrait considérer l'empereur des Maures comme étendant sa domination sur les Garamantes (peuple de Lybie) et sur les Indiens, sur les Français et les Espagnols, ce qui est faux. Une assertion générale, d'ailleurs, n'implique pas obligation et subordination de la personne qui parle (2).

---

(1) D. Thom. 2, 29, 39 art. 3 et 4. — Henriq. lib. II, *de matrim.* c. 17. — Castro, *de justà hæret. punit.* lib. 2, cap. 7, p. 301 et cap. 8. Simancas, *de Catholicis*, cap. 23 à n. 11. — Palacius, *de retentione Regni Navarræ*, 4 p. § 1, v. 2. — Menoch, rem. 1, recup. à n. 337. — Valenzuela, contrà Venetos, 7 p. n. 53.

(2) Ex reg. l. *inquisitio* c. *de solutione*, ubi omnes. — Surd, decis. 13, n. 11. — Decius. cons. 104, n, 2, gloss. verbo *specialibus*, in cap. *Petitio, de jurejur.*

C'est de même sorte que, pour ne rien omettre,
nous réfuterons cette objection produite par
quelques autres, savoir : que l'élection du Souverain Pontife dépendait autrefois de l'Empereur, au moins quant à sa confirmation
(Adrianus 2, cap. *in synodo*, 63 dist.). Il n'y a
aucune conséquence à tirer de cette haute
prérogative impériale, puisqu'elle dérivait, non
d'un droit propre, mais d'une usurpation ou
d'une concession temporaire du Pape et du
Concile, par laquelle le Pontife ne sollicitait
rien de l'Empereur, attendu qu'il t'ent immédiatement son pouvoir du Christ notre Seigneur (1). A ce droit de confirmation, renoncè-
rent, d'ailleurs, Constantin V, Louis fils de
Charlemagne, et Othon I. — Enfin, Bellarmin
a même prouvé amplement, dans sa réponse
au Roi Jacques, la fausseté des documents
invoqués... Mais, cette histoire fût-elle vraie, il
s'en faudrait bien qu'elle fît tort à la majesté
ou à la puissance pontificale qui n'en paraî-
traient que plus éminentes ; puisque, d'abord,
l'élection du futur Pontife dépend de sa propre
détermination et déclaration, et que la part de
l'Empereur dans l'élection ou par sa confirmation est de la notifier aux souverains comme à
tous autres (Suarez, *de fide,* disp. 10, sect. 4, à
n. 11). Disons aussi qu'en vertu du même acte

---

(1) Bellarm. de Rom. Pont. lib. 1, cap. 7, vers. *sed
contrà,* cum seqq ; et lib. 2, cap. 29, arg. 6 ; et lib. 1 *dé
translat. Imperii,* cap. 13. arg. 8.—Suarez, lib. 3 *contrà
errores Angliæ,* cap. 29. à n. 6 ; et *de fide,* disp. 10, sect.
4, n. 9 et 10.

d'Adrien, *in synodo*, l'Empereur est établi par le Pape qu'il a confirmé, ce qui manifeste la plus grande dignité du Pontife.

Elle est donc bien ferme et inébranlable cette Pierre, contre laquelle les portes de l'Enfer ne prévaudront pas ; quiconque s'avise de nier sa principauté, non-seulement n'en saurait amoindrir la dignité d'aucune manière, mais se plonge lui-même dans les enfers par l'enflûre de son orgueil (*inflato spiritu superbiæ suæ*), pour me servir des termes de Saint-Léon le Grand, ce modèle de sagesse et de bonté. Si ensuite vous demandez ce qu'est donc le Pontife Romain, écoutez ce que répond Saint-Bernard, s'adressant au Pape Eugène (lib. 2 *de consideratione*) : « Vous êtes le grand-prêtre,
« le Souverain Pontife, le Prince des Evêques,
« l'héritier des Apôtres, Abel par la primauté,
« Noé par le gouvernement ; par le patriarchat,
« Abraham, par l'ordre, Melchisédech, Aaron
« par la dignité ; par l'autorité Moïse, par le
« jugement Samuel, Pierre par la puissance, et
« Christ par l'onction. Vous êtes celui à qui les
« clés ont été données. Il y a, à la verité, d'au-
« tres portiers du Ciel, et d'autres pasteurs des
« troupeaux ; mais combien est plus excellent
« et glorieux le titre dont vous avez hérité! Ils
« ont les troupeaux qui leur ont été assignés,
« chacun le sien ; tous vous sont confiés, un par
« un, non-seulement les brebis, mais les pas-
« teurs ; et vous êtes vraiment le seul pas-
« teur. » Puis à la fin du livre 4, St Bernard appelle encore l'Evêque de Rome, Chef des

Chrétiens, pasteur des peuples, marteau des tyrans, père des Rois, modérateur des lois, dispensateur des règles, sel de la terre, lumière du monde, prêtre du Très-Haut, Oint du Seigneur, Dieu de Pharaon. Les Romains d'autrefois pour bien signaler la supériorité du Grand-Prêtre de Jupiter (*flamen Dialis*) jugèrent bon de lui interdire le lierre, parce que cette plante est faible et a besoin de s'appuyer sur d'autres (Plutarch. *in problemat.* quæst. 112. — Joan. Rosin, *de antiqu. rom.* lib. 3. c. 16).

Huitièmement, enfin, telles sont les considérations qui nous persuadent que le Pontife Romain a pu concéder aux Rois d'Espagne le droit de naviguer dans l'Inde, à l'exception des autres Princes, en vue d'une fin et d'un bien surnaturels. Nous en traiterons plus amplement aux chapitres 7 et autres ci-après.

CHAPITRE VII

....

Les Portugais ont-ils un droit de domaine sur l'Inde à titre de donation du Souverain Pontife.

....

L'Anonyme, chap. 3, n'admet pas que le Pontife de Rome ait pu accorder aux Portugais un droit de domaine sur les Indiens, soit parce qu'il n'a lui-même aucun pouvoir sur les Infidèles, soit parce qu'il manque particulièrement de la puissance civile par laquelle pourrait être fondée cette donation. De même, le partage fait par Alexandre VI entre les rois de la Péninsule ibérique, qui l'avaient choisi pour arbitre (OSOR. *De reb. Emman.* lib. 8), n'a pu nuire aux autres Princes. — Or, dans le précédent chapitre, nous avons traité de la puissance du Souverain Pontife, quant aux choses temporelles ; nous discuterons sa puissance sur les Infidèles au Chap 9. Présentement, nous allons disserter de son droit d envoyer des Missionnaires pour la propagation de l'Evangile.

Le Pontife romain étant évêque de la Ville et du monde entier (1), comme nous l'avons

_____

(1) Gloss, fin. in cap. fœlicis *de pænis.*, in 6. D. THOM. opusc. 19, *de errore Græc.*, et *contrà impugnantes relig.* cap. 4. — CORDUBA, lib. 4, quæst. 4 ad 11. — Rofens contra Luther, art. 25. — EKIUS, Enchyr., c. 3 ad 18. — BELLARM. lib. 2, *de Rom. Pont.*, cap. 31, § 15. — CAET. *de primatu Rom. Eccl.*

largement établi au chapitre précédent, a pour
premier devoir de son apostolat, non-seulement
la conservation, mais aussi l'extension et la
propagation de l'Eglise (1), et conséquemment
d'envoyer des prédicateurs dans les régions
des Infidèles, pour les inviter et les presser d'entrer au lieu du banquet évangélique, dans l'E-
glise, et d'adresser ses envoyés en certains
lieux préférablement à d'autres, comme on le
verra au pénultième paragraphe du chapitre
suivant. — C'est ainsi que l'apôtre Saint-Pierre
envoya Marc en Egypte, que Saint-Clément
envoya en Gaule Denis l'Aréopagite, et Saint
Grégoire Augustin et ses compagnons en Angleterre, que Grégoire II dirigea Boniface sur
l'Allemagne, et ainsi des autres (2) ; et l'histoire
est pleine de ces expéditions évangéliques,
faites pour conquérir et soumettre au Christ
toute la terre, selon les paroles rapportées au
dernier chapitre de Saint-Marc : *Euntes in
universum mundum, predicate Evangelium
omni creaturæ.* Et cette dénomination d'apostolique convient ici parfaitement. Le siége de
Rome, en effet, n'est pas appelé *apostolique*
seulement parce qu'il fut celui des apôtres ;
car on peut en dire autant de ceux d'Ephèse,
Jérusalem, et plusieurs autres, mais aussi
parce que la charge d'opérer par des missions,
et d'attester sa foi par une fermeté immuable,

---

(1) SALMER, tom. 12, tract. 38, p. 311, col. 2.

(2) SALMERON. Ubi suprà vers. *Profecti sunt.*—ACOSTA.
De procu. Indorum salute, lib. 3, cap. 2.

réside et persévère proprement et principalement dans le Pontife romain. — Cela posé, qui pourrait douter que le Pontife romain, dans l'impossibilité de visiter lui-même le globe entier, puisse et doive confier ce soin à d'autres, non pas seulement pour qu'ils s'en acquittent, de leur personne, mais aussi pour qu'ils y destinent et envoient ceux qu'ils y jugeront les plus aptes, comme le dit élégamment Acosta. — C'est ainsi que **Martin V**, à la demande de Rubin de Braquemont, son parent et amiral de France, confia à Jean de Bethencourt, gentilhomme français, la conversion des habitants des Canaries, en lui associant son frère Mendo, qui fut leur premier évêque (1).

D'où il suit, selon ce qui a été expliqué plus haut au sujet de cette mission, qu'il s'agit ici non point de la puissance temporelle exercée en vue des intérêts spirituels (que l'Anonyme lui-même reconnaît, Chap. 3, appartenir au Pontife romain, comme nous l'avons largement prouvé) mais de la puissance spirituelle purement; bien que ce Pontife puisse aussi prohiber le commerce lorsque cela doit servir à la propagation de la foi, puisqu'il peut régler le temporel en vue du spirituel. Et c'est ainsi qu'il faut expliquer et entendre ce que disent Victoria (*De Indis*, 2 p. n. 10) et Ægidius (*L. ex hoc jure*, c. 3, n. 17, ff. de Just.); bien que ces auteurs rapportent l'office des missions

(1) Franc. Lopez de Gomara, in la historia general de las Indias. Cap. Conquista de las islas de Canaria; pag. mihi 296.

au pouvoir que le Souverain Pontife possède
in *ordine ad Spiritualia.* — D'après cela, les
Rois d'Espagne, délégués par le Pape à la conversion des Indes, ne procèdent point par
puissance laïque, mais bien par autorité ecclésiastique (1).

Les Pontifes de Rome ont donc pu confier
cette charge aux Rois d'Espagne, comme l'ont
fait Martin, Nicolas V, Calixte III, Alexandre VI, mentionnés par Cabedo et Rebellus (2).
Ont encore admis cette délégation de pouvoirs,
à propos de la bulle d'Alexandre, Bellarmin,
Banez, Salas, Thomas Bossius, Salmeron (3);
et Théod. Zuinger, d'ailleurs ennemi du Siège
apostolique, reconnaît le droit de la concession
faite par Alexandre (4). Il en est de même de
Grég. Lop..., de Borre (†), de P. Maffœus et
d'Osorio qui reconnaît clairement que les titres
assignés par le Souverain Pontife ont pu être
occupés par les Rois de Portugal, sans injustice pour aucun roi chrétien; en sorte que
l'Anonyme (Chap. 3) allègue à tort le sentiment
d'Osorio pour prouver que cette division faite
seulement à titre d'arbitrage, élu et consenti
par les Rois de notre péninsule, n'a eu d'effet
qu'entre eux et n'a pu préjudicier à d'autres.

---

(1) EMAN. 1 tom. de regular. q. 35, art. 2 et q. 56, art.
12, conclus. 6. — MIRANDA, in direct. pucla, 1 p. 942,
art. 6, in princip.

(2) CABEDUS, Decis. 47, p. 2.—REBELL. de Obligat. just
p. 2, lib. 18, quæst. 23, à n. 6.

(3) V. les citations au texte latin original.

(4) In Theatro vitæ hum. lib. 2, vol. 3, tit. Certamina
geograph.

144

Et, en effet, bien que ces Monarques aient
pris pour juge de toute leur controverse le Pontife romain qui était alors Alexandre VI, afin
que leur querelle ne les conduisît pas à s'armer
l'un contre l'autre ; la puissance et la juridiction du Souverain Pontife n'en sont point, par
là, diminuées, mais bien plutôt augmentées,
puisqu'il peut contraindre les Princes à la paix
et à la concorde (C. Novit. de Judiciis); mais il
n'a point coutume d'en user sous forme d'ordres, de crainte qu'ils ne deviennent l'occasion
de maux plus grands (1). Si donc les Princes
recourent au tribunal du Pontife, pour examiner leur cause, et terminer le différend, Celui-ci
fait alors usage de son autorité propre et pontificale, non point d'un pouvoir d'arbitre qui
lui aurait été donné. Aussi, Alexandre VI et
les autres Papes sus-mentionnés ont très-sou-
vent professé et déclaré dans leurs bulles qu'ils
faisaient usage de leur autorite apostolique et
de la plénitude de leur puissance en défendant
à l'Empereur, aux Rois et à tous autres de se
porter dans ces parages pour y trafiquer ou
pour toute autre cause.

Quant à savoir comment on peut soutenir que
le Pape a la faculté d'interdire la navigation et
le commerce à d'autres Princes qu'il n'a pas
entendus ; c'est ce que, — indépendamment des
autorités invoquées ci-dessus, — nous examinerons amplement au chapitre qui suit.

_____

(1) Molui. *De justiciâ.* tract. 2, disp. 20, vers. *ex dictis,*
et disp. 103, versic. *quamvis.* — Victor, *de Indis,* 1 p.,
n. 29, vers. et licet.

Remarquons, pour le moment, que la question proposée peut être considérée à trois points de vue. Ou bien, en effet, il s'agit du droit de domination sur les peuples de l'Inde en vertu d'une donation du Souverain Pontife; ou bien de simple droit de naviguer et de voyager vers eux; ou bien, enfin, de la mission à confier pour procurer leur conversion. — Dans le premier et le second cas, j'admettrai volontiers que le Pontife Romain n'a ni voulu, ni pu accorder aux Portugais, à l'exclusion des autres, ce droit de domination, de navigation et de commerce, puisque ce sont là des intérêts purement temporels. — Et, à cet ordre d'idées appartiennent les arguments de l'Anonyme, amplement examinés en leurs lieux.

Toutefois, et c'est le troisième cas, puisqu'au Chef de la hiérarchie ecclésiastique appartiennent le droit et l'obligation d'envoyer des prédicateurs dans les régions des Infidèles, ainsi que nous l'avons montré ci-dessus; et puisque c'est par mer que doit se transporter cette mission, selon ces paroles d'Isaïe : Per mare prædabuntur filios Orientis (prædæ seu munera Deo oblata) et celles-ci : Qui mittit in mare legatos (1), expliquées par Rebellus, *de oblig. just.* 2 p. lib. 18, q. 23, sect. 3, Nᵒ 10; et puisque, de plus, cette navigation exige des frais, des hommes et des armes, qui ne peuvent se soutenir sans commerce et sans le bien qu'il procure, lesquels sont comme les moyens de cette fin

_____

(1) V. Isaïe, c. 11 et 18.

surnaturelle, il faut en conclure que celui qui
est chargé d'ordonner de cette fin, c'est-à-
dire de poursuivre la conversion des Infidèles,
l'est également de disposer des moyens nécessaires pour y parvenir. — Il est donc
évident qu'il est permis au Pontife romain de
concéder seulement anx délégués qu'il choisit
le droit de navigation et de commerce, et de
l'interdire aux avtres, de crainte que ceux-ci ne
troublent et n'empêchent et la conversion elle-
même et ses moyens, comme nous l'avons
montré au commencement de ce chapitre, et
comme le remarque aussi Victoria, *de Indis.* 2
p. princip.

Ainsi, à proprement parler, ce n'est pas le
droit de naviguer et de commercer que les
Pontifes Romains ont concédé essentiellement
et isolément aux Portugais, mais bien plutôt
et principalement le droit d'envoyer des prédicateurs et de convertir les Infidèles ; ainsi qu'il
résulte des bulles rapportées par Rebellus.
Ainsi, Nicolas V, et après lui Calixte III :
Croyant (l'infant de. Portugal Henri, fils de
Jean 1ᵉʳ) *servir au mieux la cause de Dieu si,
par ses soins et son application la mer deve-
nait navigable jusqu'aux peuples de l'Inde
qui passent pour honorer le nom du Christ,
entrer alors en relations avec eux, les porter
à venir en aide aux Chrétiens contre les Sarrazins et autres ennemis, de même croyance,
puis soumettre les peuples gentils ou païens
épars dans ces contrées, déjà quelque peu
infectées de la religion de Mahomet, leur pré-*

cher, et faire prêcher le très saint nom du
Christ qu'ils ne connaissent point encore....,
etc. — Semblables motifs sont exprimés dans la
bulle d'Alexandre VI, aux rois de Castille
Ferdinand et Isabelle au sujet des îles du Nouveau-Monde (P. Maffœus, Laert),

Il suit de là que le Roi de Portugal ne peut
interdire aux autres nations chrétiennes le
commerce avec les Infidèles, à moins qu'elles
ne leur fournissent des prêcheurs hérétiques
(concionatores) et des ministres de l'Evangile.
C'est, en effet, la cause et la condition de cette
concession de commerce faite par les Papes à
lui seul; et ce motif suffit pour l'interdire aux
autres nations, auxquelles d'ailleurs, il serait
commun en vertu du droit des gens (Molina,
tom. 1, tract. 2, de Just. disp. 5, sub conclus. 5).

L'Anonyme prend donc à rebours la question,
en partant du droit de propriété, ou du droit de
pénétrer chez les Indiens; puisqu'il s'agit principalement d'envoyer par mer des missionnaires pour conquérir à la foi les fils de l'Orient, et
les offrir en présent à Dieu (1), et, comme conséquence seulement, du droit et des moyens de
parvenir chez les Indiens, et de commercer
avec eux ; mission qui ne peut, en effet,
s'accomplir ou progresser parmi tant de
nations puissantes, indomptées, très distantes
entr'elles, que sous le prétexte du commerce ;
de telle sorte que par les mutuelles relations,
et tandis que les Portugais échangent avec les

_____

(1) Ut prædentur filios Orientis, munera Deos oblata
(Isaïe 11 et 18).

naturels toutes choses nécessaires à la vie,
selon la diversité des lieux et des climats; des
prêtres renommés pour l'innocence des mœurs
et pour leur éloquence chrétienne saisissent
l'occasion, et, en vertu de l'autorité du Souverain Pontife, sèment au long et au large la
parole de Dieu, et tirant ces troupeaux errants
de mortels des buissons et bois malheureux, les
conduisent aux bergeries et aux fertiles pâturages du Seigneur, comme le dit fort bien
Maffœus au commencement de son 1er livre.

Et je fais remarquer qu'il ne peut être produit
de plus fort argument contre l'Anonyme, que
celui-là seul sur lequel il s'appuie tout entier. Il
convient, en effet, que le droit de naviguer dans
l'Inde a été partagé par un traité conclu entre
les Rois d'Espagne; qu'il est occupé par eux, et
que c'est à eux seuls qu'un premier jugement
l'a attribué. Ainsi se retourne contre lui cet
argument que ce qui n'est point dans le commerce ne peut être divisé ni acquis par convention (1), ce que nous prouverons plus amplement
au commencement du chapitre 13. Voilà,
cependant, sur quoi l'Anonyme, en son chapitre
cinquième, s'appuie comme sur un fondement
inébranlable; et il en est tout différemment des
choses publiques qui peuvent être cédées par
convention expresse, et tout aussi bien prescrites; puisqu'une convention tacite, ou une
volonté est renfermée dans la prescription;
comme le décide, dans l'espèce, après d'autres,

(1) L. Si in emptione, § Omnium ff. ne contrah. empt.

Avendano lib. 1, *de exeq.* cap. 12. n. 10. — L'usucapion, en effet, est comprise dans le terme
général *aliénation* (L. *alienationis verbum* ff.
De verb. signif.). Et ainsi concourt à l'usucapion un consentement au moins présumé et déterminé (1). Or, la chose dont nous nous occupons est dans le commerce et peut être l'objet
d'une convention, et, par conséquent, être
occupée et prescrite, d'après l'Anonyme et
contre lui-même ; ce qui ressortira encore des
explications données à la fin du chapitre 14.

Note du Traducteur. — Ce chapitre VII est fort remarquable, en ce que Freitas s'y montre plus soucieux
d'exclure les Hollandais à cause de leur hérésie que pour
des intérêts purement humains. Le Pape, dit-il, n'a voulu
ni pu vouloir autre chose. — A tout autre point de vue
que le maintien de la foi catholique, il n'a point de puissance à exercer. — Mais, en cela même, le courageux
adversaire de Grotius et des doctrines de la Réforme ne
pouvait espérer de triompher.

Autre remarque, purement historique : C'est la mention
de l'attribution des Canaries à Jean de Béthencourt, par
le pape Martin V, qui occupa le trône pontifical de 1417
à 1431, puis la conversion des habitants, à l'aide de son
frère Dembo, premier évêque de ces îles.

---

(1) MENCH. illust. c. 52. à n. 16 ; et PIN. in Auth. *Nisi*,
n. 30 c. *de bonis mat.*

CHAPITRE VIII

Du droit de pénétrer chez les Indiens, appartenant de préférence aux Portugais, en vertu de titre émané du Souverain Pontife.

Dans le précédent chapitre, nous avons prouvé qu'au Souverain Pontife, par la première charge de l'Apostolat, appartenait le droit d'envoyer des missionnaires apostoliques dans les contrées des infidèles. Maintenant, l'ordre du discours demande que nous montrions quelle justice a déterminé le Pape à préférer les Rois d'Espagne aux autres princes catholiques, pour leur confier le soin de cette mission.

D'abord, puisqu'il est besoin de flottes nombreuses et constamment actives, d'armements et de frais extraordinaires pour s'attirer ces provinces, comme nous l'avons fait observer vers la fin du précédent chapitre, à cause de la navigation immense de l'Océan, des incommodités et de la pauvreté de la plupart de ces terres; un intérêt de cette importance n'a pu être commis qu'à une puissance royale, comme l'observe Acosta, (*de proc. Ind. salute* lib. 3, c, 2) à qui retentissent ces paroles d'Isaïe (Chapitre 49) ; *Erunt Reges nutritii, et Reginæ nutrices tuæ.* — Auparavant déjà, le prophète avait dit : *Illi ex Aquilone et mari.*

Dans ces régions si éloignées, on peut entretenir l'espoir que des hommes faibles, dépourvus de jugement, de mœurs perdues, et d'une
nature mobile, persévéreront cependant, s'ils
sont réchauffés dans le sein des Rois catholiques
et portés comme des enfants dans leurs bras ;
mais autrement, ces malheureux, marqués
récemment du sceau du baptême, trahiraient
bientôt la foi par l'ordre et les punitions que
leur imposeraient le crime et le parricide de
leurs supérieurs ; comme en témoignent entr'-
autres, la Chine et le Japon, dont les empereurs
excités par la haine, la persécution et les impostures des Bonzes et Hollandais (1), sévissent
contre les prédicateurs de la foi catholique et
les nouveaux convertis, au témoignage du P.
Morejon, de la société de Jésus, dans son
Histoire de la persécution au Japon (1); à tel
point que les catholiques craignent plus pour
eux de la part des Bataves que de celle des
Idolâtres.

Oui, disons-le sans haine des autres et sans
flatterie pour nos souverains, c'est avec la plus
grande équité que la mission a été confiée
aux Rois de Portugal ; et il faut en dire autant
de ceux de Castille, en ce qui est de l'Amérique ;
puisque l'Anonyme s'emporte contre tous deux
comme contre des usurpateurs qui se seraient
partagé l'Océan et le globe.

Premièrement, cette équité se fonde sur ce
que les Portugais, par leur zèle persévérant,

(1) Tom. 1. p. 1, cap, 1 et 16, et tom. 2, lib, 2, cap, 3. 11
et 13.

ont ouvert, les premiers, l'Océan Atlantique, à
l'aspect duquel Hercule s'était effrayé, et une
heureuse navigation aux Indes, tant de fois
essayée, au prix de tant de travaux soufferts, de
tant de dépenses et de naufrages, au milieu des
plus grands obstacles et dangers ; ce qui justifie cet éloge de Maffœus, au début de son
Histoire de l'Inde : « Navigation si glorieuse que
« ni les Argonautes, ni ces fausses divinités de
« Bacchus et d'Hercule n'y ont jamais aspiré ; si
« bien (ajoute Th. Bossius, *de signis Ecclesiæ*)
« que le ridicule atteint déjà les songes fabu-
« leux des anciens, au sujet d'Hercule, de
« Bacchus et de leurs pareils, et ce qu'ils ont
« rapporté d'Osiris, Sésostris et autres de
« même espèce. »

Si, en effet, il est équitable et juste que les
descendants des hommes qui par leur zèle et
leur travail ont mis en culture des terres stéri-
les, après les avoir défrichées, soient préférés à
des étrangers ; la même équité, la même justice
doit s'appliquer à ceux dont les ancêtres ont
fréquenté les premiers une mer inconnue,
et des peuples entourés de ronces sauvages ;
motifs plus largement exposés par les docteurs
cités au précédent chapitre.

Ainsi, en admettant même que la découverte
ne donne point par elle-même le droit de
domaine et de possession, comme nous l'avons
reconnu au chapitre 3 ; cette découverte et
cette conquête ont été une cause suffisante de
préférer les Rois de Portugal aux autres princes. C'est ce que Gama constata toutes les fois

que, dans certains ports, il plaça des colonnes
de pierre en témoignage de la domination du
Portugal, pour la gloire du nom de Jésus-Christ
et comme des monuments de la puissance de
nos Rois, à conservér d'âge en âge ; à quelle fin
ces colonnes, où était gravée la croix avec les
armes d'Emmanuel, avaient été placées sur les
vaisseaux. Et c'est ce qu'avait fait auparavant
Jacques Canus par les ordres du Roi Jean, dans
les lieux par lui découverts (Osorio, *de rebus
Emm.* lib. 1, p. 34, — Maffœus *hist, ind.* lib. 1
p. 7).

Une seconde cause de cette préférence est la
supériorité des Portugais dans l'art de la navigation, reconnue par Guicciardini dans son *Histoire de l'Italie* (liv. 6) et par Zuinger dans le
Theatrum vitæ humanæ (vol. 19, lib. 2, tit. : De
nautis) habileté telle que celle des Tyriens et
des Carthaginois lui fut inférieure de beaucoup.
(Bossius, *de sign. Eccl.* 3 tom. 1. 21, cap. 2,
vers. *quintum*). C'est effectivement aux Portugais que toute l'Europe doit l'astrolabe, cet
instrument qui sert à déterminer la latitude ; —
assurément les Portugais surpassent les autres
mortels en habileté dans l'exercice de cet art,
parce qu'ils sont doués d'un génie très pénétrant
et qu'ils sont, sans comparaison, accoutumés
aux plus longues et plus difficiles navigations.
(Acosta. lib. 1. de nat. novi orb. c. 5.) Ainsi
s'applique à nos navigations (1) cet emprunt
aux oracles sybillins, que le poëte, dans l'igno-

---

(1) Bossius, de sign. Eccl. lib. 20, c. 6.

rance de notre avenir, a entendus autrement :

> Alter erit tunc Thiphys et altera quæ vehat Argo
> Delectos heroas.

et cette allusion tirée de la tragédie de Médée,
à la fin du second acte, où l'auteur Sénèque a
si habilement deviné :

> Venient annis sæcula seris
> Quibus Oceanus vincula rerum
> Laxet, et ingens pateat tellus,
> Thiphys que novos detegat orbes (1),

Et tout aussi bien que pour la conduite de la
guerre, il faut, ici, choisir des chefs dont le
talent, c'est-à-dire l'expérience qui garantit le
bon succès, ne soit pas la moindre qualité. Cette
expérience, dit Juste Lipse, est, certainement,
compagne de la prudence et du bon jugement.
(*Polit.* lib. 5. cap, 15). Cicéron, *pro lege Manilià*,
exprime cette pensée, que si des commande-
ments ont été souvent donnés et des armées
confiées à Maxime, Marcellus, Scipion, Marius
et autres, ce fut non seulement pour leur valeur,
mais aussi par suite de leur heureuse fortune.

De même, ai-je dit, il faut pour les expéditions
navales, des Commandants auxquels non seulement soient assurées la discipline des soldats,
la fidélité des officiers et l'obéissance des
passagers, mais que favorisent aussi les vents
et même les tempêtes, comme dit encore
Cicéron; et il faut se garder de ceux qui,

---

(1) V. Acosta, *de nat. nov. orb.* c. 11

« Quartâ lunâ nati (1), de quibus Plato *in Epi-*
» *nom*, domi habent equum Seianum (2), de
» quo Aulus Gellius, *Noctium Atticarum* lib.
» 3, cap. 9. »

Or, cette habileté navale et ces succès dans
les entreprises les plus ardues, dans les fatigues
éprouvées sur mer et sur terre, les Portugais y
ont excellé. Tant de colonies ont été par eux
fondées sur les côtes, dans des îles et des lieux
distants les uns des autres, qu'à l'admiration
de ceux qui suivent leurs traces, ils abordent
aux plages les plus lointaines de toute
l'Afrique, à celles de l'Asie, au-delà comme en
deçà du Gange, et à nombre d'îles éparses sur
leur route. En cela, ils surpassent tellement les
autres, qu'ils ne peuvent plus être surpassés. Et
bien que divers, instruits à l'école de nos marins,
soient entrés déjà dans la même voie, comme
les Anglais, les Hollandais et d'autres, il est
constant aux yeux de tous, que les nôtres ont
été les premiers dans cette première navigation de l'Océan, et dans la découverte du
Nouveau-Monde. Donc ils ont dû obtenir la
préférence.

Il n'y a aucun cas à faire de cette considération
présentée par l'Anonyme, en son 5e chapitre,

---

(1) Quartà lunà nati sunt laborosi et infelices (ERASM.
Thesaur. ling. lat. d'H. Estienne).

(2) *Equum seïanum*, un cheval comme celui que Cn.
Seïus avait amené de Grèce à Rome, et qui porta malheur
à tous ceux qui le possédèrent successivement, Marc-
Antoine, Dolabella, Cassius, etc., ce qui donna naissance
à ce proverbe : *Ille homo habit equum Seïanum*, pour
désigner un homme calamiteux (*N. du Traducteur*).

que « si les Portugais n'eussent pris les devants,
les progrès de la science des Vénitiens, l'infatigable activité des Français, l'audace des Anglais, et celle des Hollandais qui se sont attaqués à des difficultés plus désespérantes,
fussent venus à bout de cette entreprise. » Ce
qui est manifeste aux yeux de Dieu et des
hommes, c'est la recherche et la découverte de
la part des Portugais. Quant à savoir si elles
auraient été faites par d'autres, c'est ce que
Dieu, qui n'ignore rien, peut seul connaître.
Disons, en passant, avec le poète :

Lusiadœ superent quibus hoc, Neptune, dedisti,

Troisièmement, la concession du Souverain
Pontife se soutient encore par ce fait que
Nicolas V, Calixte III et Alexandre VI, (dans
leurs bulles, mentionnées au précédent chapitre), — ont expressément réservé aux autres
princes les droits acquis par eux aux îles et
dans les Indes : « Décrétons, néanmoins, dit la
« bulle d'Alexandre VI, que par notre présente
« donation et assignation, on ne doit point
« entendre que le droit acquis par quelque
« prince chrétien que ce soit, sur des isles et
« terres fermes qu'il posséderait aujourd'hui,
« puisse ou doive lui être enlevé. » Si donc est
reconnu aux autres Princes le droit acquis par
leurs dépenses et leurs travaux de naviguer et
de commercer avec les Indiens; et s'il leur est
conservé entier et intact par suite de leur
première occupation et mancipation, pourquoi
refuserait-on semblable droit aux Rois d'Espa-

gne, par cela seul qu'il est confirmé par l'autorité du Souverain Pontife ?

Bien que, en effet, le commerce soit commun entre toutes les nations en vertu du droit des gens, cela doit s'entendre sous cette condition qu'il n'aura pas été occupé auparavant par quelque prince, et devenu sien pour de justes motifs, tels qu'il s'en est produit dans le commerce dont nous nous occupons, et dans sa conquête par les Portugais. Puisque, les premiers, ils ont ouvert la mer d'Ethiopie jusqu'aux Indes et l'ont rendue navigable au prix de beaucoup de sang, de frais immenses, de travaux et de pertes considérables; ils ont pu, en vertu du droit de la terre, se rendre propre le droit dont il s'agit, et en éloigner les étrangers (Rebellus, *de Justit.* part. 2, lib. 18, quæst- 23, num. 28). Comme aussi, d'après la décision des Papes, ces étrangers ont pu acquérir auparavant ce même droit. — Les Empereurs, en effet, ont décidé que pour certaines causes, le commerce pouvait être interdit. (L. *mercatores,* C. *de commerciis;* Bald, in ca. 1 § 1, n. 2, *de novà form. felicitatis.* — Baptista, n. 104, in l. *Omnes populi,* ff. *de Justitià,* etc.) — Ce que nous avons dit au chapitre 1er, au sujet de ce que permet et accorde le droit des gens, vient encore s'ajouter aux considérations ci-dessus.

Bien plus, pour les choses qui sont communes et qui s'acquièrent par la possession, la possession actuelle n'est point nécessaire; mais il suffit qu'un lieu ait été destiné par celui qui s'en prévaut, ou qu'il y ait fait publiquement des préparatifs ou des dépenses. C'est ce qui résulte d'une réponse d'Ulpien sur la loi 1, § *cœpisse, ff, de pollicit,* où il s'exprime ainsi : *Sed etsi locus illi petenti destinatus est, magis est ut cœpisse videatur ; item si apparatum sive impensam in publico posuit.* — On doit, en effet, préférer celui qui a fait des préparatifs, dit aussi Bartole, sur la loi *quominûs,* ff. de *fluminibus ;* et celui qui a fait ces préparatifs doit être tenu pour occupant, disent encore Romanus, n° 3, et Jass., sur la loi *de pupillo, § nuntiatonem,* ff. *de nov. oper.*

Donc, puisque cette navigation et ce commerce ont été destinés par le Pape aux Rois de Portugal, pour le bien spirituel des Indiens, et que ces Rois, invités à accomplir cette charge, s'y sont livrés avec de grands préparatifs et armements de flottes et de soldats, et le fassent encore chaque jour (ce qui a donné lieu à cette agréable plaisanterie d'Erasme, « que les Rois de Portugal usurpaient à tort le titre de Sérénissime, eux dont les flottes et les armées font du tumulte sur toute la terre); et puisque nos concitoyens ont réellement pris possession de beaucoup de lieux, avec l'intention et le pouvoir d'y progresser et d'en occuper d'autres, il faut en conclure qu'un autre Roi ne peut pas s'y introduire (Bart. Tract. *de Insula, § nullius,* n, 5. — Cabed. décis. 195, n. 1. p. 1.

Il est de doctrine, en effet, que *extensio fit de juribus ad jura quando ab aliquo non datur præoccupatio.* — (*citation de nombreuses autorités*).

Et, bien que cette doctrine s'applique quand
le lieu à acquérir est soumis à un autre, possédé
ou prescrit, il n'en est pas de même si l'un ne
dépend pas de l'autre (Fredericus *de Senis*,
consil. 130. — Félin. n. 19. in cap. *auditis, de
præscript.* — Gabriel, *de concl.* 2, n. 24). D'où
l'Anonyme pourrait arguër qu'en Asie et en
Afrique, les Etats ne dépendent pas l'un de l'autre, mais sont distincts, et soumis à des Princes
différents, et qu'ainsi, de la sujetion, de l'occupation et de l'hospitalité de l'un, on ne peut se
faire un titre pour occuper effectivement les
autres, de manière à en exclure les Hollandais
et concurrents quelconques.

Toutefois, cette objection se résout par cette
autre doctrine des jurisconsultes que si quelqu'un a concession d'un lieu de la part d'un
supérieur usant de sa juridiction ; il acquiert
droit sur un autre lieu, si tous deux lui sont
destinés par ce supérieur (*Bart.* in l. 1, § *si quis
hoc interdicto,* ff *de itinere.* Decio, in nostrâ
specie omnino videndo, etc). Or, au Chef de
l'Eglise, appartient toute puissance et juridiction de destiner tels ou tels ministres pour la
promulgation de l'Evangile dans les contrées
des Infidèles, comme nous l'avons montré dans
le chapitre précédent. Donc ceux-ci, tout en
commençant ce ministère, acquièrent le droit
de l'exercer dans des localités diverses, à
l'exclusion de tous les autres.

Une quatrième cause de préférence est exprimée dans les bulles des Souverains Pontifes;
c'est la crainte que la conversion des Infidèles,

ne soit entravée, et que la résistance des ennemis de la foi ne devienne trop puissante, (tant
est grande la malice humaine) si par leur émulation, leurs armes et le gain du commerce,
d'autres princes viennent à augmenter leurs
forces. — Nicolas V et Calixte III, cités par
Rebellus, ont ainsi parlé : « Timentes ne aliqui,
« cupiditate ducti, ad partes illas navigarent,
« et operis hujus modi perfectionem, fructum
« et laudem sibi usurpare, vel saltem impedire
« cupientes : præterea, seu lucri commodo aut
« malitià, ferrum, arma, lignamina, aliasque
« res et bona ad Infideles deferri prohibita por-
« tarent vel transmitterent; propter quæ eis
« (Lusitanis) hostes duriores et fortiores fierent
« et hujus modi persecutio impediretur, vel
« forsan cessaret, non absque offensà Dei
« magnà, et urgenti Christianitatis opprobrio;
« ad obviandum præmissis, etc. » Belllarmin,
Rebell., Cabed., et autres adoptent ce motif.
Car le Souverain Pontife peut interdire le commerce avec les Infidèles, s'il craint que l'intérêt
de la foi ne succombe ; comme l'ont décrété
Clément III (Cap. *Quod olim. de Judæis*) en
ces termes : « *Quâtenus nec per vos, nec per*
« *vestras naves, nec alio quocumque modo,*
« *aut ingenio, eis mercimonia, consilia, vel*
« *alia subsidia transmittatis ;* » et Clément V,
(Extravag Multa, *de Judæis*) : « *Degeneran-*
« *tes renati fonte baptismalis à statu fidelium,*
« *famæ propriæ immemores et salutis obliti,*
« *inimicis Crucis Christi contrà ipsius nego-*
« *tium ferrum, equos, arma et alia velita nec*

« *non victualia et mercimonia in Alexandri-*
« *am et alia loca deferre præsumunt : Ex quo*
« *manifestè apparet quod Christianos, qui ad*
« *defensionem hæreditatis Domini pro fide*
« *ibidem remanserunt, adjuti subsidiis, irre-*
« *verenter impugnant ; propter quod fidei ne-*
« *gotium quodammodo noscitur deperire.* »
Ce droit a été reconnu dans la Cour suprème
de Castille, en faveur des Portugais, en l'an
157.., contre des étrangers qui avaient importé
des marchandises dans les pays de notre con-
quète. Cabedo en fait mention, et rappelle les
arguments produits de part et d'autre (décis.
47) ; il rapporte aussi une mème querelle agitée
contre des Français (décis. 195). Suarius, dans
un autre cas, suppose aussi que ce droit est
certain (alleg. 18) ; bien qu'il prenne la défense
des accusés par suite de défaut de preuves contre eux ; tant s'en faut qu'il pense le contraire,
comme veut le faire entendre l'Anonyme, en le
citant à l'appui de l'opinion adverse (1). Donc
notre cause est approuvée et confirmée non-
seulement par les décrets des Pontifes romains
et l'autorité des docteurs, mais par des arrêts
souverains rendus contradictoirement.

Cinquième motif : Appelés par le Souverain
Pontife à prendre part à nos expéditions, les
autres princes chrétiens, contents de la grandeur de leurs Etats, n'ont point voulu s'associer avec les Rois d'Espagne (Rebellus, *de just.*

---

(1) Ici ma copie manuscrite du livre de Freitas, cite le
chap. 15 de Grotius, dont la dissertation n'a que 13 chap,

2 p. lib. 18, q. 23. n. 71). Le Roi Emmanuel, dans une ambassade spéciale près du Pape Jules, invita avec instance, mais en vain, tous les Princes de la chrétienneté aux richesses de l'Asie et à l'extinction du Mahométisme (Osor. lib. 4). Andrada, dans la vie de Jean III, rapporte que François Ier, Roi de France, refusa semblable invitation, et défendit, par suite, à ses sujets de naviguer dans l'Inde. Edouard, Roi d'Angleterre, fit même défense aux Anglais d'aller à la côte de Guinée que nous venions de découvrir (Résend. in Joan II, cap. 33), défense qui a la même force en ce qui concerne les provinces connues depuis lors. — En 1555, un traité de paix fut conclu entre Charles Quint et Philippe son fils, d'une part, et Henri II, Roi de France, de l'autre; lequel, entr'autres stipulations, contenait défenses aux Français de se rendre dans l'Inde, ou autres terres de nos nouvelles conquêtes sans la permission des Rois d'Espagne. Donc, il est de toute équité que personne ne se plaigne aujourd'hui de la volonté exprimée par le Souverain Pontife, ni de la préférence accordée aux Portugais. Cette offre faite aux autres Princes, la connaissance qu'ils ont eue de ce qui nous était exclusivement accordé sur leur refus, leur a nui, comme le disent Accurse, Bartole et autres, enseignant que celui-là reste exclus du droit d'occupation des choses publiques, qui a pu prévoir les conséquences de son abstention. (1)

---

(1) Accurs. glos. verbo ad obtinendum, l. 2, § 1, ff. ne

Sixième motif : La bulle de partage d'Alexandre VI a été publiée à Rome par son ordre.

Il est en effet d'usage que les princes catholiques aient à Rome des officiers publics (ce qui a lieu particulièrement dans le cas dont nous nous occupons), tant pour leur propre élévation et splendeur que pour la gloire de ces Souverains, qui ne permet pas de laisser dans l'obscurité leurs actions dans d'illustres et nouvelles circonstances.

La promulgation des bulles et constitutions pontificales, faite à Rome, les rend partout obligatoires, d'après l'opinion des docteurs. Un Prince souverain ne peut ignorer ce qui est notoire dans la Curie romaine et contient un fait important; et il n'y a pas lieu de les notifier à chacun par mandat ou lettre spéciale. — C'est ce qui a lieu principalement à l'égard des proclamations générales qui ont la même force qu'une citation, et qui préjudicient à ceux qui gardent le silence, quand il s'agit d'acquérir en vertu du droit des gens (1).

Septième motif : Tous ceux qui naviguent dans les mers de l'Inde depuis le temps où les Portugais ont commencé à construire des forts sur les côtes, ont été soumis à cette loi, de n'y

---

quid in loco pub. — BART. n. 13. — JASS. 55 ad fin. — RIPA. 62 in l. quominus, de fluminibus.

Voilà, assurément, une considération très-importante, dont il ne paraît pas qu'il ait été tenu compte par les auteurs français qui ont traité, jusqu'à ce jour, la question de la liberté des mers. (Note du Traducteur).

(1) Voir, à l'original latin, la mention des auteurs nombreux sur lesquels Freitas s'appuie.

pouvoir naviguer librement qu'avec lettres de
quelque général ou commandant de fort, attes-
tant (après examen attentif de la foi desdits
navigateurs) qu'ils sont considérés comme nos
alliés. Moyennant ces lettres, ils naviguent
avec sûreté; mais autrement ils peuvent être
pris par nos commandants à la mer, être dépouillés de leurs' biens, et privés de la vie ou
tout au moins de la liberté. (Osor. lib. 4, f° 177).

Bien des raisons peuvent être données à
l'égard de ce sauf-conduit. La première, c'est
que la concession du Souverain Pontife dispose
que personne ne naviguera dans ces mers sans
la permission du Roi de Portugal; et le motif
de ce privilège, expliqué dans le présent chapitre et dans le précédent, le sera plus amplement encore dans le suivant. — En second lieu,
comme, depuis notre arrivée dans l'Inde, les
Sarrazins, très puissants en armes et en
richesses, ont fait tous leurs efforts pour notre
ruine, à ce excités par les ruses et fraudes des
Rois d'Orient, il a bien fallu que les Portugais
se missent à couvert des conspirations de si
grands ennemis, et pour diminuer et diviser
leurs forces, fissent usage de ce sauf-conduit
qui leur permettait de distinguer les alliés des
ennemis.

Troisièmement, le Pacha (?) d'Egypte et
l'Empereur des Turcs envoyant parfois des
flottes pour troubler de même notre possession,
et (ce qui était déplorable) étant assistés par les
conseils, les armes et l'argent de certains
chrétiens, l'expérience nous apprit à nous

défier, non-seulement de la ruse et de la fraude des ennemis, mais tout autant des indigènes oublieux de la profession chrétienne.

Ces considérations et d'autres encore justifient assez ce sauf-conduit, qui, plein d'équité et de prudence, s'est acquis de temps immémorial dans la mer des Indes, un droit envers tous les navigateurs; d'où il suit que ce droit bien établi atteint aussi les étrangers qui veulent naviguer dans ces mers. Il est reçu, en effet, que celui qui, par prescription, exerce juridiction sur un territoire, peut aussi l'exercer contre les étrangers qui y arrivent dans la suite; bien que ce ne soit pas contre eux qu'ait été acquise la prescription. Ainsi l'enseignent Balde, Gabriel et Molina; de telle sorte que dans ce cas, l'usage, la possession et la prescription s'étendent *de personâ ad perso-nnm;* ces docteurs limitant ainsi la règle posée au texte du canon *cùm in tuà, de Decimis.*

Il suit de là que les Hollandais ne peuvent naviguer dans l'Inde sans ce sauf-conduit, puisque l'Anonyme invoque le même droit dont se servent, dans ces parages, les Perses, les Chinois, les Sarrazins et les Gentils; en sorte qu'il est percé de son propre glaive (1), puisque ces autres-là sont soumis de temps immémorial à cette loi, sous peine de la perte de leurs biens et même de leur vie.

Il y a même à opposer aux Hollandais et aux autres chrétiens une raison de plus qu'aux

---

(1) Ce que nous appelons *s'enferrer.* (*N. du Trad.*)

Infidèles ; d'une part, le Pape n'a point sur ceux-ci la même juridiction que sur nos adversaires ; d'autre part, les Infidèles avaient déjà une certaine possession de commercer et de naviguer, dont manquaient les chrétiens ; en sorte que l'Anonyme argumente contre tous principes de philosophie, de jurisprudence, et de foi, en concluant du dénûment à la possession, et de la privation à l'acquisition. Quoi! parce que le Pape ne peut interdire ceci aux Infidèles, il ne pourra l'interdire aux fidèles! parce qu'il ne peut priver quelqu'un de sa possession, il ne pourra empêcher l'acquisition par un autre! Bien des motifs encore seront exposés aux chapitres suivants.

Ces raisons et ces causes, (et d'autres encore que nous omettons) sont générales, et s'appliquent en commun à tous les princes étrangers, à l'égard desquels le Roi de Portugal a une action fondée et basée sur tant de titres. Mais à l'égard des Hollandais, elles ont plus de force encore, parce qu'un motif différent et plus fort existe contre eux, en faveur des Portugais; et voici ce huitième motif : — L'Anonyme reconnait, chapitre 3e, qu'Alexandre VI n'a fait que régler des différends entre les Portugais et les Espagnols, ce qu'il a certainement pu faire comme arbitre choisi entre eux; comme ces Rois eux-mêmes, avaient, auparavant, conclu des traités sur le même objet. C'est donc du lien des traités et de la force de l'arbitrage que résultent la division de la conquête entre ces Rois, et l'obligation où ils sont de la respecter;

puisqu'il faut observer les traités qui s'appuient sur le droit naturel (L. 1. *de pactis.*)

Or, les traités conclus avec les princes obligent également leurs sujets; ce que décident Cabedo et Gam, à propos de leurs découvertes et des prohibitions respectives entre les Rois de Castille et de Portugal, « que les sujets d'aucun de ces princes ne pénètre soit par la navigation, soit par le commerce, dans les limites assignées à l'autre. »

Ces traités entre les rois Jean de Portugal et Ferdinand de Castille ont été publiés solennellement, et confirmés par l'arbitrage du Pape. A Ferdinand a succédé Philippe 1er, à celui-ci l'empereur Charles, et à Charles-Quint Philippe II, qui tous ont observé le traité et l'arbitrage. Il est d'ailleurs constant que Philippe 1er fut comte de Flandre, ayant reçu ce gouvernement de ses ancêtres, et qu'il l'a transmis à ses descendants.

Donc, puisque le Comte de cette Flandre, dont la Hollande fait partie, est assujetti à ce traité, son successeur en Hollande ne l'est pas moins; car celui qui succède à une dignité ou autorité est tenu d'observer les mêmes alliances et conditions que son prédécesseur *(nombreuses citations).* — Par suite, le Sénat de Hollande, ou tout autre, qui ayant abjuré sa fidélité envers son prince naturel, et s'étant mis en son lieu et place par la force des armes, a usurpé la terre batave, doit observer les autres droits tant actifs que passifs, inhérents à cette principauté, et dont étaient tenus ses prédécesseurs.

Tant que chauffe la guerre, ce motif, il est vrai, ne prévaut point; car ainsi que Plutarque le fait dire à Marius : *inter armorum strepitum leges non audiuntur ;* et Cicéron pro Milone : *Leges silent inter arma.* Mais survenant une trêve ou la paix, qui donc conseillerait de violer ce droit ou ce traité, si ce n'est l'Anonyme qui, pourtant, la guerre cessant, nous appelle dans sa préface au tribunal de la conscience et de la publique estime ?

De tout cela, déduisons ce qu'il peut y avoir de vérité dans ce qu'affirme cet Anonyme avec tant de confiance, « que les Portugais ferment injustement aux Hollandais la route et le commerce de l'Inde. » et que « les Hollandais ont été contraints à la guerre par cette iniquité de notre part; » — car, pour qu'il n'y ait lieu à aucune équivoque, la discussion peut être réduite à ces trois termes: ou la navigation des Hollandais s'exerce vers nos comptoirs et possessions, ou vers des pays étrangers avec lesquels nous sommes en guerre, ou enfin vers d'autres peuples.

Dans le premier cas, nous avons déja prouvé que nous sommes parfaitement libres de les exclure de notre commerce et de nos marchés.

Nous avons le même droit dans le second cas; c'est en effet chose très préjudiciable à nos succès que de porter des munitions à ceux avec lesquels nous faisons la guerre ; comme l'ont décidé les Souverains Pontifes, au chapitre *Quod olim de judœis* etc. Porter des secours aux ennemis est une juste cause de guerre, approuvée par la Sainte-Ecriture.— L'Anonyme le reconnait, mais il se retranche dans le troisième cas, celui où les Hollandais naviguent et commercent chez les nombreuses nations avec lesquelles nous ne sommes point en guerre, avec lesquelles les Perses, les Chinois, les Portugais eux-mêmes, exercent le commercé librement. Or, dans ce cas même, les principes fondamentaux, rappelés dans le présent chapitre sont accablants pour les Hollandais.

Il n'y a point à s'arrêter à cette objection qu'il est licite aux princes chrétiens de procurer, par leurs sujets, la conversion des Gentils à la foi, selon ces paroles de St-Marc : *Ite in mundum universum et prædicate Evangelium omni creaturæ.* — Cela est vrai, répondrai-je, tant que le Souverain Pontife ne le défend point, pour le bien même de cette conversion. Mais quand ce soin a été confié à quelque Prince en particulier, les autres peuvent en être écartés par les vicaires du Christ, dans la crainte qu'ils viennent à s'embarrasser et nuire mutuellement. C'est précisément pour cela que des missions ont été réparties, d'office, comme nous l'avons montré au chapitre précédent. Ainsi, nul ne doit prêcher s'il n'est envoyé. *Quomodo prædicabunt nisi mittantur?* (Paul, Rom. 10) *Messis multa, operarii autem pauci : rogate ergo dominum messis ut mittat operarios in messem suam* (Math. 9 —Luc. 10.) Isaïe, aussi, (chap. 6), avait entendu le Seigneur dire : *Quem mittam ?* Il répond't, *Ecce ego mitto me;* et le Seigneur dit : *Vade,*

et dices populo huic. C'est pour cela que le
Diacre, lorsqu'il prend le livre de l'Evangile,
demande la bénédiction de l'Evêque. Les Apôtres eux-mêmes se partagèrent les régions du
globe; et ensuite des diocèses distincts furent
assignés aux évêques par les Souverains Pontifes; de telle sorte que l'un ne puisse porter la
faucille dans la moisson de l'autre, selon la
conclusion élégante de Rebell dans l'espèce
qui nous occupe.

Et même, pour la conservation de la paix
entre les princes et pour la propagation de la
religion, le Pape pourra distribuer entre les
princes chrétiens les provinces des Sarrazins,
en interdisant à chacun de passer dans le territoire de l'autre. Il pourrait même, pour l'avantage de la religion, créer des Princes, surtout
lorsqu'il n'y en aurait pas eu de chrétiens
auparavant. (Cajetan. 2. 2 quæst. 66, art. 8. —
Victoria, *de Indis.* 2. p. n. 10. etc.) Car il appartient au Pontife romain de diriger toute la
puissance des Rois chrétiens pour les fins sur-
naturelles, comme l'explique largement Suarez
contrà sectas Angliæ, lib. 3. cap. 22 ad 30.

CHAPITRE IX

Les Portugais ont-ils un droit sur l'Inde à titre de guerre?

L'Anonyme (chap. 4) suppose, d'après l'autorité de Cajetan, que le Pape n'a point le pouvoir de concéder, et que les Portugais n'ont point, par eux-mêmes le droit de soumettre les Indiens. Nous allons examiner ces deux assertions distinctement et brièvement.

Le Souverain Pontife, cela est certain, n'a point juridiction sur les Infidèles; il ne peut, pour leur idolâtrie, ou pour d'autres erreurs contraires à la lumière naturelle, ni se les soumettre, ni les dépouiller de leurs domaines. C'est ce que reconnaissent Victoria, Covarruvias, Salmeron, Molina, d'Acosta et d'autres, *passim*.

Ces paroles : *Tu es Petrus, et super hanc petram... etc.,* — *confirma fratres tuos,* — *pasce oves meas,* — *fiet unum ovile et unus pastor,* ne s'appliquent qu'aux intérêts spirituels. L'unité de l'Eglise ne tient pas à l'unité des lieux, ni à celle des dominations politiques des Rois. Elle consiste dans l'unité de foi en un seul Christ, et en son unique Vicaire; c'est ce qui la rend *une*, ce qui n'en fait qu'un seul troupeau, dont les ouailles doivent être nourries de la parole de Dieu, confirmées par les sacrements, liées ou déliées suivant leurs mérites ou leurs

péchés. D'où il résulte que l'Eglise n'a de juridiction spirituelle que sur les fidèles et leurs
pasteurs. L'apôtre l'a dit justement: *Quid
mihi de his qui foris sunt ?* (1 Corinth. 5); et
Salmeron a développé doctement cette pensée.

Mais, quoique les Infidèles ne puissent, à
raison même de leur état d'infidélité, être soumis directement au Pontife Romain, ils n'en
sont pas moins tenus, par le droit divin, de cette
soumission qui consiste à recevoir de lui la foi
et le baptême, en vertu duquel tout homme fait
partie du troupeau de Jésus-Christ, et par conséquent est soumis à St-Pierre. Bien plus, et
avant le baptême, ils sont indistinctement soumis au Pontife, qui a droit de forcer les Infidèles à ne point empêcher dans leurs terres la
prédication de l'Evangile, à ne point contraindre leurs subordonnés au renoncement de la
foi, ou au refus de l'embrasser, à n'être hostiles,
d'aucune manière à la religion chrétienne.
(Victor, *de Indis,* 2 p. à n. 11; — Suar. lib. 4,
contrà sect. Angl. cap. 6, à n. 7, et alii.)

A cet égard, nous avons à produire trois arguments: Premièrement, les Infidèles ne doivent point être contraints par les armes et la
violence à recevoir la foi catholique. Ainsi l'ont
décidé les Souverains Pontifes (1); et c'est ce
qu'enseignent aussi les docteurs (2).

---

(1) C. *de Judœis,* cap. *qui sincera,* 45 distinct.

(2) D. Thom. 2, 2, Quœst. 10. art. 10. — Sot. in 4: dist.
5, art. 10, col. 14. — Victor, *de Indis,* 1 par. n. 26. —
Bellarm. lib. 2 *de Rom. Pontif.* c. 29, col. 2 in fin.; et
lib. 5 cap. 2. — Beccan. *in Summà,* 2 tom., cap. 13.
quœst. 14.

La violence, en effet, répugne à la foi, dit d'Acosta (*in procur. Ind. salute*). C'est ce qui a fait dire à Saint Grégoire : « Ce serait un nouveau genre de prédication, tout-à-fait inouï, que d'exiger la foi par les verges (lib. 2, epist. 52).

Secondement, lorsque la foi a été annoncée aux barbares convenablement et suffisamment, et qu'ils n'ont pas voulu la recevoir, on ne peut cependant, pour cela, les soumettre et les dépouiller de leurs biens (1).

Quant à savoir si, par la force, ils peuvent être contraints d'écouter la parole de foi, c'est un point encore indécis. Sepulveda l'affirme contre l'évêque de Chiapa; Sotus en doute dans une consultation qu'il donna dans la cinquantième année qui suivit la conquête des Indes; Salmeron opine pour la négative aussi bien que l'évêque de Chiapa; enfin Beccam estime que si, métaphysiquement, on ne peut forcer les Infidèles à embrasser la foi, on peut cependant les contraindre d'entendre la parole de Dieu (2).

Troisième argument : Le Pape peut, soit par lui-même, soit par des princes chrétiens, contraindre une république ou un prince payen,

---

(1) D. Thom. receptus à Victor, *de Indis*, 1 par. n, 39. — Covarr. Reg. *peccatum*, 2 p. § 10. — Ayala *de jure belli*, lib. 1. cap. 2, n. 28.

(2) Sepulveda *contra Episc. Chiapiæ*. object. 10. — Sotus *in dicto consilio*, vers. *la segunda cabeça*. — Episc. Chiapæ, *in apologià contra Sepulcdam*, replica 10. — Salmeron, tom. 12, tract. 38, vers. *de ind. pag.* 323. — Becca., *in Summà*, 2 tom. cap. 13, quæst. 4, num. 12 et 13.

même par la guerre, à ne point empêcher la
libre prédication de l'Evangile, et à permettre
que ses sujets qui auront reçu le baptême pro-
fessent avec impunité la loi du Christ. De la
sorte, il peut retirer de la loi et de l'obéissance
au prince payen ceux de ses sujets qui auront
été baptisés (1).

C'est en ce sens que doit être prise et expliquée la bulle d'Alexandre VI, qui donna aux
rois d'Espagne les Indes et Iles occidentales,
ainsi que le déclarent l'Evêque de Chiapa contre Sepulveda (replica 12) et Salmeron (tom. 12.
tract. 39, p. 333); et, pour la même fin, le droit
de guerre appartient aux Portugais dans les
Indes orientales, par la concession du Souverain Pontife. Toutefois, les historiens dignes
de foi attestent qu'ils n'en ont pas encore usé,
à l'exception de Socotora, île de la mer Erythrée, où Tristan d'Acunha, par ordre d'Emmanuel, emporta la citadelle, y mit garnison
portugaise, et délivra de la tyrannie des Mahométans les habitants chrétiens qui s'y trou-
vaient depuis la venue en ces lieux de l'apôtre
St-Thomas. D'où il appert que, sous prétexte
de religion, aucun roi n'a été contraint par
nous, aucun peuple opprimé par nos armes (2).

Et cependant, comme nous avons toujours

---

(1) D. Thom. receptus 2, 2 quœst. 10, art. 10, ad fin. —
Gam. decis. 335, n. 2. — Vict. de Indis. 2 p. n. 13 et 14. —
Bellarm. lib. 5, de Rom. Pont. cap. 7.

(2) Bart. l. 1. ff. de off. quœst. — Valasco, de jure
emphyt. 9. 9, n. 26. — Gam. decis. 339. n. 7. — Maffœus,
lib. 3, p. 68. — Lucena, lib. 1, c. 12, in vita Xaverii. —
Meminit Mirœus in Polit, eccles, lib. 3, c. 8.

de justes motifs de guerre contre les Turcs et
les Maures, non-seulement quand ils détiennent
des provinces autrefois possédées par les chrétiens, mais aussi parce que, à raison de leur
croyance, ils sont toujours prêts à nous attaquer; Alexandre II a reconnu que nous les
combattions justement, en ces termes : « In
« Sarracenos qui Christinos persequntur, et
« urbibus et propriis sedibus pellunt, justè
« pugnatur. » (Cap. *dispar.* 23, quæst. 8.) Il en
est ainsi lors même que les Turcs et Sarrazins
voudraient vivre en paix; les chrétiens pourraient encore leur faire la guerre *(Très-nom-
breuses autorités citées par Freitas).*

Il suit de là que les terres et pays d'Afrique
conquis par nos rois sur les Turcs et les Maures
leur appartiennent à juste titre, d'après la règle
des jurisconsuites sur la loi *Naturalem,* § ult..
ff. *de acq. rer. dom*, et la loi *si captivis*, verb.
publicatur, ff. *de captivis*, (Citations de Saint
Thomas, après Aristote, de Covarruvias, d'Innocent IV, etc., etc.).

En Asie, non-seulement les Portugais ne se
sont point prévalus du droit de la guerre contre les Infidèles; mais (sans perdre le temps en
exemples), Antoine Galuanus, commandant de
la forteresse de Ternate, refusa avec une grande
élévation d'âme le gouvernement du royaume,
les honneurs et les richesses royales qui lui
étaient offerts par les grands de cet Etat, à défaut de postérité légitime du Souverain. (MAFF.
lib. 10, *de reb. ind.* — ANDRADA, in Joann. III,
lib. 3, cap. 5°.—BARRIOS. decad. 4, lib. 9, cap. 20).

Les nôtres, en vérité, font ce que la justice et
le droit de la guerre leur permet, ce qui est du
devoir des vaillants ; offensés, ils se plaignent;
provoqués, ils combattent et vengent sévèrement les injures qui leur sont faites, comme
l'a fait voir au roi son oncle, Néaubadarimus,
prince du royaume de Calicut (Osorio, lib. 3
de rebus Emman. p. 96).

De même Lausamana (rerum maritimarum
præfectus) représenta à Mahomet, Roi de
Malacca, que l'on n'avait agi que selon le droit,
imposé de peines (comme de justice) qu'à ceux
qui avaient enfreint le traité; et qu'autant nos
gens étaient observateurs de leur foi, autant
ils poursuivaient avec rigueur la perfidie, et
lui infligeaient avec fermeté les plus grandes
punitions (Osor. lib. 6, p. 248).

C'est pour ces motifs que les Portugais ont
ajouté plusieurs possessions à leur empire de
l'Inde, à la suite de justes guerres (comme en
témoigne Navar... in cap. *Novit,* not. 3, Nº 158,
de judiciis). Cette cause de violation d'une
alliance ou d'un traité est approuvée par la
Sainte Ecriture (4 Regum, 3) par St-Augustin,
Molina, Victoria, Castro (*citations*).

L'on peut encore considérer un autre titre en
faveur des Portugais. Lorsque pour la protection ou la vengeance de quelque roi du pays,
dépouillé ou autrement offensé, ils lui ont
porté secours à charge de tribut ou de part
dans la conquête; ils ont eu, pour ce motif,
différentes occasions d'occuper des territoires,
par le droit de la guerre, et d'étendre ainsi

leurs domaines (MOLIN. *de just.* tract. 2, disp. 105, causà 9). Ainsi Abraham, pour venger le roi de Sodome, combattit quatre rois dont lui-même n'avait reçu aucune injure (Genes. 14). Cette défense des alliés et des amis est approuvée par les auteurs que nous avons déjà cités, lesquels mentionnent semblables faits de la part des Romains; et Cicéron en fait foi, *pro lege Manilià,* en ces termes : « *Propter socios, nullà ipsi injurià lacessiti, Majores vestri cum Antiocho, cum Ætolis, cum Pœnis bella gesserunt.* » Victoria et Molina rapportent que les Espagnols ont obtenu les terres des Mexicains pour les avoir assistés contre les *Talchatedanos (?).*

Enfin, eu égard à la nature inconstante et perfide des Gentils et des Infidèles, il faut bien que ceux qui se rendent parmi eux veillent à leur propre sûreté, et que n'ayant point l'intention de leur nuire, ils ne permettent pas non plus qu'on les offense. Ainsi, personne ne peut reprocher aux Chrétiens tout ce qu'ils entreprennent de propre à leur sûreté et défense, comme des stations navales dans les ports, l'érection de forts bien approvisionnés et pourvus de garnisons, où les personnes maltraitées puissent se réfugier, et qui, par une certaine crainte, contiennent les païens dans leur devoir autant qu'il peut être nécessaire. C'est ce qu'ont fait très souvent les Portugais dans la plupart des villes d'Orient, non sans beaucoup de gloire pour eux-mêmes, et au plus grand avantage de la république chrétienne. Il n'est personne qui ne les en loue. Car celui qui s'arme au milieu d'étrangers, de gens à bon droit suspects, ne sera appelé que prévoyant et sage, et non point injuste. Et tel est le caractère des Gentils, qu'il n'admet pas comme une injustice que quelqu'un se mette à l'abri de leurs torts, comme le remarque fort bien Acosta (lib. 2, *de proc. Ind. sal,* c. 14). — Ajoutez à cela que les forts munis de garnisons ont été élevés soit du consentement des maîtres du pays, soit pour punir la violation de la paix ou quelqu'autre perfidie, comme l'histoire l'a constaté.

C'est par ces trois arguments que les nôtres se défendent personnellement, aussi bien que l'empire de la majesté royale, la foi catholique et les nouveaux convertis à l'Evangile. Ils s'appliquent, en effet, à montrer à l'ennemi qu'il peut bien une première fois tromper leur vaillance par la ruse, mais qu'elle ne peut être trompée et vaincue une seconde fois. Les Portugais, d'ailleurs, ne les soumettent ni dans l'intérêt du commerce, ni sous prétexte de religion, selon le témoignage irréprochable de Victoria *(de Juris,* 2 p. ad fin.) si souvent loué par notre adversaire, (chap. 1, 2, 3, 4, 6 et passim) qu'il nous taxe bien mal à propos d'injustice en ce point de notre discussion.

CHAPITRE X

La mer des Indes ou le droit d'y naviguer est-il le propre des Portugais, à titre d'occupation ?

Les raisons exposées dans les précédents chapitres justifient surabondamment la navigation des Portugais dans l'Inde, et leur droit à cette navigation; en sorte qu'il ne serait pas nécessaire de la défendre par d'autres moyens; mais puisqu'un discuteur libéral ne craint pas de s'engager, comme on a coutume de le dire, il convient de passer plus avant.

L'Anonyme, dans les chapitres 5, 6 et 7, soutient longuement, et de toutes ses forces, que la navigation à la mer des Indes, par l'Océan Atlantique n'est pas moins commune aux Hollandais et à tous autres, qu'aux Portugais. Il juge même à propos de s'appuyer sur l'autorité des poëtes, dont les opinions ont souvent une grande force en ce qui est de la connaissance du droit naturel. Nous le faisons remarquer pour que l'on ne nous reproche pas de nous appuyer aussi sur leur autorité, en vertu de ce principe d'équité qu'il n'est permis à personne de refuser l'application de la loi qu'il a lui-même appliquée aux autres. (L. 1, ff. *quod quisque juris.*) Et pour procéder plus clairement, nous renfermerons nos arguments entre les limites de la discussion, n'omettant rien de l'objection qui nous est faite.

Or, voici comment raisonne l'Anonyme, au sujet de la proposition énoncée en tête de ce chapitre :

« Premièrement, les choses qui ne peuvent
« être occupées, ou qui ne le sont jamais, ne
« peuvent appartenir en propre à personne ; car
« la propriété commence par l'occupation ; et
« il le prouve par l'autorité de Cicéron : *Simi-*
« *lis est privatarum possessionum descriptio,*
« *ex quo quia suum cujusque fit eorum quæ*
« *naturâ fuerant communia, quod cuique*
« *obtigit id quoque teneat* (Offic. 1). Il invo-
« que aussi Thucidide qui, au livre 1er « appelle
« Aoriston, c'est-à dire indéfini, indéterminé,
« sans limites de circonscription, tel territoire
« qui dans le partage, n'échut à aucun peu-
« ple. »

« Mais toutes les choses qui sont par la natu-
« re, disposées de telle sorte que, servant à l'un,
« elles n'en suffisent pas moins à l'usage com-
« mun de tous autres, sont aujourd'hui, et doi-
« vent perpétuellement demeurer, dans les
« mêmes conditions où la nature nous les a
« livrées dès le principe. C'est ce qu'a voulu
« exprimer Cicéron. Il est clair, dit il, qu'il
« existe pour les hommes et entre tous les hom-
« mes, une société dans laquelle doit être con-
« servée la communauté de toutes les choses
« que la nature a créées pour l'usage commun
« (*Des devoirs,* 1). Or, les choses de cette espèce

« sont toutes celles dont chacun ne peut tirer
« avantage sans détriment pour autrui; ce qui
« fait dire encore à Cicéron : Ne privez per-
« sonne de l'eau qui court; et à Ovide, au livre
« 6 des Métamorphoses :

Quid prohibetis aquas? usus communis aquarum est ;
Nec solem proprium natura, nec aëra fecit,
Nec tenues undas; in publica munera veni.

« De ce nombre est la mer qui est ouverte à
« tous, a dit Ulpien sur la loi *Venditor*. ff. et
« au nombre des choses qui ne sont encore
« venues en la propriété de personne, insiste
« Neratius, sur la loi *Quod in littore*, ff. de acq.
« *rer. dom.* — Donc l'élément des mers est
« commun à tous, trop immense pour être
« possédé par personne, et disposé, d'ailleurs,
« merveilleusement pour l'usage de tous; qu'on
« le considère soit au point de vue de la navi-
« gation, soit même à celui de la pêche; ce qui
« a fait dire à Cicéron : *Quoi de plus commun*
« *que la mer aux navigateurs et le rivage à*
« *ceux qui y ont été jetés ?* — Virgile dit aussi
« que l'air, la mer, le rivage sont communs à
« tout le monde. Ces choses sont donc de celles
« que les jurisconsultes romains appellent
« communes à tous en vertu du droit naturel,
« ou publiques selon le droit des gens. (Cita-
« tion des autorités invoquées au chapitre 5 du
« *Mare liberum*.)

« Et il en est de même du rivage, sous réserve
« toutefois qu'il peut être occupé par des cons-
« tructions, si on peut le faire sans gêner autrui,
« comme le dit Pomponius sur la loi *Quamvis*,

« *De acq, rer. dom.*, ou en autres termes, d'a-
« près l'explication de Scœvola, si l'usage
« public, c'est-à-dire commun, n'en est aucu-
« nement entravé.

Secondement : « personne ne peut éprouver,
« de la part du peuple romain, obstacle à son
« accès au littoral de la mer, à y sécher ses
« filets, etc. Et il y a toutefois cette différence
« entre la nature de la mer et celle du rivage,
« que la mer ne se prête poiñt facilement à des
« constructions ou à des clôtures. »

Troisièmement : « On a, contre celui qui
« fonderait à la mer des travaux nuisibles à
« autrui, l'interdit *ne quid in mari quo portus,*
« *statio, iterve navigiis deterius sit, fiat ;* c'est-
« à-dire, l'action que donne toute infraction de
« faire dans la mer aucuns travaux qui endom-
« magent le port, gènent ou entravent le
« mouillage ou le passage des navires. »

Quatrièmement : « Tout ce qui est occupé,
« ou a pu être occupé n'est déjà plus du droit
« des gens, auquel appartient la mer, ainsi que
« le dit Marcien, sur la loi *Nemo igitur,* ff. *de*
« *rer. div.* »

Cinquièmement : « Si, dans un canal où ont
« été détournées les eaux de la mer ou d'une
« rivière, j'ai occupé ce lieu en y pêchant
« d'une manière continue pendant plusieurs
« années ; je pourrais m'opposer à ce qu'un au-
« tre jouisse du même droit ; et cela tant que
« durera l'occupation, comme il a été dit pour
« le rivage ; mais, en dehors de ce canal, devant
« ma maison, devant mon palais, il n'en sera

« plus de même ; je ne puis défendre à personne
« d'y pêcher. »

Sixièmement : « Celse poursuit, sur la loi
« *littora,* ff. *ne quid in loc. pub.,* et distingue
« clairement entre les rivages que le peuple
« romain a pu occuper, pourvu que cela ne
« nuisît point à leur usage commun, et la mer
« qui a retenu sa nature primitive. C'est ce qui
« a fait dire à St Ambroise (Her. lib. 5, c. 10) :
« *Les grands de la terre s'attribuent les espa-*
« *ces des mers par droit de sujétion, et regar-*
« *dent le droit de pêche comme une servitude*
« *placée dans la même condition que toute*
« *autre dépendance domestique. Tel golfe est*
« *à moi, dit celui-ci ; et celui-là tel autre.*
« *Ils se partagent ainsi les éléments.* La
« mer est donc au nombre des choses qui
« ne sont point dans le commerce, c'est-
« à-dire, qui ne peuvent devenir propriétés
« privées. »

Enfin : « Celui qui entrave la navigation,
« par laquelle rien ne périt pour lui, ne saurait
« fuir la renommée d'une cupidité bien folle. —
« C'est comme si quelqu'un m'empêchait de
« prendre du feu à son foyer, de la lumière
« à son flambeau ; ne serait-il pas coupable de
« violer la loi de toute société humaine ? Que
« ne communique-t-il à autrui, lorsqu'il le peut
« sans préjudice pour lui-même, ces choses dont
« la participation est utile à celui qui la reçoit
« et point à charge à celui qui la donne ? *(*Cic.
« *Des devoirs,* liv. 1.) Ce sont là de ces services,
« dit Sénèque (liv. III, chap. 28), que l'on doit

« rendre non-seulement aux étrangers, mais
« encore aux ingrats. »

Nous avons rapporté ces arguments dans les
propres termes employés par l'Anonyme en sa
dissertation ; et nous allons établir, au contraire, que des droits sur la mer peuvent appartenir à un Prince. — C'est le Prince des Poëtes
lui-même qui l'annonce, lorsqu'il nous représente Vénus demandant à Jupiter l'accomplissement des destinées de ses Troyens :

> Certè hinc Romanos olim volventibus aunis,
> Hinc fore ductores, revocato à Sanguine Teucri,
> Qui mare, qui terras omni ditione tenerent;
> Pollicitus, quæ te genitor sententia vertit ?
>
> (*Æneidos* lib. 1)

C'est d'eux, c'est de ce reste infortuné du
sang de Teucer, qu'un jour, après un certain
nombre d'années, devaient naître les Romains,
ce peuple dont l'empire absolu se serait étendu
sur les mers et sur toutes les contrées habitables. — Vous l'aviez promis; qui peut, ô mon
père ! vous avoir fait changer de pensée ?

> (*Trad. de Binet*).

et Jupiter lui répond :

> Nascetur pulchrà Trojanus origine Cesar
> Imperium Oceano, famam qui terminet astris.

Du plus pur sang des Troyens naîtra César,
qui portera son empire jusqu'à l'Océan et sa
gloire jusqu'aux astres.

Mais, plus élégamment encore, le Poëte (au
livre 1er des Géorgiques) exprime le vœu que
l'Océan appartienne à César-Auguste à titre de
dot offerte par Thétis :

Tua nautæ
Numina sola colant ; tibi serviat ultima Thule;
Teque sibi genèrum Thetis emat omnibus undis.

Qu'à toi seul s'adressent les vœux des nau-
tonniers; qu'au bout de l'Océan Thule te soit
soumise, et que Thétis achète au prix de toutes
ses eaux l'honneur de t'avoir ponr gendre.

Les limites d'une cité, d'un peuple, d'un empire
sont regardées en effet, comme une dot ou
avantage qui leur est propre, ainsi que l'observent Innocent (in cap. *cum ad sedem*, n. 2
et 3, *de rest. spoliat.*) et Avend. (lib. 1, *de exequend.* cap. 4, num. 4, col. 2) dont nous parlerons ci-après, à propos de la mer Adriatique
donnée en dot aux Vénitiens. C'est aussi ce que
suppose Périclès, au livre 1er de Thueydide,
lorsqu'il dit : *Magna res est maris imperium.*

Et c'est encore ce que donne à entendre
Antonin, *apud Volusium Mœcianum*, sur la
loi *deprecatio*, ff. *ad legem Rhodiam*, en ces
termes : *Ego quidem mundi Dominus ; lex
autem maris, lege Rhodiorum indicentur
nautica, in quibus nulla nostrarum ei lex adversetur ; hoc autem ipsum el Divus Augustus indicavit.*

Je suis certes le maître du monde; quant à la
loi de la mer, qu'elle règle les intérèts mariti-
mes, mais sans contredire en rien nos propres
lois, etc.

Je n'admets, certes, pas que l'empereur soit
le maître du globe, ni que les Césars aient voulu
le dire ; mais c'est une hyperbole qui manifeste

leur grande domination, comme lorsque St Luc
dit au chapitre 2 :

« Il fut publié un édit de César-Auguste, or-
donnant qu'on fit le dénombremeni des habitants *de toute la terre.* »

ou comme Lucain, livre 3 :

Ignotum vobis, Arabes, venistis in *orbem.*

Aussi bien, aucun Empereur n'a jamais eu,
ni de fait, ni de droit, autorité et juridiction sur
le globe entier (nombreuses citations); pas plus
qu'il n'y a de Princes de toute l'Eglise en ce qui
est de la juridiction temporelle (Suarez, *contrà
sectas Angliæ*, lib. 3, cap. 5, n. 7.

Plusieurs conséquences sont à tirer du texte
que nous avons rapporté sur les lois Rhodien-
nes :

1o Puisqu'il parle d'une loi de la mer *lex autem maris*, il signifie donc qu'une loi peut être
imposée à la mer, qui recherche puissance et
juridiction ; comme l'enseignent, après bien
d'autres, au sujet des principes de législation,
Suarez, *de legib.*, lib. 1, cap. 8, et Salas. *de
legib.*, disp. 7, sect. 1

2o Puisqu'Antonin admet la loi des Rhodiens
pourvu qu'elle ne soit pas en contradiction
avec les lois de César (*in quibus nulla nostrarum ei lex adversetur),* comme le font remarquer Bartole et d'autres sur le même texte,
c'est que l'expression adversative *lex autem
maris*, n'exclut pas la puissance de l'empereur
sur la mer, mais la renferme bien plutôt selon
l'élégante explication d'Alciat, (lib. 2, disp.
cap. 5). Je sais bien que ces mots *lex maris* sont

communément pris par les interprètes dans le
sens du mot *consuetudo*, coutume; mais mon
observation n'en a que plus de force, puisque
le droit maritime peut s'obtenir par la coutume.

3º Toute chicane est dissipée, d'ailleurs, par
Paul, (lib. 13 ad Plautium, 1. *sane de injuriis.*) :
C'est avec raison, dit-il, que si quelqu'un a un
droit propre sur la mer, il puisse avoir l'action
uti possidetis, dans le cas où il serait empêché
d'exercer son droit, texte auquel adhèrent
Accurse, Bartole, Balde, Covarruvias, Mantua
et autres (loc. cit.)

Ainsi, Balde (n, 2, in rubric , ff, *de rer. div.*)
dit que la mer aussi bien que la terre ferme est
susceptible de partage en vertu du droit des
gens, ce qu'approuvent également Bartole,
Angelus, Decius (loc. cit.) et autres qu'ils
mentionnent, tels que Stracha, Menchaca, Cœpola, Ægidius, etc.; à tel point qu'Alciat déclare
la proposition contraire ridicule au suprême
degré.

L'Anonyme rejette ces docteurs, comme de
faux interprètes; mais comme il lui faut bien,
contre son gré, admettre l'autorité des jurisconsultes, pour que quelqu'un devienne juge
du droit contesté, il interprète le dire de Paul,
sur la loi *Sane*, comme s'appliquant à un détournement de la mer au-dedans d'un fonds
particulier, auquel s'applique cette épigramme
de Martial, (lib, 10) :

> Si quando Nereus sentit Æoli regnum
> Ridet procellas, tutus de suà mensà.

Qui ne rirait de cette illégitime scholie? Est-ce que les mots manquaient à Paul pour que, parlant en général du droit de la mer, il n'ait pas su dire plus clairement qu'il s'agissait d'un canal ou détournement de ses eaux, s'il avait eu à donner sa consultation dans cette espèce particulière, comme Marcien l'a déclaré à propos d'un détour d'une rivière (diverticulum fluminis) sur la loi *si quisquam*, ff. *de diu præscrip.*. — Ulpien, aussi, dans sa réponse sur la loi *injuriarum*, § *si quis*, ff. *de injuriis*, parle séparément de la mer et de ses dérivations, comme nous le remarquerons au Chapitre suivant.

L'Anonyme prétend que la réponse de Paul, accordant l'action *uti possidetis* à celui qui a un droit sur la mer, n'est applicable qu'aux intérêts privés et non point aux intérêts publics; que ces sortes d'actions ou interdits ne sont, en effet, appropriés qu'aux premiers de ces intérêts; d'où il conclut qu'elles ne peuvent appartenir aux choses que nous pouvons faire en vertu du droit des gens commun à tous, au nombre desquelles choses l'usage de la mer est compris. La conséquence nécessaire est de bien comprendre que Paul n'a parlé que d'un *diverticulum maris*, susceptible d'être affecté à l'utilité privée. Il l'a entendu ainsi, bien qu'il ne l'ait pas clairement expliqué.

Mais cette objection n'est pas heureuse. D'abord, certains interdits ont été établis pour les causes privées, et d'autres pour les causes publiques, comme l'enseigne Paul lui-même sur

la loi 2, § 1ᵉʳ ff. *de interdictis* : Et il y a aux
Pandectes plusieurs titres concernant les interdits qui appartiennent aux causes publiques,
tels que *De vià publicà,* — *Ne quid in loco
publico,* et autres semblables ; tandis que les
interdits *utrobi* et *retinendæ* dont Paul s'occupait, sur la loi *Sane* etc., concernent l'intérêt
privé, comme l'observe Julius Pacius, cent. 7,
tit. *de injuriis concil.* 58.

En second lieu, lorsqu'un droit a été acquis
sur des choses qui étaient auparavant communes selon le droit des gens, il ne s'agit déjà plus
de ce droit commun, comme le croit notre
adversaire, mais bien d'un droit spécial et privé
attaché à celui qui l'a acquis, comme on peut le
rendre évident par bien des exemples. Le jurisconsulte lui-même l'enseigne au titre *Jàm : ad
privatam jàm causam pertinet,* voulant dire
par là qu'auparavant l'objet appartenait à l'intérêt public. Et Doneau (liv. 4, chap. 2) l'a expliqué en termes abondants : « *Occupata* (scilicet *littora) hactenùs populi Romani esse intelligere, non ut sit populi matrimonio, sed usu, -
non illo quidem communi usu qui prius fuerat, quo etiam barbaræ gentes juregentium
littoribus uti poterat (jàm enim non possunt
nisi consensu populi cujus imperio littora
subjici cœperunt) sed illo qui sit publicus iis
omnibus qui sunt in orbe Romano, et quibus
Populus Romanus littoribus illis ut suis uti
concedit.* »

Quant aux rivages occupés jusqu'ici par le
Peuple Romain, nous devons comprendre que

ce n'est point à titre de propriété absolue, mais d'usage.

Il est à remarquer que Doneau considère à la fois la mer, et le rivage, comme partie de la mer, en ces termes : « Car si la mer qui baigne « ces rivages est publique, il est nécessaire que « les rivages par elle occupés demeurent aussi « d'un usage public (l. pen, *de rer. div.*). » C'est à dire à l'usage du peuple romain après l'acquisition qu'il en a faite, comme il venait de le déclarer ; jugeant clairement que ce droit sur la mer peut appartenir à une République ou à un Prince, selon la loi qu'il vient de citer.

Lors donc qu'un particulier, par privilège ou par coutume, a obtenu nn droit sur la mer, (comme l'expliquent Accurse et autres sur la réponse de Paul, (l. *Sané, de injuriis)* il pourra certainement, par l'interdit possessoire qui appartient à l'intérêt privé, défendre ce droit contre celui qui le trouble. — Quant au Prince, on doit dire qu'il ne manque pas d'interdits, puisqu'il est juge dans sa propre cause. (Molin. 2, *de just.* disp. 103, vers. *quare.*

Le quatrième fondement de notre assertion est celui-ci : Tout en accordant que la propriété de la mer n'est à personne, cependant elle est soumise à César ou au Roi, quant à sa protection ou juridiction (1) Mais l'Anonyme lui-même en convient au chapitre 5, en ces mots : « Quant à ceux qui disent que telle mer appar-

(1) BALD, ln l. *quædam*, ff. *de rer. div.* — SUAREZ, alleg. 17. — CABED. décis. 46, n. 4, par. 2.

tient au peuple romain, ils interprêtent eux-
mêmes leur opinion en ce sens que ce droit sur
la mer ne s'étend pas plus loin qu'à la protection et à la juridiction. »

Il s'en suit que le Prince peut imposer des
droits ou tributs, non-seulement dans le port
comme l'a pensé Suarez, mais encore à ceux
qui traversent la mer elle-même. C'est le sentiment de Balde (in l. *cum proponas, C. de nau-
tico fœnore,* et in rubrica ff. *de rer. div.* N. 2) ;
et le Sénat de Piémont l'a décidé ainsi, (apud
Octavianum décis. 155, n. fin). Les raisons en
sont données par Pierre Grég. (Syntagm. lib. 3
C. 3, n. 7).

C'est pour cela que les Vénitiens qui excellent
dans la Marine, lorsqu'ils élisent un Doge et
procèdent à son couronnement solennel, ordon-
nent à la mer de l'épouser, en y jetant un anneau
comme symbole de leur véritable et perpétuel
empire (Gasp. CONTARINI, lib. 1, *de Rep. Venet.*
— P. GREG. lib. 3, Syntag., C. 2, n. 1). Alexandre
III a, en effet concédé à la sérénissime République de Venise, et en son nom, à Sébastien Zona,
40e doge, la possession de la mer par l'investiture de l'anneau (1). C'est là le bien dotal qui
doit être apporté au Prince, comme époux de
la République, afin qu'il ait cette dot en sa possession, puisqu'il supporte les charges du ma-

---

(1) Ubi BART et omnes. — MENCHAC. illust. cap. 41, n.
32. — BOBADILLA, lib. 2, cap. 16, n. 4, et cap. 19. n. 2. —
ÆGID. L. *ex hoc jure* etc.—Et quoique Bartole restreigne
ce droit à cent milles, il est plus vrai de dire qu'il s'étend
même aux parages éloignés des mers.

riage ; à quoi fait allusion Virgile, plus haut cité en parlant de la dot que Thétis aura à offrir à César-Auguste.

De là vient aussi que les délits commis sur la mer doivent être punis par le Prince auquel la terre ou l'empire appartient. Ainsi l'ont décidé les empereurs, in L. unicâ, C. *de classicis*, lib. II : *Seleucena (classis) ad auxilium purgandi Orientis, aliasque necessitates, comiti Orientis deputetur.* — Tous les auteurs que je cite, estiment que le sol territorial comprend la mer et *illud terminis definiri ;* sur quoi il faut voir un texte célèbre au chapitre *licet de feriis,* que citent Suarez et Cabed. afin de prouver que la mer appartient à la terre circonvoisine.

Aussi la bulle qui frappe les voleurs de grand chemin et les prive de la jouissance des immunités de l'Eglise, comprend-elle tous les pirates, dans quelqnes parages de la mer qu'ils se trouvent (JOAN. RICCIO. *in Prax : fori ecclesiast.* Resol. 13).

La décision du Sénat de Piémont admet toutefois l'opinion de Bartole qui restreint à cent milles au large le droit d'imposer les navires (Octav. et autres qu'il mentionne).

Et, bien que l'Anonyme reconnaisse cette nécessité d'une protection sur la mer; pour échapper cependant à la difficulté, il prétend que cette protection dérive du droit des gens, et appartient à l'empereur comme aux autres princes, quand elle s'exerce contre les pirates. « *Non satis animadvertunt id ipsum quod* « *Populus Romanus classes præsidio navi-*

« *gantium disponere potuit et deprehensos*
« *in mari piratas punire, non ex proprio sed*
« *ex communi jure accidisse, quod et aliæ*
« *liberæ gentes in mari habeant.* » Oui, répli-
querons-nous; cela était vrai avant la première
occupation; mais après elle, il est hors de doute
que le droit de protection est propre à celui
qui a déjà assumé, à ses frais, la charge de
procurer la sûreté des mers, ou à qui appartient
la domination des provinces adjacentes, comme il appert de la décision de César in l. *unicà*
C. *de classicis*, lib.II. Ainsi, il demeure constant
que le premier occupant devra être préféré (L.
Qui prior. C.)

Il adviendra ainsi que des marchandises
interdites ne seront plus portées chez les barbares, contrairement à la prohibition du C.
quæ res exportari, et les navires quittant un
port ou en cours de voyage ne seront plus
exposés à être attaqués et capturés, (l. unicà C.
de littorib. et itiner, custod). Pour ce motif,
Grég. et Balde déclarent qu'un impôt est exi-
gible de toute nation; et ils affirment que cela
est reconnu en tout pays.

A cette juridiction et occupation ne répugnent
ni l'immensité de la mer ni sa nature et sa qualité, comme le prétend l'Anonyme. Car en ce
qui est de l'immensité, l'argument conclut bien
que toute l'étendue de l'Océan ne peut être
occupée à cause de notre insuffisance; mais il
ne s'en suit pas qu'une partie ne puisse l'être.
Aussi, je trouve, a ce sujet, dans Wezémbec,
(sur le § 1, n. 4, aux inst. *de rer. div.*): *Usum*

maris atque aëris (hæc enim naturaliter
propter vastitatem, fluxumque vagum, INTE-
GRÈ *occupari non possunt omnibus hominibus*
communem decernit Celsus l. 4, ne quid in
loco publico. Notez ce mot INTEGRÈ et voyez
tout ce que dit le même auteur, au § *flumina.* n.
7, Inst, *de rer. div.* où il fait bien la distinction
de la mer et des rivages avant et après l'occupation.

De même, sur la terre ferme, en Afrique
et en Asie, on rencontre bien des déserts que
les hommes n'ont point encore cultivés; et
effectivement, Bossius (*de sign. Eccl.* lib. 15, c.
18) nous fait voir par de nombreux exemples,
qu'avant la naissance du Christ, la zône torride
qui est une grande partie du globe, était inha-
bitable ; il mentionne aussi d'autres grands
déserts et vastes solitudes. Et Cicéron dit, dans
le Songe de Scipion : « Vous voyez sur la terre
que l'homme habite des emplacements rares et
étroits, et parmi ces lieux mêmes, où les habi-
tations paraissent comme des taches, de vastes
solitudes interposées. » Ici encore est pertinente
l'autorité de Thucydide, invoquée par l'Anonyme, et que nous avons rapportée au commencement de ce chapitre.

Ainsi, au suffrage même de tous les auteurs
dont se prévaut notre adversaire, la partie de
la mer adjacente au sol appartient à celui qui
a le domaine du territoire. Les écrivains, il est
vrai, ne sont pas d'accord sur l'étendue de ce
domaine de la mer, comme nous l'avons remarqué ci-dessus. Donc, puisqu'on ne peut définir

cette portion de l'Océan d'après le droit naturel; la conséquence à en tirer c'est qu'elle peut être étendue ou restreinte selon la puissance du dominateur, comme les villes sont entourées sur terre par des dépendances plus ou moins grandes.

Il est, toutefois, essentiel de remarquer qu'au delà de cette portion de mer adjacente à la terre dont elle suit la condition, la juridiction maritime appartient à l'empereur ou protecteur, de telle sorte que ceux qui ont juridiction sur terre l'aient aussi sur mer dans de certaines limites, au-delà desquelles la juridiction de l'empereur ou protecteur s'exercera seule, comme après Bartole le déclare Cœpola (*de servit. rust.* C. 26, n. 17). Nous satisferons, au Chapitre 14, à l'objection tacite que cela soulève.

Peu importe, d'ailleurs, que la mer ne puisse être possédée ni occupée, pas plus que l'air ou l'eau courante. Car il faut distinguer entre ces éléments et les lieux qu'ils occupent. Certes, comme éléments, ils ne peuvent être possédés ni occupés, transportés qu'ils sont çà et là, mais considérés par rapport aux lieux qui les enveloppent, ils peuvent assurément, être occupés. Cœpola fait ressortir cette différence en ce qui est du fleuve, qui se compose d'eau et du lit où elle coule. Ulpien a dit : *Flumen à rivo magnitudine discernendum est ;* et Caïus : *Toto naturali alveo relicto flumen aliàs fluere cœperit.* Ils distinguent donc bien l'eau du lit qu'elle occupe. A ceci se rapporte une autre considération de Baro et de Doneau au sujet de

l'eau prise dans son acception simple, ou comme faisant partie d'un fleuve. Nous en parlerons
à la fin du chapitre suivant.

De même, dans l'air, tout le ciel qui est au-
dessus de notre bien peut aussi devenir nôtre
par l'occupation. « *Sepulchri sit non solum is
locus qui recipiat humationem, sed omne
etiam suprà id cœlum.* » (POMPON. in l. pen. ff.
quodvi) *Cœlum quod suprà nostrum solum
intercedit, liberum esse debet.* » (Paul, in l. fin
ff. *de servit.*) C'est de là que vient le droit d'élever nos constructions jusqu'aux cieux (l. *altius*
C. *de servit.*)

De là vient aussi qu'il n'est pas permis de
pénétrer dans les terres d'autrui pour y respi-
rer le bon air, et qu'un homme qui, se jetant de
la porte d'une maison particulière dans un
cimetière ecclésiastique, est saisi en l'air, jouit
de l'immunité ecclésiastique, ce que nous avons
lu être arrivé à Naples.

De même, la mer reposant sur la terre, c'est-
à-dire sur son lit, est réellement une sphère
inférieure, susceptible d'occupation. La raison
le veut ainsi ; et Balde s'appuie sur ce motif (n.
2, in rubricà, ff. *de rer. div.*).

Voilà pourquoi nous avons coutume de regar-
der la mer et ses rivages comme étant, en quelque sorte, du domaine et sous la loi de nos
princes et de nos magistrats, au rapport de Hub.
Gifanius, J. Bodin, Osvald sur Doneau après
d'autres par lui cités. Borrel. (*de prœst. reg.
cathol.*) l'enseigne de même, plus spécialement
en ce qui est de la juridiction et du domaine des
Rois d'Espagne sur l'Océan.

Les réponses des jurisconsultes, les décisions des Empereurs, l'opinion des écrivains, l'usage des nations s'accordent donc pour démontrer que la mer peut donner lieu à l'occupation. Par quels actes et par quel laps de temps, nous l'examinerons au Chapitre 13. Mais, dans le chapitre qui va suivre, notre assertion se trouvera fortifiée par la réfutation des objections de notre adversaire.

CHAPITRE XI

Réponse aux arguments de l'Anonyme contre la conclusion du précédent chapitre.

Les arguments de l'Anonyme contre la conclusion du précédent chapitre ne la réfutent aucunement. En premier lieu, lorsqu'il prétend que la mer est commune à tous les hommes en vertu du droit des gens; ce qu'il établit sur un double fondement, d'abord sur l'autorité des philosophes, (à quoi nous répondrons dans la suite) puis sur les décisions des jurisconsultes, Ulpien, in l. *venditor*, ff. disant : *Mari quod naturà omnibus patet, servitus imponi non potest*; et Nérat. in l. *quod in littore* ff. *De acquir. rer. dom.* : *Littora ità publica sunt ut ea quæ primùm naturà prodita sunt, et in nullius adhûc dominium pervenerunt.* Or, les rivages et la mer sont de même condition, (L. pen. ff. *de rer. div.*) c'est-à-dire publics, selon l'interpr tation de notre adversaire.

Mais d'abord, en ce qui est d'Ulpien, l'Anonyme le cite incomplètement, car voici le texte: *Quamvis mari quod naturà omnibus patet, servitus imponi* PRIVATA LEGE *non potest;* et de suite l'Anonyme conclut que la servitude ne peut pas plus être imposée par un Prince que par un particulier; tandis que le jurisconsulte

lui-même raisonnerait comme suit à *con trario* :
De ce que la servitude ne peut pas être imposée
à la mer *privatà lege*, il s'en suit qu'elle peut
bien l'être *lege publicà* (et nous expliquerons
au chapitre 14 ce que signifie ce mot *lex*, auquel
l'Anonyme ne fait point attention). C'est là le
sentiment d'Accurse, auquel se rangent tous les
autres, et en particulier Cœpola, *De servit. rustic.* cap. 26, n. 1.—Que si l'Anonyme veut appliquer au Prince souverain, en vertu du droit
des gens, cette interdiction à la loi privée, non-
seulement il ne prouve rien, mais son opinion
répugne à la raison et à l'avis des jurisconsultes ; Ulpien aurait dit simplement *Mari servi-
tutem imponi non posse,* sans qu'il fût besoin
d'ajouter *privatà lege.*

Ainsi, sur un chemin, ou voie publique, qui
sont communs à tous (L. 2, §. 1, ff. *ne quid in
loco pub.*), une servitude d'aqueduc ne peut
pas être imposée par des particuliers ; mais il
arrive fréquemment qu'elle soit obtenue de
l'autorité du Prince, comme l'atteste Paul, in
l. *servitutes.* § *publico* ff. *de servit.*; et c'est ce
qui résulte aussi d'autres exemples que nous
mentionnerons ci-après. — Et ce que je déduis
de cette reponse de Paul sur la loi *Venditor* et
de son esprit ; c'est que la mer, bien que commune en vertu du droit des gens, si elle est occupée par un prince souverain, devient susceptible de servitude et d'interdiction à la navigation étrangère, double droit que reconnaît Paul
contrairement au raisonnement de l'Anonyme.

De même, rien d'embarrassant dans la décision de Neratius sur la loi *quod in littore*. Il parle, en effet des rivages en général, avant qu'ils soient venus en la possession de quelqu'un, ce qui est évident par le petit mot *adhùc*; et ainsi, il ne nie pas qu'ils puissent y venir. Qu'ils soient communs à tous, cela est bon; mais à moins qu'un peuple ne les ait occupés et ne les tienne sous son empire. Celse ne dit-il pas, sur la loi 3 ff. *ne quid in loco publico* : « Les rivages sur lesquels le Peuple Romain exerce son autorité appartiennent, à mon avis, au Peuple Romain; » et Donellus, que cite contre nous notre adversaire : « Comprenons bien que le Peuple Romain exerce l'autorité sur les rivages qu'il a occupés, de telle sorte qu'il les soumet à sa puissance et à son empire; » et il conclut de cette occupation par le Peuple Romain, qu'il peut justement en éloigner soit les ennemis, soit les barbares, sans être considéré comme faisant, en cela, rien de contraire au droit des gens. C'est ce qu'avait déjà enseigné Vicesembegius (sur le § *Plumina*. Inst. *de rer. div.*) en ces termes : « Ce qui est occupé et gagné par « le peuple romain n'est plus commun ; et il en « est ainsi des rivages, tout communs qu'ils « soient originairement et de leur nature » ; et sur la loi *Quædam. de rer. div.* : « Après leur « occupation et dans ses limites, ces choses « deviennent propres soit aux particuliers, soit « aux peuples qui les ont occupées; ainsi les « rivages sur lesquels le Peuple Romain exerce « son empire, ne sont plus *res nullius*, inoccu- « pées et restant communes en vertu du droit

» des gens. » Celse, nous l'avons vu, a dit clairement qu'elles appartiennent au peuple romain
esse populi romani; et Claude s'explique de
même au § *et quidem*, Inst. *de rer. div.* Nous le
citerons plus bas.

En ce qui est de l'interprétation du droit
public par l'Anonyme, nous la repoussons également, en observant avec Donellus (lib. 4, cap. 2,
ad fin.) que les rivages occupés par la mer
sont réputés publics (l. pen. ff. *de rer. div.*) non
pas au profit de toutes les nations comme le
veut notre adversaire, mais uniquement à l'usage du peuple sous lequel ils se trouvent, comme
nous l'avons déjà remarqué au chapitre précédent.

D'où s'en suit la conciliation entre les écrivains, dont les uns disent que l'air, la mer et ses
rivages ne sont venus et ne peuvent venir au
pouvoir d'aucune nation (1), et les autres
admettent la division des rivages et de la
mer (2). — L'opinion des premiers doit s'entendre d'une division générale de l'air, de la mer
et des rivages; celle des seconds, de l'occupation et de la juridiction d'une partie (3).

Ne nous arrêtons pas, en second lieu, à cette

_____

(1) NERATIUS, in l. *quod in littore.* — FABER, *fluminum*, inst. *de rer. div.* — DONELLUS, lib. 4, cap. 2 vers.
habentur.

(2) BALD. l. *si testamentum*, C de *institut. et substi-
tut.* — CŒPOLA, *de servit. rustic.* c. 26, n. 24 et 25. —
SUAREZ, alleg 17 n. 1 et 2, etc.

(3) CELSE, l. 3 *ne quid in loco pub.* — DONELLUS, suprà
et OSVALD. *littera*, F. ad Donellum. — VICESEMB. et
CLAUDIUS, relati suprà.

objection, que personne ne peut être empêché par le Peuple Romain d'aborder sur le rivage et d'y sécher ses filets (1).

Mais, puisque la coutume de notre adversaire est de ne citer les jurisconsultes qu'en les tronquant ou les amplifiant, écoutons Marcien lui-même : « *Nemo igitur ad littus maris accedere prohibetur piscandi causâ.* » Il n'est point mention ici du Peuple Romain; et du sentiment de Celse sur la loi *ne quid in loco publico*, il conste que le Peuple Romain peut exclure quiconque de ses rivages et en concéder l'usage à ses citoyens et à qui il veut. C'est aussi la déduction de Donellus, plus haut cité ; et Ulpien, de même, admet le droit de pêche d'un Prince dans la mer, à l'exclusion des autres ; bien qu'il dise, en même temps, que la mer est commune à tous (l. *injuriarum, § si quis,* ff. *de injuriis*).

Autrement, il s'en suivrait qu'après l'occupation des rivages par le Peuple Romain, il serait loisible à chacun d'y construire et de les occuper, ainsi que le lui concède Marcien (in l. *in tantum* ff. *de rer. div.*) et que le prétend notre adversaire. Mais c'est ce que nient formellement VICESEMBEC. in § *Flumina, de rer, div.* EGUI-NAR BARO in l. *sed divi,* ff. *de rer. div.* DONEL. et OSVALD, lib. 4, cap. 2, ; et ce que le susdit § *si quis* constate expressément.

Acceptons, toutefois, volontiers ce qu'ajoute l'Anonyme à la décision du jurisconsulte, que

(1) L. *nemo igitur* ff. *de rer. div.* et l. *Riparum.* eod.

l'on peut admettre l'occupation du Peuple
Romain ou de l'Empereur à titre privé, pourvu
qu'elle ne nuise pas à l'usage public des nations,
de la même manière qu'un particulier ne peut
y nuire en bâtissant. « D'ailleurs, dit-il, cette
« occupation elle-même ne doit pas être consi-
« dérée comme moins restreinte que si elle était
« privée, en sorte qu'elle ne doit s'étendre que
« jusqu'à la limite et sous réserve de l'usage
« commun en vertu du droit des gens. » Ainsi,
il ne distingue pas entre l'occupation d'un particulier et celle de l'Empereur, contrairement à
la coutume des jurisconsultes et des auteurs, et
il donne un sens plus strict à la décision de
Marcien sur la loi *si quisquam, de diver.*

On comprend donc facilement ce que décide
Justinien au § *Flumina*, inst. *de rer. div.* que
les fleuves et les ports sont publics, et que le
droit d'y pêcher est commun à tous. Car ce
mot *publica*, selon Théophile (1), doit s'entendre
du Peuple Romain; d'où la conséquence forcée
que le mot suivant *omnibus* se rapporte aussi
aux Romains, comme le déduit élégamment
Eguinaire Baron. Cette explication doit certainement prévaloir, comme faite par le fondateur
même de la loi (il est bien permis d'appeler ainsi
Théophile en parlant de cette compilation des
Institutes), à qui appartient le droit d'interprétation (ex leg. l. fin. C. *de leg*). C'est de la sorte
que doivent être expliquées les décisions semblables des jurisconsultes.

_____

(1) L'un des trois jurisconsultes auxquels Justinien
confia la rédaction des Institutes.

Il suit encore de là que personne ne peut être empêché de naviguer sur mer (Ulpien, in l. 2. § *si quis in mari,* ff. *ne quid in loco pub.*) et qu'il est également permis de naviguer sur un fleuve public (Ulp. in l. unicà ff. *Ut in flum. pub. navig*). Cela signifie que cet empêchement ne peut venir d'un particulier, mais qu'il peut avoir lieu de la part de celui qui exerce sur tel district un droit de souveraineté, comme l'enseigne Bartole, in Rub. ff. *ut in flumine,* d'après Stracha, *de Navig.* à n. 6. Et ainsi, bien que le droit de puiser dans la mer soit commun à tous les hommes, celui d'y naviguer peut être propre à un seul peuple. (Baron in § *flumina.* Inst. *de rer. div.* et Osvald ad Donel. lib. 4, cap. 2, in fine.) Nous en reparlerons plus amplement une dernière fois.

Et ce que dit Ulpien, in l. 2 § *adversùs* ff. *ne quid in loco pub.* qu'il n'est point permis de jeter quelque chose dans la mer au préjudice d'autrui, doit s'entendre de l'action d'un particulier, donnant ouverture à un interdit contre lui, comme cela ressort de l'édit du préteur; d'où s'ensuit qu'on doit rejeter l'opinion de notre adversaire (ad fin, 2 argum.) qui impose cette défense aux Princes souverains eux-mêmes.

Troisièmement, pas plus de difficulté en ce qui est de la décision d'Ulpien sur la loi 1 §. *Si in mari* ff. *de flum.* dont nous avons fait mention au précédent chapitre La réfutation sera de même sorte que pour l'objection tirée du même traité d'Ulpien, livre 68, à la fin du pré-

cédent argument. Tous ces interdits se rapportent à l'état de nature et à l'origine des
choses dont le changement entraine aussi la
variation dans les conditions auxquelles elles
sont assujetties.

Quatrièmement, point d'obstacle encore dans
ce que dit Marcien sur la loi *Nemo igitur, de
rer. div.* que tout ce qui est occupé ou susceptible d'occupation n'est pas, comme la mer,
dn droit des gens. Laissons répondre Marcien
lui-même : « *Nemo ad litus maris accedere
» prohibetur piscandi causà, dùm tamen villis,
» monumentis et ædificiis abstineat; quia non
» sunt jurisgentium sicut et mare.* » Qui donc,
si ce n'est l'Anonyme, faisant et refaisant les
lois pour le besoin de son argumentation, con-
clura de ces paroles que tout ce qui peut être
occupé n'est point. comme la mer, du droit
des gens ? Cette proposition est nouvelle en jurisprudence, et tout aussi erronée ; car les rivages sont certainement, du droit des gens,
d'après le même Marcien, l. *quædam*, § *et quidem* ff. *de rer div*; § *et quidem*, Inst. eod : *Et
quidem naturali jure omnium communia
sunt illa, aër, aqua profluens, et mare, et per
hoc littora maris.* — Ces mots *naturali jure*
sont expliqués par les interprètes dans le sens
de *juregentium,* en vertu duquel les domaines
des choses devinrent distincts dans la suite.
(BARON, § *flumina,* Inst. de rer. div.) Mais les
rivages peuvent être occupés, et le Peuple Romain peut y exercer son empire ; (l. 3 ff. *ne
quid in loco pub.)* Chacun peut y édifier et

construire; (CAIUS, L. *riparum*, § fin, ff. *de rer.
div*; — ULPIEN, l. fin. ff. *de usuc.*) Par ces
constructions, il acquiert le *dominium*, selon
Marcien, loi *in tantum*. ff. *de rer, div*, ibi :
*in tantum ut soli domini constituantur qui
ibi ædificant.* C'est bien là une dévolution du
droit des gens, comme le dit Scévola sur la loi
in littora ff : *In littore*, aït, *juregentium ædi-
ficare licere.* Pomponius va plus loin et le dit
de la mer elle-même : *Quod in littore publico
vel in mari construxerimus, nostrum fiat.*
(L. *quàmvis* ff. *de acq. rer. dom.*) De même, il
appartient bien à chacun de pêcher dans la
mer; (L. *injuriarum* II, § *si quis me in mari
piscari prohibeat*, ff. *de injur.*) Et c'est là
dessus que se fonde toute la dissertation de
l'Anonyme. Pourtant cette pêche peut être
occupée par un autre, ajoute ce même paragraphe *si quis*, ibi : *Conductori autem veteres
interdictum dederunt, si fortè hoc publicè
conduxit.* Sur quoi, toutefois, il faut remarquer que l'occupation et la possession de la
mer ne peuvent être données réellement et proprement, comme pour la terre que l'on tient
sous ses pieds. La mer n'est sujette qu'à une
quasi-occupation par la navigation ou par
la pêche, et ne peut être acquise que selon
sa nature; (1) d'où il résulte que notre adversaire ne conclut à rien quand il dit que la mer
ne peut être occupée que dans une très petite
partie. Il l'entend, en effet, d'une occupation et

_____

(1) D. §. *Si quis me in mari*, cum vers. seq. . et *Sané*
ff· *de injur.*

d'une appréhension véritables ; tandis que nous parlons d'un droit sur la mer, consistant à y naviguer, à y pêcher. — Il confond donc, très-improprement, et les termes et la question.

Rappelons, au surplus, ce que nous avons prouvé, vers la fin dn chapitre 10, au sujet de la localisation de l'air et de l'eau courante, c'est-à-dire du lit d'un fleuve, qui ne peuvent pas moins être occupés et possédés.

Cinquièmement, quant au droit reconnu par Marcien, en faveur de celui qui a longtemps pêché dans un canal détourné de la mer ou d'un fleuve, d'interdire cette pêche à autrui (l. *si quisquam* ff. *de divers et tempor.*), l'Anonyme, de peur de se trouver en désaccord avec Papinien qui, dans la même hypothèse, a répondu le contraire, admet bien que ce droit existe, mais seulement tant que dure l'occupation. Il prétend, au moyen de cette conciliation, que le droit de pêcher dans la mer ou dans un fleuve public est commun à tous les hommes en vertu du droit des gens ; de telle sorte que l'exercice n'en puisse être empêché, même par la prescription, à moins que quelqu'un n'ait fait un usage persévérant de cette pêche pendant plusieurs années.

Mais dans l'interprétation de ces droits, les jurisconsultes ne s'entendent pas. (1) L'opinion

---

(1) Cuman et Cujat. in d. l. fin. — Conan, lib. 3, cap. 15, n. 1. — Forcat. Dialog. 85. — Aymon, *de antiquit.* 4 part. cap. *de Materià,* n. 81. — Zazius, antinom. 2 part. n. 1. — Charondas, lib. 1. — Véros. cap. 21. concil. 3. — Robertus, lib. 1, recept. cap. 17. — Pinel, lib. 1, select. cap. 14, n. 2. — Jul. Pacius, cent. 7. n. 1. —

la plus commune, que suit l'Anonyme, est que Papinien parle de la prescription pour acquérir la propriété, et que Marcien vise seulement le droit de possession et occupation, à l'effet de les interdire à d'autres ; ainsi que le remarquent ANGELUS, cons, 290 ; JASON in l. *quominùs*, à n. 97 *de flumin ;* — BALB. *de præscrip.* 4 par, et autres de ceux que nous avons cités.

Mais il ne peut être soutenu ; car, s'il entend parler d'une pré-occupation actuelle, quel besoin, dans ce cas, qu'elle remonte à tant d'années, puisqu'il suffit d'avoir été le premier occupant pendant un instant pour interdire la pêche à tout autre qui veut s'y livrer ensuite! (1)

Quant au second membre de la proposition, l'Anonyme s'en écarte aussi ; d'abord parce qu'il méconnait la généralité des deux textes ; Ulpien refusant généralement la prescription pour l'acquisition des lieux publics, expressions qui se rapportent proprement à l'occupation et à la possession par laquelle une chose est tenue ou occupée (?) (2). Il se fourvoie encore parce qu'il ne saurait prouver par

---

NIC. DE PASSER, in concil. legum, p. 475. — SUAREZ, alleg. 16 et 17. — MENCH. Illust. cap. 80. — GUIBERTUS, AVEND, PICHARD, DONELL, OSVALD, post alios quos referunt. — Tous ces auteurs sont cités par Freitas, au milieu, de son texte, et avec de plus amples indications. (*N, du Trad.*)

(1) Ex reg. *qui prior est tempore* in C. *docel in specie* glos. verb. *ad obtinendum* in l. 2 *ne quid in loco pub.* recepta ex BART, et aliis. PARISIUS cons. 129, n. 9. vol. 4.

(2) Arg. text. in l. *clam*, in princip., ibi : *Ratio obtinendæ possessionis*, ff. *de acquir. possess.* — et reg. l. C. ibi : *obtineri.* — Sentit CUJAT., verbo *ad obtinenda.* in d. l. fin.

aucune raison de droit, ni l'impossibilité de
prescrire les choses qui peuvent être retenues
du droit de possession exercée par un long
usage ; ni, à *converso*, la possibilité d'obtenir
de quelqu'un, pour en user à titre de possession
et occupation, avec faculté d'en exclure les
autres, les biens qui sont publics en vertu du
droit des gens et ne peuvent être acquis en
toute propriété ; car la simple occupation ne
blesse pas moins le droit des gens qui en attribue à tous l'usage, ainsi que l'observe très-
bien Craveta, cap *Materia,* n. 83, contre Ang.
cons. 290, et autres.

C'est ce qui nous fait penser que l'interprétation d'Accurse est la véritable ; (1) savoir,
que dans le cas examiné par Marcien, il y avait
un titre ou rescrit du Prince, que quelque défaut rendait peut-être insuffisant, mais qui
pouvait justifier la prescription ; tandis que
dans l'hypothèse de Papinien, la prescription
seule était invoquée. — Et ce n'est point un
simple pressentiment, comme le remarque
Nicolas (*de passerib.* in leg. *concil.* p. 416, n. 10
et 11). Car, bien que Marcien ne le dise pas
expressément, il suppose un pêcheur ayant
acquis par une pêche de longue durée un droit
qui ne pouvait être donné sans titre et sans
bonne foi ; puisque le possesseur (attentà illà
rubricà, quæ inter exceptionum rubricas collo-
catur) se fondait sur l'exception résultant de
la prescription acquise contre un autre qui,

---

(1) Glos. 2 inl. *si quisquam* ff. *de divers.* — et verb.
datam in fin. 1. fin. ff. de *usucap;* 1. *sane* ff. *de injuriis.*

auparavant avait acquis, seul, le droit de
pêche dans ce canal; ce qu'il n'avait pu faire
sans quelque privilège ou titre, en vertu duquel ce droit obtenait le caractère privé. La
question était donc au sujet de ce droit dont un
autre aurait joui seul; c'est sur ce point que le
jurisconsulte se prononce; et ses paroles y
conviennent bien.

Papinien, au contraire, traite d'un droit de
pêche qui était public en conformité du droit
des gens, comme l'indique le commencement
du texte : *Præscriptio longæ possessionis ad
obtinenda loca juregentium publica, concedi
non solet,* ce qu'il explique lui-même, en re-
poussant absolument une prohibition fondée
uniquement sur ce que le prohibant avait
exercé la pêche pendant plusieurs années; et
fortifié par les Pandectes florentines, où manque la particule *uti,* il dit : *alterum eodem
jure prohibeat,* et non pas *uti prohibeat,*
comme dans les autres versions : or, ces termes
ne se rapportent pas au droit de pêche lui-
même, mais à celui d'exception, dont le jurisconsulte avait parlé au verset précédent, ibi :
Exceptionem opponat.

Sans force est l'objection d'Accurse, au mot
prohibet, l. *si quisquam* ff. de *divers.,* qu'en
vain la prescription est invoquée; bien plus,
qu'un rescript et la prescription se répugnent
mutuellement, comme l'a décidé Innocent III,
dans la bulle *Veniens de præscript ;* difficulté
à laquelle a succombé Nicolas, (*de Passer,* ubi
suprà); car la prescription est requise sur la

supposition de quelque défaut rendant le privilège insuffisant pour l'acquisition du droit de pêche; d'où il est observé que le titre sur lequel se fonde la prescription sert à la corroborer, selon le décret de Boniface VIII, dans la bulle *cùm personæ de privil.*, ibi : *sed tale est quod saltem causam præbeat præscribendi,* (sur quoi porte la glose, au mot *munitos*) et selon la décision de l'Empereur (l. ultima C. *de fundis patrim.* (1). Or, la décision d'Innocent s'applique à un cas dans lequel la teneur du privilège était contraire à la prescription, comme le remarque la glose adoptée par Panor, n. 19, Paris, n. 11, et autres, ibi : *eo maximè quia privilegium in illà specie non præcessit, sed subsecutum est, undè non poterat præscriptioni causam præstare ;* c'est-à-dire que l'argumentation du Souverain Pontife, considérant que le privilège, postérieur à la prescription, ne pouvait y donner ouverture, est absolument correcte.

De ce qui précède, il résulte que le droit de pêche peut être occupé et concédé par le Prince. Car, bien qu'en vertu du droit des gens, et nonobstant sa perpétuité, l'usage de la pêche dans la mer ou dans un fleuve public, soit public lui-même, et appartienne à tous, comme le droit de chasse et autres semblables; cependant, pour un juste motif, le Prince ou le dépositaire de son autorité peut changer

_____

(1) BALBUS, *de præscript.* 5 part. n. 10. — AVENDANUS, lib. 1, *de exequend.* cap. 1, n. 21, versic 4. — DECIUS, consil. 270, n. 6.

tout cela, et faire que cet usage public de la
mer, d'un fleuve, etc, cesse d'être public, et
devienne un droit privé ; de telle sorte que, à
titre onéreux ou gratuit, il appartienne seulement à quelques uns, et soit interdit à tous
autres, ou absolument, ou en ne permettant la
pêche, la chasse, qu'en certains temps et lieux
et de certaines manières ; ainsi que le montre
la décision d'Ulpien, qui distingue savamment
entre un réservoir ou canal, et la mer, disant :
*Si quis me prohibeat in mari piscari, vel ever-
riculum injuriarum posse conveniri* ; ce qu'il
limite toutefois en ajoutant : *conductori autem
veteres interdictum dedere, si fortè publicè
ho: conduxit.* (1) Il en serait autrement dans
l'hypothèse contraire (Ulp. 1. *Venditor* ff. *communia prædia*) comme le fait remarquer
Accurse (glos. 4) dont l'opinion est unanimement adoptée. Ainsi Pomponius (1. *quominus*
ff. *de flum*) : « Bien qu'il soit permis à chacun
de détourner l'eau d'un fleuve public, cependant l'Empereur ou le Sénat peut y mettre
empêchement. » C'est aussi ce qu'observent
Bart. in rubr. ff. *ut in flum. publ* ; Angel et
autres interprètes des Institutes au § *flumina*,
Inst. *de rer. div.* (2).

Je renverse donc toute la dispute de l'Ano-

---

(1) Subscribit Paulus in seq. responso l. *sanè* ff. *de
injuriis.*

(2) Decius, consil. 196, n. 270, col. 4 ; — Covarr. reg.
peccatum 2 p. § 8 ; — Roland, cons. 9, n. 18 ; — Avend.
lib. 1 *de exequend.* C 12 ; — Cabed. decis. 54. — Molin
de just. disp. 105. col. 1, ad. fin ; — Marcus. decis. 529,
n. 16, post alios.

nyme par le raisonnement suivant : La navigation et la pêche sont régies par le droit naturel ou des gens, dit-il au chapitre 5, en ces
termes : *quæ autem navigationis, eadem pis-
catûs habenda est ratio, ut communis maneat
omnibus.* — C'est ce que j'ai dit moi-même au
chapitre 10. Or la pêche dans la mer peut être
occupée, acquise et concédée par l'Etat ou par
le Prince souverain ; donc il en est de même de
la navigation maritime. Que l'Anonyme se tire
de là ; et il sera pour moi un grand maître
(*magnus Apollo*). Autrement, il convient d'ar-
gumenter ainsi : La mer est commune à tous,
§ *si quis,* ibi : *si quis antè ædes meas, vel antè
prætorium meum piscari prohibeam, et quidem mare commune omnium est, et est sœpis-
simè rescriptum non posse quem piscari prohiberi.* C'est là ce que répète l'Anonyme ; et
cependant l'action en interdit appartient,
contre tous autres, à celui qui a publiquement
loué (*conductori publico*). Mais c'est ici qu'il
faut admirer la dextérité de cet Inconnu, qui
cite souvent le jurisconsulte, lorsque celui-ci
est d'avis que l'on ne puisse s'opposer à ce que
quelqu'un pêche dans la mer, mais qui, lorsque
ce même Ulpien établit le contraire en faveur
du louage public, métamorphose habilement
la mer en fleuve, disant : « Il n'en est pas,
» effectivement, de la mer comme d'un fleuve ;
» celui-ci appartenant au Peuple, le droit d'y
» pêcher peut être concédé ou loué par le
» Peuple, en telle façon que celui qui l'a obtenu
» peut, de l'avis des anciens, exercer l'interdit

» de *loco publico fruendo*, sous cette condition
» que celui qui avait pouvoir de louer, ait loué
» le droit d'usage exclusif, condition qui, à
» l'égard de la mer, ne peut pas être accom-
» plie. » Cependant Ulpien a dit par deux fois
qu'il s'agit de l'usage de la mer; et c'est son
opinion que l'Anonyme produit contre nous !

J'observe encore dans l'espèce d'Ulpien
(in d. l. ult. in princip. ff. *de usucap*) cette
chose singulière; qu'il considère comme contraire à l'usage la prescription des lieux publics, ce qui signifie qu'ils peuvent être obtenus
d'autre sorte, mais non point pàr la prescription, insinuant ainsi qu'ils sont susceptibles
d'occupation et qu'elle ne répugne point à
leur nature, bien que n'étant point accoutumée.

Mais admettons que le sentiment commun,
par nous rejeté ci-dessus, soit conforme à la
vérité; il favorise expressément notre navigation; et voici comment nous allons le rétorquer
contre notre Anonyme : Du consentement de
tous, tant que dure l'exercice de la pêche, même
dans le cas d'Ulpien, celui qui possède a aussi
le *dominium*; comme celui qui a construit
(Ulpien se sert de cet autre exemple) a la propriété tant que dure son édifice. Marcien, sur la
loi *in tantum*, de rer. div. dit aussi : *soli do-
mĭni constituantur qui ibi ædificant.* C'est
une question distincte de savoir si, après la
destruction de l'édifice ou la cessation de la
pêche, ces lieux publics rentrent dans leur
ancienne nature. Nous l'examinerons ci-après,
au chapitre 14. Or, nous nous occupons de la

navigation, en tant que son usage est continuel. Il faut donc y appliquer la décision de
Marcien, d'après l'interprétation même de
notre contradicteur.

Sixièmement, on nous oppose en vain la distinction que fait Celse entre les rivages et la
mer, d'où il résulterait que le Peuple Romain
peut occuper les rivages, mais sans dommage
pour autrui ; tandis que la mer doit conserver
sa nature, d'être commune à tous. C'est vraiment merveille de voir avec quel talent, ou
sous l'influence de quel génie cet Inconnu explique, ou plutôt embrouille les décisions des
jurisconsultes. Voici les paroles de Celse : « Je
» pense que les rivages sur lesquels le Peuple
» Romain exerce sa domination appartiennent
» au Peuple Romain ; tandis que l'usage de la
» mer, comme celui de l'air, doit être commun
» à tous les hommes, et que si quelqu'un y a
» jeté des digues, elles appartiennent bien à
» celui qui les a fondées, mais sans que cette
» concession puisse rendre plus incommode
» l'usage de la mer ou du rivage. » Voilà ce
que dit Celse. Observez donc la dextérité de
l'Anonyme qui rapporte au commencement du
texte, c'est-à-dire au Peuple Romain cette petite clause qui concerne un simple particulier
jetant une digue dans la mer, et cela contre
toutes les règles de la jurisprudence et de la
grammaire, afin d'échapper à la décision du
jurisconsulte.

Car la mer et le rivage de la mer, comme
partie d'elle-même, ne peuvent être de condi-

tion diverse, comme l'admettent tous les jurisconsultes. (L. *quædam, de rer. div.* Justinan.
§ *et quidem, de rer. div.*); et c'est avec raison,
puisque le tout et la partie ont la même nature
(l. *quæ de totà,* ff. *de rei vindic.*) et ne peuvent être soumis à un droit divers (l. *eum qui,*
ff. *de usucap.*); et ainsi, l'un et l'autre sont
publics, décide le jurisconsulte; (l. pen. ff. *de
rer. div.*) décision qui peut recevoir une double
explication, c'est-à-dire, avant l'occupation
spéciale par l'Empereur, ou après cette occupation. Dans le premier cas, ils seront publics,
ou communs à toutes nations; dans le second
cas, ils deviendront propres, ou plutôt publics
pour le peuple dont le Prince est le chef, comme
l'expliquent Vicesemb. § *flumina,* Instit. *de
rer. div..* et Doneau, lib. 4, cap. 2.

Bien plus, et partant de ce même texte, l'argument de l'Anonyme peut être rétorqué, si
vous remarquez que le jurisconsulte ne ré-
prouvant que les actes ou prétentions d'un
particulier, entend bien que ce qui est interdit
à celui-ci soit licite au Peuple Romain. Dans
les Pandectes florentines, on ne trouve point
la particule *autem,* qui n'est pas toujours
employée par opposition, comme l'observe
Alciat, lib. 2. disp. cap. 5. Le paragraphe
commence ainsi : *Maris communem*; et en
conséquence, le Jurisconsulte donne ces trois
enseignements : 1º que les rivages sur lesquels
le Peuple Romain exerce son autorité, lui
appartiennent; 2º que l'usage de la mer est
commun; 3º que pour cet usage, il peut être

occupé par un particulier pourvu qu'il ne nuise
pas à autrui ; or c'est précisément de cet usage
commun que Celse a conclu à l'occupation
privée ; et de cette décision, il n'y a rien à
conclure directement contre le Peuple Romain ;
elle le favorise même indirectement ; car les
paroles : *ces digues appartiennent à celui
qui les a fondées (ejus esse qui jecerit)*, ne
s'appliquent point au Peuple Romain, mais à
l'Individu qui les a fondées.

Et telle est bien la solution ; car, si l'Anonyme
est dans le vrai, quelle différence faudra-t-il
établir entre les rivages qui ne sont à personne,
et ceux qui sont au Peuple Romain ? Admettons, en outre, que l'occupation des rivages
par le Peuple Romain ne doive porter aucun
préjudice à l'usage public ; cela doit s'entendre
de l'usage public de ce peuple, et non de tous
autres, comme l'observe savamment DONEAU,
lib. 4, cap. 2, dont l'Anonyme fait lui-même
l'éloge. Ainsi, ces mots *omnibus hominibus*,
doivent être entendus respectivement, savoir :
en faveur de tous les peuples, eu égard à la
nature des choses ; mais en faveur d'un seul peuple, étant donnée son occupation. C'est ainsi que
Théophile restreint les termes employés par
Justinien, à tous les hommes du Peuple Romain
(§ *flumina*, Inst. *de rer. div.*) (1). La réponse
d'Ulpien n'y est pas moins conforme, lorsqu'il
dit ; « La mer, comme l'air, est commune à
tous, » et cependant il admet la pêche d'un

---

(1) ubi notat BARO, ut suprà observavimus.

peuple ou d'un Prince, à titre privé, **dans la mer**, comme nous l'avons remarqué **ci-dessus**.

Quant à l'autorité de Saint-Ambroise, invoquée par l'Anonyme, elle a en vue l'ambition humaine. Les philosophes, les poëtes ont dit aussi bien des choses tout à fait dans le même sens; et de saints personnages encore **plus**; Voir Innocent III, *de contemptu mundi*, et tout ce qu'a recueilli, à propos de notre **sujet** et contre la navigation, Mench. Illust. cap. 20, num. 11. — Saint Ambroise, toutefois, ne refusera point aux Monarques souverains le droit de se partager la charge d'apaiser et de surmonter à force de rames et de voiles les tempêtes de l'Océan et de l'Enfer pour la propagation de la foi catholique; et si la sentence qu'il a portée contre l'ambition humaine plait tant aux Hollandais, que ne les retient-elle ? Et pourquoi couvrent-ils l'Océan de leurs flottes ? Jadis, ils étaient plus contenus, et peu experts sur la mer et les eaux, comme le remarque Lipsius. sur Tacite, lib. 5 hist. n. 39. — Voici le texte de Saint Ambroise : *Nobis sententia est mutare exilio domos, incolarum fastigio teneri, advenarum captare gratiam, transferre terminos perpetuos, agrum ad agrum adjungere, domum ad domum; deficit terra hominibus, sternuntur et maria ; spatia maris sibi vindicant ; etc.*

Il nous reste à répondre à cette assertion de l'Anonyme, que la navigation de personne ne doit être empêchée; parce que, si cette communauté ne procure aucun avantage à celui qui y

met obstacle, elle profite néanmoins à d'autres,
comme le ferait la lumière que son possesseur
refuserait de communiquer, et autres exemples.
Pour confondre ce raisonnement, il faut noter
qu'il n'y a point de certitude entière quant aux
choses qui sont publiques en vertu du droit des
gens, parce que nos auteurs ne nous en parlent
qu'un peu négligemment, et dans des termes
moins explicites, comme l'observe Conan lib. 3,
c. 2, n. 1 in fin. Cependant, de l'opinion générale des philosophes, des jurisconsultes et des
lettrés, il faut considérer comme étant commun,
d'après le droit de nature, ce qui est en promis-
cuité entre tous, et dont tous peuvent faire
usage sans détriment pour quelqu'autre. C'est
ce que déclare Cicéron, au livre premier des
Devoirs : « Sont communes aux hommes toutes
choses de même sorte que celle proposée par
Ennius dans un cas qui peut être étendu à
beaucoup d'autres :

« Homo qui erranti monstrat viam,
‹ Quasi de suo lumine accendat, facit
« Ut nihilominùs ipsi lucent, cùm illi accenderit. »

On voit par là que tout ce qui peut être accordé sans nous faire encourir de préjudice,
doit être mis à la disposition de chacun, même
d'un inconnu. Ainsi, c'est observer cette communauté de certains biens que de ne point interdire l'eau courante, de permettre d'allumer
du feu au vôtre, choses utiles à ceux qui les
reçoivent, et non désavantageuses pour ceux
qui les octroient. (Cic. et Conan sup. cit.)
Telle est l'opinion universelle ; et notre adver-

saire n'y contredit pas dans les exemples qu'il
nous donne, et selon lesquels (pour ne pas nous
écarter de notre sujet) boire, puiser, laver, qui
appartiennent à l'usage de l'eau, sont communs
à tous, parce que de cette communauté ne résulte de préjudice pour personne. Paul, l.
quædam ff. *de rer. div.* s'en explique ainsi :
« naturali jure communia omnium esse aērem,
aquam profluentem, et mare.» Remarquez qu'il
dit *profluentem* ; car toute eau n'est pas publique, de droit naturel, mais celle-là seulement
dont chacun peut user sans dommage pour
autrui, comme l'observe Conan, cité plus haut.
C'est à cela qu'appartient ce mot de Latone,
que l'Anonyme emprunte à Ovide, Métam. liv.
VI :

> Quid prohibetis aquas? Usus communis aquarum est.

Car Latone demandait seulemént à apaiser
sa soif, ainsi que le prouve le contexte :

> Jàmque Chimeriferæ, cùm sol gravis ureret arva,
> Finibus in Lyciæ longo Dea fessa labore
> Sidereo siccata sitim collegerat æstu,
> Uberaque ebiberant avidi lactantia nati.
> Forté lacum mediocris aquæ prospexit in imis
> Vallibus ; agrestes illic fruticosa legebant
> Vimina cum juncis, gratamque paludibus ulvam.
> Accessit, positoque genu Titania terram
> Pressit, ut hauriret gelidos potura liquores.
> Rustica turba vetat. Dea sic affata vetantes :
> « Quid prohibetis aquas ? Usus communis aquarum est.
> Nec solem proprium natura, nec aëra fecit,
> Nec tenues undas ; ad publica munera veni.
> Quæ tamen ut detis, supplex peto ; non ego nostros
> Abluere hîc artus, lassataque membra parabam,
> Sed relevare sitim ; caret os humore loquentis,
> Et fauces arent, vixque est via vocis in illis.

Haustus aquæ mihi nectar erit, vitamque fatebor
Accepisse ; simul vitam dederitis in undis.
Hi quoque vos moveant qui nostro brachia tendunt
.Parva sinu. » Et casu tendebant brachia nati.

Au contraire l'usage d'un fleuve pour la navigation ou la pêche peut appartenir à un seul
peuple privativement (1); et alors il ne peut être
rendu commun à un autre peuple sans que celui
qui y domine ait à en souffrir. Cela est évident
de soi et ressort non moins clairement des
querelles soulevées quotidiennement entre les
peuples au sujet du droit de pêche et de navigation. (Suarez. alleg. 14. — Decius, cons. 270.
— Ruyn. consil. 28, lib. 1.).

Ainsi, pour suivre encore l'exemple invoqué
par Menchaca et par l'Anonyme, Latone ne
voulait ni pêcher, ni naviguer sur le lac d'autrui; cela ne lui était point permis, (L. *injuriarum*, 13, § fin. ad fin, ibi : *In lacu tamen
qui mei dominii est utique piscari aliquem
prohibere possum.* ubi glos. et omnes) pas plus
que l'affût ou la chasse sur les terres d'autrui,
(d. § fin. ibi : *Nisi quod ingredi quis agrum
alienum prohiberi potest.*) — Ici, Freitas est
encore prodigue de citations d'auteurs, et fait
observer que si l'un d'eux a éprouvé une contradiction, c'est que le contradicteur parlait d'un
lieu public, où la chasse et la pêche peuvent
s'exercer, l'usage en étant commun, bien
que la propriété soit au Souverain. Or, nous

(1) Ripa. l. *quominùs* ff. *de fluminib.* et Scribentes in
§. 2. Inst. *de rer.div.* Baro. l. *sed divi* ff. *de rer. div.*
— Donell. lib. 4. cap. 2. et Osvald ad Donell.

discutons au sujet d'un bien privé, aussi bien
pour l'usage que pour la propriété, et dans
lequel, conséquemment, le maître peut interdire la chasse et la pêche. (Nouvelle mention
d'autorités, parmi lesquelles MOLIN., 1 tom·
disp. 45) Ce dernier veut, il est vrai, que le lieu
soit clos, cas auquel la chose est indubitable à
tous les yeux. C'est donc à tort que notre adversaire conclut de l'usage de l'eau à celui d'un
fleuve ou de la mer. De ce qu'il m'est permis de
boire à la mer ou dans un fleuve, il ne s'ensuit
pas que je sois autorisé à y naviguer et à y
pêcher.

Quand Menchaca (c. 89, n. 35) et l'Anonyme
avancent que la pêche et la navigation exercées
par tous ne portent aucun préjudice au maître
ou possesseur, pas plus que la communication
de la lumière d'une personne à l'autre, ils sont
en contradiction avec la nature, la raison, et
avec eux-mêmes. Au chapitre 12 (du *mare liberum*) l'Auteur ne s'emporte-t-il pas contre les
Portugais, qu'il traite d'accapareurs, condam-
nés par la loi 1. C. *de monop.*, et qui par leur
coalition, pour acheter et cacher des marchandises, ne tirent leur avantage que de la pénurie
des autres, comme s'en plaint hautement saint
Grégoire de Naziance, *in funere Basilii!* A
les entendre, le Roi des Espagnes n'aurait pas
moins profité des mines d'or, du commerce
d'échanges et de la navigation dans l'Inde qu'il
s'arroge à lui seul, si les autres nations y
eussent été admises.

De ce que nous avons dit dans ce chapitre et

dans le précédent, avec toute la brièveté que
nous avons pu, il appert assez que l'on peut
admettre l'occupation de la mer; car bien
qu'elle ne puisse être occupée dans son entier,
à cause de sa vaste étendue et de notre impuissance, il est reçu néanmoins qu'elle soit proté-
gée, purgée, soumise et retenue sous une auto·
rité, dans quelqu'une de ses parties, pour
défendre nos intérêts, et les garantir contre les
ennemis et les pirates.

Nous avons déduit de là deux observations.

En premier lieu, l'occupation de la mer n'est
point acquise par la navigation ou la pêche,
quelle qu'elle soit. Le simple accomplissement
de ces actes ne constitue pas l'occupation.
(POMPONIUS, 1. *si ager*, 23 ff. *de acq. rer. dom.*) :
*nec piscando quidem retinere poterimus
usum fructum.* Dieu bon ! si l'Anonyme eût
trouvé ce texte, ne pourrait-il s'en glorifier ? Il
faut entendre ainsi RUYNUS (cons. 28, n. 10 et 11,
vol. 1), 'lorsqu'il veut que la simple navigation, quelqu'en soit le cours, ne fasse acquérir
un droit. Mais si un droit propre sur la mer
appartient déjà à quelqu'un, il aura l'interdit
uti possidetis contre celui qui l'empêcherait
d'exercer son droit. (PAUL. l.. *Sane*, ff. *de
injur.*) Nous avons développé plus haut cette
vérité ; et quant aux moyens de justifier notre
droit, nous les aborderons au chapitre 13.

En second lieu, je fais observer que les Portugais ne s'attribuent pas une telle occupation
de l'Océan, un empire tel de la mer, qu'ils en
interdisent aux autres la navigation ou leur

imposent des tributs. Bien plus, les Hollandais eux-mêmes naviguent sur l'Océan dans les mers d'Espagne, dans le golfe de Venise et autres états, sans que jamais ni eux, ni d'autres en soient empêchés par nos Rois, ou aient à payer des impôts. Jamais, de mémoire d'homme, on n'entendit parler de rien de semblable.

Mais ce que nous réclamons seulement à grands cris (pour me servir de l'expression même de l'Anonyme, à la fin de son chapitre 12), c'est que les Hollandais ne naviguent point aux pays que nous avons conquis et disposés au prix de tant de sang et de dépenses, qu'assurément, si l'on met en parallèle le profit que nous en tirons, ils ne sont pas dignes d'un tel prix. Que les Hollandais s'étendent donc sur tout le vaste royaume de Neptune ; qu'ils y puisent de l'eau ; qu'ils y pêchent, y naviguent, et y assurent la route des navigateurs. Si l'envie leur prend de chercher de nouvelles îles ou d'autres territoires, il reste au Nord une grande partie du globe, encore inconnue, au témoignage d'Acosta (*De naturà novi orbis*. liv. 1. cap. 20). — Qu'ils dirigent vers ces contrées toutes leurs pensées, toute leur énergie pour y acquérir à la fois gloire et profit, tout en excitant la jalousie et l'émulation des autres peuples ! Mais qu'ils ne gardent pas le moindre espoir de jouir du fruit de nos travaux sur des mers que nous avons, les premiers, parcourues avec tant de fatigues, au prix de notre sang et de notre vie !

CHAPITRE XII

....

La mer (ou le droit d'y naviguer) est-elle le propre des Portugais à titre de donation du Souverain Pontife ?

....

Quoique, dans le chapitre 7, nous ayons satisfait à ce doute, nous allons cependant, pour suivre l'ordre des arguments de l'Anonyme, traiter encore ici, à ce point de vue spécial, du droit de navigation. Nous avons déjà montré, au chapitre 6, que le Souverain Pontife, Vicaire du Christ, n'avait pas directement une puissance civile ou temporelle sur tout le globe (1), et qu'en supposant qu'il l'eût, comme le veulent certains auteurs par nous cités, il ne pourrait la concéder à des Princes séculiers (2). La raison en est évidente ; c'est que cette puissance serait annexée au Souverain Pontificat, comme le prouvent bien les docteurs que nous avons cités ; d'où il suit que le Pape ne pourrait l'abdiquer ; et que lors même qu'en fait il s'en dessaisirait, son successeur sur la chaire de Saint Pierre révoquerait la donation, n'étant point obligé par les actes du prédécesseur, surtout

---

(1) VICT. *de Indis*, p. 1, N. 27 et 28. — SALMER. tom. 12, tract. 38, vers. iisdem, p. 325.

(2) Mêmes auteurs, et SOLUS, in-4, distinc. 5, quæst. unic, art. 10. col. 14, arg. 5. — LEDESMA, 2, 4, 9, 20, art. 4, fol. 305.

dans une chose qui tient à la splendeur et à la dignité de cette chaire auguste; et parce que, d'égal à égal, il n'y a point d'autorité. Ainsi l'a décidé Innocent III, l'un des successeurs du Prince des Apôtres (Cap. *Innotuit* 20 *de electione)*, comme l'observent Victoria et Salmeron.

Quoique le Christ Notre Seigneur soit le Monarque temporel, ayant le pouvoir suprême sur tous les biens temporels, selon cette parole de Saint Mathieu: *Toute puissance m'a été donnée au ciel et sur la terre ;* vérité le plus généralement reconnue; cependant cette suprématie du pouvoir temporel ne fut point communiquée à Pierre et à ses successeurs, pas plus qu'un absolu pouvoir sur les choses spirituelles. (St-Thomas et autres, cités chap. 6); mais le Christ a concédé telle puissance temporelle qui serait nécessaire pour atteindre le but surnaturel, la perfection des œuvres de Dieu. (Deut. cap. 23). Vous l'avez vu encore au chap. 6.

il résulte de là :

Premièrement, que le Pontife Romain n'est point, comme tel, maître de l'Océan ; et que, le fût-il, il ne pourrait le concéder aux Rois d'Espagne, non plus que les îles et terres des Indes. (Victoria, Salmeron, Sotus et Ledesma).

Secondement, que nous n'approuvons point l'assertion de Marta, *de jurisdict.* 1 par. cap. 26, N. 55, soutenant qu'Alexandre VI a concédé les Indes ou le Nouveau-Monde aux Rois d'Espagne et de Portugal, à titre de fief, en vertu du domaine direct qui lui appartient sur le globe entier. — Nous avons effectivement prouvé que le Souverain Pontife n'a pas directement un tel pouvoir, et par conséquent, qu'il n'a pu concéder un fief dans les Indes ; ce pouvoir direct étant requis par tous les feudistes. Aussi, Mabaliba, ce barbare Empereur du Pérou, que le dominicain Vincent de Balverde, dès la première entrevue, avait menacé de périr par le fer et le feu, s'il ne se reconnaissait tributaire du Roi d'Espagne, comme il l'avait obtenu du Pape, répondit-il d'une façon qui n'était rien moins que barbare : « Je ne veux point » reconnaître pour supérieur celui dont je n'ai » jamais entendu prononcer le nom, et bien » moins encore obéir à ce Pape qui donne aux » autres ce qui ne lui appartient pas. » (GOMARA. *Hist. gen. de las Indias*, p, 155.)

Troisièmement, ce n'est pas une raison bien solide, apportée par Borrellus *(de pr stant. regis cathol.* cap. 6, n. 232 et 234), lorsqu'il dit que la navigation de l'Océan appartient aux Rois d'Espagne, en vertu de la libéralité pontificale ; parce que le second Père du genre humain, Noé, reçut de Dieu l'investiture et la possession du domaine de la mer, se fit construire un navire (l'arche) avec lequel il prit corporellement cette possession. Or cette arche étant la figure de l'Eglise, et Noë la figure du Christ, il s'en suivrait que, comme Noë seul a sauvé le monde, le Christ aussi nous a sauvés tous ; et que de même que le patriarche a conservé par le bois le reste du genre humain, c'est

aussi par le bois de la Croix que le Christ nous
a rachetés (1). D'où il s'ensuivrait encore que
le Christ étant le maître de la mer et des vents :
(*Hinc surgens imperavit ventis et mari, et
facta est tranquillitas magna, et ambulavit in
mari*) (2) il a établi en sa place, comme ses
vicaires, Pierre et ses successeurs, et leur a
transporté toute sa puissance, tant spirituelle
que temporelle; de sorte que, sans aucun doute,
cette puissance et juridiction sur la mer appartient à l'Evêque de Rome; et conséquemment,
Alexandre VI a pu la concéder aux Rois
d'Espagne. — Mais cette opinion de Borellus
n'est point soutenable, soit parce que le Christ
Notre Seigneur n'a point transmis à Pierre et à
ses successeurs l'excellence du pouvoir sur les
choses spirituelles et temporelles, comme nous
l'avons dit au début de ce chapitre; soit parce
que l'eût-il fait, le Pontife ne pourrait s'en
dépouiller au préjudice de sa dignité suprême.
Ce n'est donc pas une opinion juste que celle qui
attribue la puissance des deux glaives au Souverain-Pontife.

Quatrièmement, que contrairement à ce que
veulent Sepulveda et Cevallos, le Pontife
romain n'a pas pu concéder aux Rois d'Espagne les îles des Barbares. à l'effet de les convertir ensuite à la foi (3). — Sur quoi j'observe

---

(1) ORIGÈNE, in genes. c. 6, hom. 2. — RUPERT, in genes. lib. 4, c. 71. — AUG. *contrà Faustum*, lib. 12, c. 4.

(2) BENEDICT. PEREIRA, sup. Genesim. lib.6, disp.12,n.85.

(3) SEPULVEDA, disp. object. 12. — CEVALLOS, lib. 4,
quæst. 406,à n. 309, citans Paramum, *de orig. Inquis*, lib.
3. q. 1, opin. 3, n. 76 et 77.

incidemment que Cevallos s'appuie sur Paramus qui, dans son livre *de l'Inquisition*, n'a parlé que des Princes chrétiens qui peuvent être déposés pour certains motifs. — Le Souverain Pontife n'a pas de puissance sur les Infidèles, et ne peut point les dépouiller de leurs biens et de leurs domaines à raison de leur infidélité, ou de péchés contre la loi naturelle. Nous l'avons déjà fait voir au chapitre 9, et l'Evêque de Chiapia soutient vivement notre conclusion contre Sepulveda et Cevallos (1). Ce n'est point là un bon moyen, en effet, mais plutôt un empêchement pour la propagation de la foi, comme l'enseignent Soto, Victoria et Acosta (2).

Cinquièmement, que le Souverain Pontife, toutefois, a pu, pour l'accomplissement du devoir de sa charge apostolique, concéder aux Rois d'Espagne la navigation des Indes, à l'effet de promulguer la foi dans ces pays ; et ce, privativement quant aux autres princes chrétiens, comme nous l'avons amplement fait ressortir aux chapitres 7 et 8 ; parce qu'il est rationel, nécessaire que pour le bien spirituel le Pontife possède et exerce une certaine puissance temporelle (chap. 6). Il a donc pu disposer des moyens d'obtenir cette conversion, et par conséquent d'assurer, contre tous empê-

---

(1) EPISCOP. CHIAPIA, replica 12. — SOTO, in 4. distinct. 5, quæst. unica, art. 10. — SALMERON, tom. 12, tract. 39.

(2) SOTO, d. art. 10. concl, 3. — VICTORIA, *de Ind.* p. 1, n. 39. — ACOSTA, *de procurand. Indorum salute;* lib. 1, c. 13, et lib. 2, c. 5.

chements étrangers, la liberté de la navigation
qui est la plus courte voie pour pénétrer dans
ces régions,

Sixièmement, qu'Alexandre VI n'a point concédé cette navigation dans le but que les Rois
d'Espagne partissent en guerre pour combattre
les Rois infidèles du Nouveau-Monde, et s'emparer de leurs états, mais pour qu'ils y condui-
sissent des prédicateurs de la foi chrétienne,
protégeassent et défendissent non seulement
ces prédicateurs, mais aussi ceux qu'ils auraient
convertis, et punissent les opposants, même en
occupant leurs royaumes, en tant que besoin
serait, comme l'enseignent l'évêque de Chiapia
et Bellarmin, Banez, Salas, et Acosta, en réfu-
tant les arguments contraires (4). D'où nous
voyons que l'Anonyme n'est pas fondé à prétendre que ce partage de la navigation n'a été
effectué par le Souverain Pontife entre les Rois
d'Espagne, que selon son bon plaisir ou arbitrairement, mais ne peut préjudicier à ceux
qu'il n'a point entendus, et qui n'ont point
mérité de défaveur; car, pour tous les motifs
que nous avons exposés à la fin du chapitre
7, et dans tout le chapitre 8, elle leur préjudicie;
et ce préjudice, cette exclusion dérive du pouvoir pontifical, dérive de la puissance du Pape
sur les choses temporelles, en vue des intérêts
spirituels (chap. 6).

---

(1) Episcop. Chiapiæ, *apolog.* replica 12. — Sotus. d.
art. 10. — Bellarm. lib. 5, *de Romano Pontif.* cap. 2. —
Salas. *de legib.* disp. 7. sect. 5, n. 31, vers. *ad illud.* —
Acosta, lib. 2, *de proc. ind. sal.* cap. 2; e.c.

Septièmement enfin (1), que malgré les spoliations exercées sur les peuples de l'Inde par la force et la tyrannie des généraux et des troupes, contre l'intention, la volonté et les ordres du Souverain-Pontife et des Rois d'Espagne, pour faire reconnaître la supériorité de ces monarques, il n'y a point faute de titre à retenir la possession des Indes; ce droit, en effet, bien qu'injustement troublé çà et là, n'en demeure pas moins équitable et salutaire, comme le résolvent bien Salmeron, Acosta et autres (2).

L'autorité impériale même, bien qu'usurpée par la force, s'affermit avec le temps par le consentement du peuple (3); à quoi se rapporte cette sentence de Sénèque, *in Hipol:* « *Honesta quædam scelera successus facit.* »

---

(1) Le texte latin dit, par erreur, *sexto.*

(2) SALMERON, tom. 12, tract. 38, ad fin. — ACOSTA, lib. 2, c. 2, ad fin.

(3) BELLARMIN lib. 3 *de laïcis.* c. 6. — MOLIN. *de justit.* tract. 2. disp. 24, ad fin. — ACOSTA, lib. 2, c. 3. — SALAS. *de legib.* disp. 7, sect. 12, n. 67, in fin.

CHAPITRE XIII

La mer, ou le droit d'y naviguer appartient-il en propre aux Portugais, en vertu de la prescription ou de la coutume ?

Notre Anonyme, au chapitre 7 de sa dissertation, nie que les Portugais aient pu acquérir par prescription ou long usage, soit la mer, soit le droit d'y naviguer ; suivant en cela l'étrange opinion de Menchaca, lequel, contre toutes les règles de la jurisprudence, de la philosophie et de la théologie, et pour faire preuve d'esprit, a introduit dans les écoles bien des nouveautés qui tombent d'elles-mêmes faute de bon ciment. Et il en est ainsi de cette assertion, contraire à l'avis des jurisconsultes et d'une multitude de docteurs.

Il argumente ainsi :

1º La prescription a été inventée par le droit civil ; donc elle ne peut avoir lieu entre Princes Souverains ;

2º Lorsque le droit naturel ou le droit des gens est opposé au droit civil, celui-ci n'a aucune force.

3º Les choses qui sont hors du commerce ne peuvent être ni possédées, ni prescrites, comme le décident Boniface (reg. *Sine possessione* et Caïus, (l. *usucapionem* ff. *de usucapione.*). Or ce sont là des choses publiques, comme le dit le même Caïus ; donc il n'est pas possible de prescrire les choses publiques et conséquemment la mer, qui est une de ces choses. (§ 1er Inst. *de rer. div.*).

4º D'après une décision d'Ulpien, les lieux publics n'admettent point la prescription, (L. ult. ff. *de præscript.*) mais seulement l'occupation, comme l'enseigne Marcien. (L. *Si quisquàm* ff. *de divers. et temporalibus)*.

5º Les lois d'Espagne elles-mêmes (l. 7, tit. 29, par. 3) décident que pour les choses attribuées à l'usage commun des hommes, la prescription ne peut s'acquérir par aucun laps de temps. *No lo pueda ningun ome ganar por tiempo.* (SUAR. Cons. 1, n. 4 de *usu maris* ; — Aliàs, allegatione 17. num. 5.)

6º Celui qui fait usage d'une chose commune est considéré comme s'en servant à titre commun et non en vertu d'un droit propre ; et ainsi, il ne peut prescrire, pas plus que l'usufruitier.

7º La possession, même immémoriale, ne donne pas ouverture à la prescription, lorsqu'elle a été exercée de mauvaise foi. (COVAR. *Reg, possess.* 2 p. §. 2. n. 8, — FACHIN lib. 8, cap. 25 et 33). Cela s'applique donc au Roi de Portugal.

8º Pour acquérir cette prescription par possession immémoriale, il faut que la prohibition de jouissance ait été exercée contre tous ; il ne suffit pas qu'elle l'ait été envers quelques-uns. (MENCH. Illust. cap. 85, nº 38). Or, les Espagnols, les Français, les Anglais et les Hollandais ont toujours persisté dans leurs navigations ; d'où

il résulte que mille ans ne serviraient point à
la prescription, comme l'enseigne Castrensis
(Phil. de Castro ?) contre Angeli sur la loi ult.
ff. *de usucap.* — Ainsi tombe l'opinion de ceux
qui soutiennent la prescription des golfes de
Venise et de Gènes, et la prétention des Portugais et des Espagnols au domaine de l'Océan;
opinions vraiment insensées, dont les auteurs
sont abusés par un même songe, comme l'a
conclu MENCH. (Illust. cap. 89. n. 30-36). Aussi
l'Inconnu lui prodigue-t-il des louanges mer-
veilleuses.

A ces arguments s'applique la réponse que
nous avons déjà faite aux objections résolues
dans les chapitres 10 et 11 ci-dessus. Car, comme
nous l'avons prouvé alors, l'opinion commune
des jurisconsultes et de l'école est que l'on peut
occuper la mer et la navigation, et par conséquent, qu'elles peuvent être prescrites par leur
nature, à moins de quelque obstacle particulier.

La loi de la prescription étant prohibitive
d'après la doctrine du jurisconsulte (1), de telle
sorte que toutes les choses placées dans le
commerce et susceptibles de passer en notre
possession puissent être prescrites par tous, et
contre tous, excepté quelques unes par suite des
prohibitions spéciales du droit ; c'est seulement
lorsqu'il y aura quelque prohibition spéciale du
droit naturel, du droit des gens ou du droit

---

(1) In l. *mutus,* 43, in princip. vers. *cum quœritur.* ff.
de proc. — Observant in specie Soc, cons. 47, n 15. lib.
3, — TIRAQ, *de jure primo,* 9. 30, in princ. et antè illos
glos. 4 in l. ult. C. *de fund. limitroph.* lib. 11.

civil, mettant certaines choses hors du commerce, que nous ne pourrons pas les acquérir par prescription ou par tout autre moyen légitime, selon cette décision du jurisconsulte Paul, au § *Omnium* ff. *De contrah. empt: Omnium rerum quas quis habere vel possidere, vel persequi potest, venditio rectè fit ; quas vero natura vel gentium jus, vel mores civitatis commercio exuerunt earum nulla venditio est.*

Il faut remarquer, cependant, qu'il y a bien de la différence entre dire qu'une chose est dans le commerce, ou que l'on a droit au commerce d'une chose. — La première de ces expressions se rapporte à la qualité de la chose qui peut être aliénée ou soumise à la propriété ; la seconde à la qualité de la personne qui est capable de commercer d'une chose qui est dans le commerce, selon l'habile distinction de Paul (lib. 48 ad Sabinum. l. *multùm interest 34*, ff. *de verb. oblig.*) : *Multùm interest utrùm ego stipuler rem cujus commercium habere non possum, an quis promittat; si stipuler rem cujus commercium non habebo, inutilem esse stipulationem placet; si quis promittat, cujus non commercium habet, ipsi nocere non mihi.* — Sur ce, les auteurs modernes abondent en développements; et, dans notre cas, la chose dont il s'agit pourra être dans le commerce, et prescrite sinon par tel laps de temps, du moins par tel autre, à l'exemple des biens des hérétiques. (Bon. viii, c. 2 *de hæret.* etc.)·

Cela posé, il faut prouver :

Premièrement, que la juridiction et la pro-

tection de la mer appartiennent au Prince
Souverain, comme l'expliquent Balde, Jasson,
Suarez, Cabed., Peregrin (1), suivant lesquels
la propriété n'est à personne; mais cette distinction entre la propriété et la juridiction peut
sembler purement nominale; puisque, en réalité,
elle produit les mêmes effets, quant à l'objet
que nous nous proposons.

C'est du mot de *propriété* que se sert Paul
(ad Plautium, lib. 13, 1. *sane*, ff. de *injuriis*),
lorsqu'il enseigne qu'un droit propre sur la
mer peut appartenir à quelqu'un, ce que l'interprétation de l'Anonyme restreint à un *diverticulum*, (détour ou canal) contre la signification propre et générale du mot et du texte
entier. Et cependant Ulpien, dans une réponse
précédente (l. *injuriarum* §. *si quis*, de
injuriis, avait distingué la mer du canal,
disant: *Si quis me prohibeat in* MARI *piscari,
vel* DIVERTICULUM (2), ce que nous avons déjà
fait remarquer au Chapitre II. Lorsque Tribo-
nien, sur le texte suivant, introduit la question
de mari, on ne peut pas dire qu'il ait entendu
parler *de diverticulo*, qui était l'autre et opposé
membre de l'alternative; d'où il est prouvé
pour moi, que Paul a entendu parler, 1° de la
mer, et non d'un lieu de détournement de ses

---

(1) Additio ad glos. verbo *littora*, in 1. 2 *de rer. div.* ubi
Balde et Jasson, communis ex Suarez allegat. 17 n 29.
Cabed, decis. 46, n. 4; Peregrino, de jure fisci, lib. 1.
tit. 1 n. 17.

(2) Quod quid sit explicant Budœus ad posteriores
Pandectas, sub illo titulo, et Alciat. 2 disp. cap. 13.

eaux, 2º de la propriété dont elle est susceptible.
L'Anonyme ne peut éviter d'accepter cette
solution, après avoir enseigné dans les termes
suivants (ch. 7) que les deux textes doivent
être expliqués dans le même sens. « *Mens
Pauli suprà explicata est; cœterùm illi, si vel
sola Ulpiani verba quœ prœcedunt satis con-
siderassent, longe aliud dicturi erant.* » Ainsi
donc, comme nous l'avons vu, il est pris par
les deux textes.

C'est donc par suite de cette propriété ou de
ce droit de protection et juridiction, que l'Empereur envoie des flottes afin de purger la mer
des pirates, des ennemis et des barbares, —
comme il appert de la décision des Césars (l.
unica C. *de classicis,* lib. 12.) « *Seleucena* (classis) *ad auxilium purgandi Orientis aliasque
necessitates Comiti Orientis deputetur.* »

Ce texte remarquable suffit, à lui seul, pour
justifier la navigation de nos Espagnols à travers l'Océan. Car pourquoi ce qui fut permis
à l'Empereur ne le serait-il pas aux Rois d'Espagne qui, ne reconnaissant point de supérieurs
quant au temporel, jouissent de toute la puissance impériale (1). En effet, bien que la Lusitanie ait été autrefois soumise de fait à l'Empire
Romain, — beaucoup pensant que ce n'a pas
été en droit, — il est hors de doute qu'après
que la nation des Goths l'eut délivrée de cette
sujétion, et que d'autres l'eurent arrachée à la

---

(1) Autorités citées au milieu du texte: Covarruvias,
Suarez, Ferretus, Burgus, Navarr.

fureur des Infidèles ; ni l'Espagne, ni le Portugal n'ont reconnu, quant au temporel, d'autre supérieur que leur Roi propre, ainsi que les docteurs précités l'ont prouvé pertinemment.

On ne doit pas, toutefois, admettre simplement et généralement que l'Empereur, ou les Rois en qui brille la puissance impériale, aient l'intention fondée d'exercer une juridiction sur toute l'étendue des mers, comme l'ont soutenu, après d'autres, Alexandre (Consil. 87, n. 17). Martin Laudensis, (tract. *de Princip.* not. 181) et Castald. (*de Imperatore*, q. 52). Nous avons, au chapitre 10, repoussé cette juridiction. On doit l'entendre, soit par rapport aux Provinces qui sont soumises à notre domination, soit par rapport à cette mer dont nous avons assumé, par nos navigations et nos dépenses, la surveillance et la protection, selon les explications que nous avons données au Chapitre 8.

En effet, quoique cette navigation et cette protection soient communes à tous, en vertu du droit naturel, ou du droit des gens, comme la plupart des choses que nous oppose l'Anonyme; le contraire a lieu cependant quelquefois par la volonté soit du peuple, soit du Prince; car l'Empereur est le maître du monde (c'est-à-dire de la partie qui lui est soumise, comme nous l'avons observé ci-dessus) et la mer est placée sous sa loi (L. *deprecatio,* ff. *ad. leg. Rhod.* ALCIAT. 2 disp. cap. 5).

Le Prince peut donc, à cet égard, décider ce qui lui parait juste et bon, la puissance d'Au-

guste n'étant pas moindre que celle de la loi
publique ; et cette loi publique pouvant imposer une servitude à la mer.— Par suite, un droit
propre sur la mer peut appartenir à quelque
particulier ; de telle sorte que s'il est empêché
d'exercer son droit, on doit répondre que l'interdit *uti possidetis* lui appartient *(l. Sané si
maris de injuriis*); et de même, par l'usage de
ce droit privé pendant un temps immémorial, la
prescription peut être acquise sur la mer, comme il est reçu qu'elle peut l'être sur les rivières.
Et il l'obtiendra surtout, si en quelque façon,
non-seulement par la prescription, mais aussi
par la coutume, quelque chose du droit naturel
ou des anciens décrets a été aboli ou modifié.
Car ce qui a été affermi par une longue coutume, observé pendant beaucoup d'années,
conserve le droit non moins efficacement que
les écrits. Il obtiendra donc ce droit s'il ne lui
est opposé un autre droit spécial acquis par
l'autorité du Prince, par la prescription ou par
la coutume ; ce qui, assurément, laisse sa force
au principe que la mer et ses rivages sont
communs. Claudius, § *et quidem*, inst. *de rer.
div.*, le fait ressortir habilement.

A son avis, la juridiction, la protection, ou
plutôt la propriété peut appartenir triplement
à l'Empereur ou aux Princes Souverains :
1o lorsqu'ils exercent leurs droits souverains
sur les provinces adjacentes à la mer ; car alors
comme ils sont les maîtres du rivage, ils le
seront aussi de la mer dont le rivage fait partie,
l'un et l'autre étant régis par un même droit,

considérés comme *publics*, c'est-à-dire à l'usage
du peuple ou de la province adjacente à la mer
(Doneau. lib. 4, ch. 2) ; et de là procède l'envoi
des flottes, pour maintenir la protection et
l'empire de la mer. 2º en vertu de la prescription,
au sentiment de tous les docteurs, et particulièrement de ceux qui soutiennent le droit des
Vénitiens et des Génois pour la défense de leurs
golfes. Non-seulement Castrensis (L. fin, ff. *de
usucap.*) ne leur est pas opposé, mais bien plus,
il est de la même opinion ; comme nous le dé-
montrerons sous peu, en le retorquant contre
l'Anonyme. Cet avis est donc absolument consacré (*receptissima*) contre le seul Menchaca,
qui, sans aucune raison solide, s'est écarté de
la multitude des docteurs, ce dont nous reparlerons plus bas.

Mais ces docteurs exigent une prescription
par temps immémorial, opinion que l'on peut
admettre, — d'abord parce qu'un ancien usage
de l'eau, fondé sur une longue possession, peut
être acquis, comme l'ont décidé les Empereurs
(l. *usum*, C. *de aquæ ductu*). Et, à cet égard,
toute l'interprétation que fait Castrensis de la
décision *de aquà privativa*, offense le titre et le
texte, puisqu'il fait mention d'une autorisation
du Prince qui ne saurait intervenir à l'égard
des eaux privées ; — ce que l'Anonyme n'a point
remarqué lorsqu'il embrasse avec éloges l'interprétation de cet auteur. — En second lieu,
d'après la réponse de Papinien sur la loi fin, *de
usucapione*, puisqu'elle se renferme dans la
prescription *longi temporis*. Mais ici, l'Ano-

nyme répondra que du temps des jurisconsultes
la prescription n'était autre chose qu'une
exception et qu'ainsi Papinien a voulu parler
non point de celle-là, mais de cette dernière.
— Nous satisferons à cette objection en disant
que, dans l'espèce de Papinien, il s'agit principalement de prescription, c'est-à-dire de
l'acquisition résultant de la possession, ce qui
conste de ces expressions : *Præscriptio longæ
possessionis ad obtinenda loca*, et plus clairement encore d'une réponse de Javolenus (l. *ei
à quo* 21, *de usucap.*) : *Longi temporis præscriptio non durabit*, réponse dans laquelle
prescription est bien entendue dans le sens
d'acquisition, au sujet de laquelle le jurisconsulte soulève ce doute : *An durare nihilominùs
usucapionem ?* Il n'est point question ici
d'exception, et le mot ne s'y présente même pas.
— Marcien n'est pas moins pressant, et sans
équivoque, (in l, 3, ff. *de requir. reis*) : *Quam-
cumque*, dit-il, *quæstionem apud fiscum, si
non alia sit præscriptio, viginti annorum
silentio præscribi Divi Principes voluerunt*.
Joignez à cela la rubrique du Digeste, *de
exceptionibus, præscriptionibus et præjudi-
ciis*, qui réunit copulativement des matières à
considérer comme différentes l'une de l'autre;
puisque si la prescription est une exception, il
est bien inutile d'ajouter après le titre *de
exceptionibus*, un autre titre *de diversis et
temporalibus præscriptionibus.*

Mais la tergiversation de l'Anonyme est tout-
à-fait abattue par la constitution de Zénon (L.

si diligenter, in fin, C. *de aquæ ductu)*, statuant ainsi : *Nec longi temporis præscriptione
ad circumscribenda civitatis jura profutura* ;
d'ou il appert qu'à cette époque de l'Empire, et
quand étaient déjà connues la prescription de
très longtemps et la prescription immémoriale,
les lieux publics n'ont pu s'acquérir par un
long espace de temps. Ce texte signifie donc
que nous devons diversement penser et dire, si
la possession immémoriale s'y joint : car il est
évident que l'Empereur a en vue l'acquisition.

Nous ne nions pas cependant que la prescription soit aussi et fréquemment prise par les
jurisconsultes, pour une exception (*renvoi à
des textes*). Mais, en cette matière, il ne faut
d'abord pas écouter J. Faber, Angeli et les
modernes, sur la rubrique Inst. *de except.* ni
d'autres que mentionne et suit Covarruvias,
affirmant qu'il n'y a point de différence entre
prescription et exception. Il résulte de ce que
nous avons dit, et de ce que nous dirons encore,
qu'elles diffèrent essentiellement.

En second lieu, il faut même rejeter Bartole
et Paul, in rubricà ff. *de except.*, Decius et Parisius, in rubricà extra *de except.*. Conan, liv. 3.
chap. 11; parce qu'ils établissent entre l'exception et la prescription la seule différence du
genre à l'espèce; de telle sorte que le terme *exception* comprendrait toute exception qui exclut
une action ou une poursuite,(juxtà textum in l.2
ff. *de except*) et que la prescription ne serait
qu'une espèce d'exception prenant sa source
dans le temps, d'après l'acception de Paul (in l.

creditor ff. *de div. et temp.*) et la définition de la glose *in Summà* 16, 9. 3. — Leur opinion est invalidée par cela seul que plusieurs prescriptions portent ce nom quoiqu'elles ne dérivent pas du temps, comme il appert de cette réponse de Modestinus : *Nec rei judicatæ præscriptionem opponi* (l. *qui agnitis, de except.*). Macer abonde dans le même sens (l. pen ff. *de re jud.*). Justinien parle aussi de la prescription par jugement (l. pen C. *de pact.*) Parlador rapporte plusieurs autres exemples, et fait observer que le mot *prescription* comprend d'autres espèces de prescriptions que celle du temps.

Suspectons, en troisième lieu Alciat (in l. *quinque pedum.* n. 72 C, Covarruvias, Parlador, Doneau, Osvald, lesquels s'imaginent que le mot *prescription,* employé pour *acquisition,* est barbare et inconnu des jurisconsultes. Ils se trompent en effet, car on le trouve avec cette signification tant chez les bons auteurs que chez des jurisconsultes tels que Conan, Cújas, Othomanus. Cela est également mis en évidence par les réponses sur la loi *qui alienam,* 54, in princ. ff *de evict.,* où Caïus dit : *qui alienam rem vendidit post longi temporis* PRÆSCRIPTIONEM *vel usucapionem definit emptori teneri de evictione.* Qui donc a jamais dit *post longi temporis exceptionem ?* Ainsi donc, puisque dans cette réponse, l'usucapion se rapporte à l'acquisition, pourquoi entendre la prescription dans un sens différent ? Le texte de la loi *ei à quo* 21, l. ult. ff. *de usuc.* prouve la même chose, comme nous l'avons remarqué ci-

dessus ; quelques efforts que fassent Alciat et
Covarruvias pour s'en défendre.—De même Julius Paulus (lib. 5 senten. sub. tit. *de usucap*) se
sert du mot *prescription* ; et cependant il ne
parle pas d'exception, mais d'acquisition, comme il appert non-seulement de la rubrique, mais
de ces mots : «*Longi temporis præscriptio inter
præsentes continuo decennii spatio, inter
absentes vicennii comprehenditur.* »

De même encore Justinien emploie cette
expression dans la rubrique, aux Institutes, *de
usucap et longi temporis* PRÆSCRIPTIONIBUS.
Sous ce titre Justinien ne s'occupe pas d'exception, qui s'obtient par une possession de longue
durée. laquelle acquisition il paraît bien que
l'Empereur a voulu appeler prescription dans
cette rubrique. Et mon Théophile (1) contient
le même mot ; c'est seulement dans les copies
postérieures des Codes que la rubrique a été
changée, probablement sur l'autorité des
auteurs précités. Bien d'autres arguments
pourraient encore être invoqués contre ces
princes de la science du droit, qui dans un
sujet si clair ont voulu, sans nécessité, détourner
en sens contraire les réponses des jurisconsultes
romains.

A l'appui de ce qui précède, disons que le mot
præscribere, est employé pour *præ scribere,
seu intitulare* (écrire devant, intituler) et pour

(1) Freitas veut parler sans doute de son exemplaire
de Théophile. jurisconsulte grec du 6e siècle, qui a tra-
vaillé à rédiger les Institutes. dont il a laissé une
savante paraphrase, grecque, découverte dans le 16e
siècle (*N. du Trad.*)

præfinire (déterminer, limiter d'avance*) (1)*.
L'on dit donc avec raison que celui qui acquiert
une chose par usage et possession, se la prescrit,
et met un terme *(præfinit)* à la propriété ou au
droit d'autrui. L'acquisition même est appelée
prescription, comme qui dirait *intitulation* ou
limitation. A notre aide encore ces passages
du code: *Ut nec usucapio, nec longi temporis
præscriptio procedat* (L. ult. §. *sin autem*, C.
communia delegatis), et cet autre : *Vindica-
tionem damus longi temporis præscriptione
submotà*, (l. *quemadmodùm* in fine. C. *de
agric*. lib. 11). — Mais ce qui est irréfragable,
c'est la décision, sur ce point, de la loi 1. C. *ne
rei dominicæ temporis præscriptione submo-
veatur;* car ce qui regarde la prescription y
est imprimé en rouge; puis le mot *definitio* —
en noir,— y est employé ainsi: *Omni temporis
definitione submotà*, expressions qui signi-
fient bien force de prescription, et non pas
d'exception seulement.

Quatrièmement, il est constant que Parlador
est dans l'erreur lorsqu'il affirme négligemment qu'aucun jurisconsulte n'a fait usage du
mot *prescription (*2*)*;ce qu'on ne peut croire, en
effet, dit-il, de gens doctes et corrects. Or
Javolonus, in l. *ei à quo*, 21, et Ulpien, in l. ult.
ff. illo tit, se servent de cette expression ; et,
bien plus, les termes qui précédent ne peuvent

---

(1) Ut constat ex Thes, Calep, Nizolio, Conan, Alciat et
aliis suprà.

(2) PARLADOR, lib.1.*Rer. quotid*. C. 1. in princ. n. 3 ad
fin, in titulo ff. de *usucap*.

en aucun sens être pris pour *exception*, comme nous l'avons fait voir plus haut. Quant au motif pour lequel les jurisconsultes se sont servis plus souvent du mot *usucapio* que du mot *præscriptio*, c'est que l'usucapion dit *capio possessione*, et signifie plus proprement, plus énergiquement, acquérir par la possession; tandis que *præscribo* signifie *intitulare* (me faire un titre) et *præfinire terminum alteri*; (mettre fin à la possession d'autrui); et comme ces deux effets sont aussi ceux de l'usucapion, ce mot de *prescription* n'est rien moins que barbare: on doit plutôt le déclarer élégant, comme exprimant l'acquisition par ses effets.

Cinquièmement, je tiens aussi pour erroné ce qu'affime la grande glose sur la loi 1 C. *Si adversus creditorem*, lib. 7, que suivent Parlador et Ant. Faber, à savoir que la prescription *longi temporis* ne produit ni action ni propriété; de telle sorte qu'une chose obtenue par cette prescription *longi temporis* ne pourrait pas être réclamée. Faber est mû par la loi *Si duo*, 13, § 1 ff. *de jurejurand.* où se trouve ceci : *Julianus ait eum qui juravit fundum suum esse post longi temporis præscriptionem etiam utilem actionem habere debere.* Mais leur opinion n'est pas juste, comme le prouvent après d'autres, Covarruvias, Pinel, Menchaca, et Corras. (1) C'est ce qui appert d'abord de cette loi *si duo* ; parce que, outre l'action utile

---

(1) Covarr. reg. possess. 3 p.—Pinel. in authent.*Nisi.* N. 36.—Menchaca Illust,cap.54— Corras, 6 miscel. cap. 10. N. 3.

accordée à raison du serment, une action
directe est supposée, à raison de la particule
etiam, comme le remarque Covarruvias, au
lieu cité ; aussi, parce que cette tradition, que
l'action utile apporte la propriété utile, *directà
directum*,est condamnée, et parce que les jurisconsultes n'ont jamais fait mention d'une propriété directe et utile (1), et encore parce que
l'actio utilis in rem appartient à celui qui n'a
aucun droit de propriété (citations multiples).
— Et la raison pour laquelle le sentiment commun des docteurs reconnaît que la prescription
n'emporte pas acquisition ni conséquemment
une action, mais seulement une exception, me
paraît être que dans la loi *si quis emptoris* § 1,
C. *de præscript.* 30, cum aliis, il n'est point
fait attribution de propriété ou d'action au
prescrivant, mais seulement d'une exception,
par laquelle il se défend contre l'ancien maître.
Assurément cette exception présuppose la propriété de celui-ci (L.2,ff.*de except.*).Au surplus,
ceci est de peu d'importance, puisque ces
textes s'appliquent au possesseur qui prescrit,
auquel cas il n'avait point à procéder par action,
mais seulement par exception ; et alors l'exception n'a point pour celui qui en use, l'effet
d'une action pétitoire, mais elle a pour objet
d'exclure la prétention de l'adversaire ; comme
l'expliquent sur la loi 2 précitée, Corras lib, 10,
miscel, c. 10, et Mench. illust. c. 54, n. 9.

Sixièmement, au sentiment d'Alciat, de Rœu-

---

(1) Nec est considerabilis ex Velasco *de jure emphyt.*
quæstio 13, n. 2.

ard, d'Osvald, et autres (*ad Donel.* lib. 22, cap. 1, litt. N.) on doit décider que la prescription emporte exception quand celle-ci doit être invoquée *in principio litis*, et examinée avant la preuve des prétentions du demandeur, qu'elle soit dilatoire, ou de celles des préremptoires qui peuvent être opposées avant la contestation du fond. Cette explication est convenablement tirée de la loi *si Maritus* 15, ff. *de adulteriis*, où il est dit : *Præscriptiones quæ objici solent accusantibus adulterii anté solent tractari quàm quis inter reos recipiatur; cœterùm, postquàm receptus est non potest præscriptionem objicere,* (ex Quint. et Fortunat, quos referunt Alciat, Covarr, Osvald). Il suit donc de ce qui précède que la prescription, autrefois comme aujourd'hui, emportait un moyen d'acquisition, comme on le voit dans la loi dernière ff. *de usucap.* ainsi que nous l'avons remarqué plus haut; et tel était le but de notre argumentation.

Septièmement, par l'habitude qui est une autre nature (MOLIN. lib. 2, c. 2, n. 21), ce droit de naviguer peut s'acquérir, comme l'enseignent Claudius, et le commun sentiment des docteurs rapporté plus haut, sur le § *et quidem* Inst. *de rer div.* En autorisant la prescription, à plus forte raison admettent-ils l'acquisition par la coutume (1). C'est toutefois ce que Menchaca (illust. cap. 89, n. 36), et

---

(1) Quibus addo Roland, cons. 5, à n. 68, vol. 1. — Alexander Raudensis, decis. 6. — Pisana. n. 23, par. 1.

l'Anonyme, qui jure (cap. 7) par le texte de cet auteur, ne veulent point nous accorder, disant que dans la question proposée il n'y a aucune différence entre la prescription et la coutume, et que nier l'une, c'est nier l'autre également. Mais le maître et le disciple boîtent de l'un et de l'autre pied ; soit parce que la prescription a cours dans l'espèce qui nous occupe ; (nous l'avons dejà prouvé et cela ressortira plus clairement encore de la suite de notre argumentation) ; soit aussi parce que dans ce cas, il s'agit encore plutôt de coutume que de prescription (1). — Molina (lib. 2, cap. 2, n. 11) fait remarquer que les textes se servent, *passim*, du mot *coutume* dans le sens où nous l'employons : c'est ainsi que le jurisconsulte sur la loi *injuriarum* 13, § fin. ff. *de injur.*, dit qu'un particulier se prévaut d'une injuste coutume lorsqu'il s'oppose à ce qu'un autre puisse pêcher. Donc, si au contraire, comme le veulent Menchaca et l'Anonyme, cette opposition est fondée en droit au moins dans un détour de rivière, c'est en vertu d'une juste coutume. Les jurisconsultes se servent encore des mots *habuisse longà consuetudine*, sur la loi 1, § fin ff. *de aquà pluvià* ; et les Empereurs, dans la loi *usum*, C. *de aquæ ductu*, employent dans le même sens *vetustatem* et *consuetudinem*. Le Souverain Pontife se sert du même mot (cap. *super quibus* § *prœtereà* de verb.) d'après le

____

(1) Ut tradunt Faber et Angel § *flumina*, nu. 3. Inst. *de rer. div.*. — Claudius d. § *et quidem.* — Balb. *de præscr.* § p. 5. etc.

propre témoignage de Menchaca (1), faisant
observer qu'il appelle prescription un laps de
temps plus qu'immémorial, qui serait mieux
nommé *consuetudo*. — J'ajoute que ce dernier
mot est le plus exact pour exprimer le mode
d'acquisition, par les Portugais, du droit qu'ils
opposent à d'autres peuples.

Je remarque que les docteurs qui exigent
dans l'espèce une prescription immémoriale
supposent que ce droit appartient à un Prince
Souverain, qui peut le concéder par privilége
(*ut docet glos. in L. Sané ff. de injur. recept,*);
et à défaut de privilége, la coutume immémoriale
peut être utilement invoquée comme ayant la
même force (2). Mais cela n'est point à considérer à l'égard des choses qui ne sont pas sous
la dépendance de l'Empereur ou autre Prince
Souverain; et l'on peut dire ainsi qu'une
prescription immémoriale n'est point nécessaire à ce prince qui s'est approprié un droit de
navigation et le maintient, mais qu'il lui suffit
de l'occupation première et de la destination
qu'il lui a donnée, comme nous l'avons expliqué
au chapitre VIII.

Et en ce sens on peut soutenir l'opinion de
Paul, de Balbus et de Suarez (3), estimant que
pour acquérir le droit de pêche, de navigation,

---

(1) Illust. c. 83, n. 23.

(2) Prout decidit Pont. cap. *super quibus* d.§ *prœtereà,
de verb. signif.* — Alliet, décis. 254, n. 4.

(3) PAUL, L. ult. n. 4, *de usucap.* — BALB. *de prœ-
script.* 4 par. quart. quœst. 6, n. 1. — SUAR. allegatione
17. n. 5.

et autres semblables, aucune prescription n'est nécessaire, mais que la première occupation suffit ; par cette raison que lorsqu'il s'agit du domaine public, celui-là doit être préféré qui a commencé le premier à en jouir (1).

Cette opinion de Paul et de ses adhérents n'est pas toutefois indistinctement vraie, puisque le jurisconsulte exige (L. *si quisquam 7, de divers. et temporalibus*), de celui qui s'oppose à l'acquisition du même droit par autrui, qu'il ait péché seul pendant plusieurs années ; et il est incontestable que l'usage de ces choses est tellement commun que celui qui l'exerce ne peut l'interdire à d'autres (L. *Imperatores, de servit. rustic. — L. Nemo, de rer div.*); et celui qui souffre d'un tel empêchement peut recourir à l'action *injuriarum* (L. *Injuriarum, § si quis me ; L. 2, § si quis in mari, ne quid in loco publico*; d'où il suit que pour mettre en cela, opposition à la jouissance d'autrui la prescription est nécessaire (2).

L'opinion susdite et la raison sur laquelle elle se fonde sont donc applicables entre Princes Souverains dans les choses qui n'ont pas eu de premier occupant; et c'est ce que, à propos de la navigation aux Indes, manifeste la bulle de partage d'Alexandre VI, relatée par P. Malthœus et Laërte; puisqu'elle réserve le

(1) Ex glos. verb. *ad obtinendum*, l. 2, § 1, ff. *ne quid in loco publico*, recepta per omnes ibi, et Sàflcetum in L. *Per agrum, C. de servit*

(2) Ex doctrina glos. primæ in l. *sanè*, ff *de injuriis* et verb. *omnibus, § flumina*, Instit. *de rer div..* ubi Faber post, princip. et dec. cons. 270, n. 11.

droit des autres occupants, indiquant bien
ainsi qu'entre ces Princes l'occupation première suffit.

La raison de la différence est évidente. Un prince souverain n'a pas besoin de privilège d'autrui pour occuper des lieux de domaine public;
il n'a donc pas besoin de la prescription qui
tient lieu de privilège. Un particulier, au contraire, qui ne peut posséder ces biens, en
opposition à la loi, ne le peut non plus par une
prescription ordinaire; il a besoin d'appuyer
cette prescription sur une occupation de temps
immémorial.

D'où l'on peut inférer que les Vénitiens n'ont
pas besoin de fonder leur droit à la possession
de la mer Adriatique sur un privilège de l'Empereur, ni même, au lieu de privilège, sur une
possession immémoriale, comme le veulent
quelques auteurs; mais qu'il leur suffit d'invo-
quer leur occupation première et l'autorité
qu'ils y ont exercée, avant même qu'il existât
un Empereur, d'Orient ou d'Occident, qui se fût
attribué l'empire des mers. Car l'origine de la
nation et de l'empire des Vénitiens remonte à
l'époque de la prise de Troie (Luc. décad. 1, lib.
1, in initio) ou bien à la ruine d'Aquilée, par
Attila, roi des Huns, en 454, ou plutôt au déclin
de l'Empire de Constantinople, lorsque cette
mer n'était sous la protection de personne,
mais exposée aux excursions des pirates. Et ce
motif fut probablement d'un gand poids dans
la contestation débattue à Vienne en 1614, entre
l'Empereur, Archiduc d'Autriche, et les Véni-

tiens, et qui se termina par une sentence favorable à ces derniers, comme il est rapporté au
supplément 2 à l'Archevêque de Zara (*Historia
degli Uscochi*),

Cette sentence, en effet, dissipe toute difficulté qui pourrait être opposée à notre empire
asiatique; car il faut croire que dans une
affaire de si grande importance, sont interve-
nus les plus habiles jurisconsultes, qui n'auront
rien omis au soutien du droit de Sa Majesté
Impériale d'Autriche, et qui, succombant toutefois, à la force de la vérité, ont reconnu que
le droit des Vénitiens devait être respecté par
les autres peuples. Or, notre droit de naviguer
dans l'Inde étant bien supérieur à celui des
Vénitiens sur l'Adriatique, à plus forte raison
est-il fondé.

Il n'y a point à s'arrêter à cette objection que
la prescription des choses publiques est prohibée en droit (1), surtout quant à la mer et à la
navigation, qui sont réputées libres, même à
l'égard des Princes Souverains (2), de telle sorte
qu'une prescription immémoriale soit nécessaire (3).

A l'appui de cette objection (4), l'on distin-

---

(1) L. ff. §. *de usucap.*

(2) Juxt. reg. l. *altiùs*. C. *de servit.* Junctis resolutis
per Alciatum. regul. 2. præsumptione 3. VALASCUM. *de
Jure emphyt.* g. 9, à n. 12. MOLIN lib. 2. *de primog.*

(3) Juxt. c, 1, *de præser.* in-6.

(4) Ex traditis per Abbat. num. 34, in cap. *si diligenti
de præscript.* et alios, quos sequitur COVAR. lib. 1.
variarum, c, 17. n. 7.

gue entre le droit commun, si fortement pro-
hibitif qu'il s'oppose même absolument à la
possession de la chose, et un droit moins rigou-
reux, qui ne prohibe ni la possession, ni la près-
cription; au premier se rapporte le dit c. 1. *de
præscr*, et au second, la prescription des servitudes sur les choses libres, juxt. text. *cum
materià*, in leg. *si quis diutina*, ff. *si servitus
vindicetur.*

Cette réponse, toutefois, est contredite par
Menchaca (Illustr. cap. 87. n. 3); et c'est avec
raison.; soit parce que le texte, in d. C. 1, n'est
pas fondé sur une grave et rigoureuse résistance du droit qui prohibe la possession, mais
signifie seulement que la présomption du droit
commun est contre celui qui prescrit; soit
parce qu'il est faux de dire, dans les termes du
dit c. 1, que le droit est absolu au point de prohiber la possession. Que s'il en était ainsi, un
titre même ne suffirait pas, d'après la règle de
la loi *Ubi lex*, ff, *de Usucap. reg. sine possessione.* Et c'est ce que, dans l'espèce, fait remarquer Covarruvias, *regul. possessor,* 2e partie
§. 10. num. 7.

D'où il faut conclure que la règle de la loi
dernière ff. de *usucap.* est applicable aux particuliers, comme nous l'avons souvent remarqué; et qu'ainsi le droit commun n'est point
contraire à l'acquisition et à la prescription
des Princes à l'égard des choses publiques;
qu'il y est de plus, conforme, puisqu'il admet
la disposition du Prince Souverain à leur
égard. (L. *Quominús* ibi : *Nisi imperator*, ff,

*De fluminibus text. optimus in l. injuriarum
13, si quis me ff. de injuriis).* Ulpien, en effet;
après avoir dit que celui qui s'oppose à ce que
je pêche dans la mer ou dans un canal est atta-
quable par l'action *injuriarum,* fait exception
ou plutôt établit la règle contraire en faveur
du locataire public, à qui il affirme que les
anciens avaient accordé un interdit. Mais plus
élégant me semble son texte sur la loi 2, § *si
quis a Principe,* ff, *Ne quid in loco publico :*
« Si quelqu'un, dit Ulpien a obtenu simplement
du Prince de construire sur un lieu public, on
ne doit pas croire qu'il puisse construire en
portant préjudice à autrui ; et la concession
n'est pas faite non plus à moins qu'un autre
l'ait déjà obtenue. » Une glose dernière, rapportée ici par Pinel, in rubricà *De rescind.* p. 1.
cap. 2 num. 8, conclut que le texte doit s'entendre en ce sens que le concessionnaire ne
peut porter un préjudice même modique ; et
cette interprétation est repoussée par Pinel
comme purement conjecturale, et contraire à
la justice, qui souffre dérogation dans les
choses de peu d'importance ; ce qui lui fait penser, avec assez de goût, que le jurisconsulte ne
s'est attaché qu'à la concession elle-même,
sans décider, mais en laissant douter si elle
était juste ou injuste. Par conséquent, elle sera
juste et admissible si celui qui se trouve lésé est
indemnisé ; elle sera injuste et devra être
rejetée dans le cas contraire. Mais cette explication pêche par ce même vice conjectural et
suppléitif que Pinel reproche à l'interprétation

donnée par la glose, et détruit le texte
d'Ulpien.

Pour moi je pense que ce texte doit être
entendu généralement ; c'est-à-dire, qu'il ne
faut pas que la généralité de ceux qui ont
l'usage commun du lieu (1), sur lequel est assi-
gnée la concession puissent avoir à en souffrir.
Et cela en dehors de toute satisfaction ou
indemnité, puisqu'il serait impossible de satisfaire individuellement à chaque citoyen et
sujet, et que, d'ailleurs, la concession de la chose
d'un usage commun provient de la disposition
et de la volonté du chef de l'Etat.

Et quoique les raisons précédentes et d'autres semblables, aient trait à un Etat particulier à l'égard de ses sujets, elles sont généralement convaincantes, en ce qui concerne notre
thèse, quand il s'agit de choses qui sont communes à tous, si elles sont susceptibles d'occupation ; à l'effet que l'occupant soit préféré aux
autres princes, indépendamment de la volonté
et du titre émanant d'un autre souverain. *Et
ainsi n'est pas applicable à notre espèce la
décision dudit chapitre 1er*.

En effet, bien que les lieux publics selon le
droit des gens soient réputés libres, à l'égard
des princes souverains, cette présomption toutefois ne l'emporte pas sur la résistance du droit
à l'empêchement de la possession et de la prescription ; bien plus, cette présomption de droit
ne requiert point une possession immémoriale

_____

(1) L. 2. §. *hoc autem interdictum*, Vers. *loca,*

de la part des Inférieurs (1). Nous avons dit, en
effet, ce qu'il faut bien remarquer, que la
présomption de droit résiste à la prescription,
dans le cas du chap. 1er, quand le droit concède
la chose dont il s'agit à d'autres, et la refuse
au prescrivant; comme l'expliquent dans les
exemples de la grande glose, Auchar, n. 3;
Fran. 9, in d. cap. 1. Or, dans notre espèce,
aucun droit n'accorde aux autres princes la
navigation de l'Inde, en la refusant aux Espagnols; mais elle est commune et libre pour
tous. Et cette présomption de liberté fait que
celui qui se prévaut d'avoir acquis la possession
privativement à d'autres, est tenu de le prouver
bien qu'il soit dans une quasi-possession (Juxtà
d. l. *Altiûs.* L. *si ædibus,* C. *de servitut*).

En effet, le premier état des choses y répugne,
et, par suite ne relève pas le possesseur de la
charge de faire preuve. Mais cette présomption
du premier état est enlevée par la possession
longi temporis (*L, si quis diutina*), et le devoir
de prouver incombe à l'adversaire.—Dans notre
espèce, le Prince prouvera sa possession par
d'autres moyens de droit, à l'effet d'exclure de
cette liberté les autres Princes; et cela sans
avoir besoin de titre ou de privilège concédé

---

(1) Ut patet ex l. *si quis diutina, 10,* ff. *si servitus vindicetur,* ibi : *Non ei necesse est docere de jure,* hoc est
titulo : quod constat quia textus in d. c. 1, agit de jure
communi contrà præscribentem. non vero de resistentià
contrà possessionem, ut benè advertunt Bero, n. 18, ca.
quartà de præscrip. Florian n. fin vers. *etsi dicatur,* in l.
servitutes ff. *de servit.* — Covar. leg. *possessor* 2 p. § 10
num. 7.

258

par autrui, ni par conséquent de possession immémoriale.

De là résulte clairement le droit des Portugais à la navigation de l'Inde; que l'on considère soit la première occupation, la prescription, ou l'usage immémorial. La première occupation est manifeste, de l'aveu de tous, et par l'exposé que nous avons fait aux chap. 3 et suivants ; il en faut dire autant de la prescription, même immémoriale; car ils tiennent ce droit de l'attribution que leur en fit Martin V, et que confirmèrent les pontifes ses successeurs, comme il a été dit au chap. 7; à savoir que sur la demande de l'Infant don Henri et dans la crainte que l'ardeur de la conquête vint à se refroidir, tout ce qui serait découvert depuis les Canaries jusqu'aux extrémités de l'Inde, demeurât de bon droit au pouvoir des Portugais (1). Or, Martin fût élu Pape en 1417(2), Sixte IV renouvela cette concession en 1481, dans la bulle *Æterni Regis clementia*, qui existe en original aux archives royales de Lisbonne. En rapportant des bulles semblables de Nicolas IV et de Calixte III, nous avons déjà montré chap. 8, que cette destination était de soi suffisante pour acquérir un droit privatif de navigation sur tout parage de l'Inde, bien que chaque lieu ne fût pas actuellement occupé; et ce droit a obtenu toute force et effet depuis plus de deux cents ans.

(1) MAFF. lib. 1, *hist. indic.* pag. 5.
(2) PLATINA, ILLESCAS, et cæterl.

Si, mettant de côté la concession des souve-
rains-pontifes, nous avons à justifier la réelle
occupation de la navigation dans l'Inde, la
justification de notre droit, sous ce rapport,
dérive de deux sources; d'abord, du fait de
notre navigation au-delà du cap de Bonne-
Espérance, effectué sous le règne et par l'ordre
de Jean II, en 1493, lorsque Barthélemy Diaz,
un de ses familiers, homme d'un courage et
d'une constance admirables, doubla le premier
ce dangereux promontoire à l'extrémité de
l'Afrique et passa dans cette autre mer qui baigne les côtes orientales de l'Ethiopie (1). — En
second lieu, si nous comptons depuis la très
heureuse navigation de Vasco de Gama dans
l'Inde, elle eut lieu en 1497 (2), et nous sommes
présentement en 1625; il y a donc 128 ans que les
Portugais exercent cette navigation.

L'opinion la plus commune est que ce laps de
temps est plus qu'immémorial; puisque les
auteurs ci-après décident que cent ans suffisent
à justifier la possession immémoriale. (Ex ca-
pellà Tholosarià decis, 440, n, 1. — Cov. reg.
possess. 2 p. § 3, n, 7. — GABRIEL, lib. comm. tit.
de præscr, concl. 1, n. 71 et 73. — MOLINA, *de
primog.* lib. 2, cap. 6, num. 44. — MASCAR. concl.
429, n. 5. — GREGOR, omnino videndo, verbo
puedan. l. 15, titul. 31, part. 3). Que si cette opinion est controversée par d'autres, comme il

---

(1) BARR. décad. 1, lib. 3, c. 4. — MAFF. lib. 1, p. 19. —
MIRŒUS, *in politica eccles.* lib. 3, c. 3.

(2) BARRIUS. loc. cit. — MAFF. lib. 1, p. 25. — MIRŒUS,
d. cap. 3.

résulte des précédentes citations, elle est indubitable dans la question qui nous occupe, où
nous contestons contre des princes qui n'ont
nul droit, nulle possession, et ne connurent pas
même avant nous la navigation des mers de
l'Inde ; indubitable dans notre cas, sur lequel
on ne saurait trouver de loi qui requière la possession immémoriale. Il faut restreindre à d'autres cas ce que pensent Covarruvias, Molina et
autres par eux cités, lorsque s'écartant de
l'opinion commune, ils exigent une prescription
absolument immémoriale et n'admettent pas la
centenaire.— Il faut voir aussi ce que dit Garc.
de nobilit. glos. 22, n. 77, de quelques vies
d'hommes excédant cent années, pour détruire
la prescription centenaire et immémoriale.

Mais si vous adjoignez le titre pontifical que
nos rois invoquent à l'appui de leur droit de
navigation, il suffit alors d'un laps de 40 années ;
car cette prescription équivaut à l'immémoriale, même quant aux choses auxquelles le
droit résiste, ainsi que les Pontifes l'ont décidé
(cap. 1. ubi glos. *de præscript.* in 6 cap. *cum
personæ*, §, *quod si tales*, de privileg. in 6,
observat post alios Molina, lib. 2, cap. 6, n. 52.)
Ceci, au reste, ne doit être entendu que comme
surabondant ; car nous avons fait remarquer
plus haut qu'un Prince Souverain n'a pas
besoin de la prescription pour occuper des
lieux publics.

Le droit de naviguer dans l'Inde appartenant
ainsi aux Portugais, selon toutes règles de
droit, en s'appuyant, comme nous l'avons dit,

sur le sentiment des docteurs, qui donc doutera que les Rois de Portugal puissent et doivent, en toute sûreté de conscience, le maintenir et le défendre contre tous les Princes par lesquels ils seraient troublés dans leur possession fortifiée par tant de titres ? Et de même, le Roi d'Espagne peut avec raison interdire aux autres Princes la navigation dans la mer des Indes, s'il y est par eux troublé, comme le prouve incidemment Pierre Calixte, *de lege regià*, §. 30, n. 21.

Nous avons appris, en effet, que les Princes souverains qui, de bonne foi, ont commencé à posséder, et à plus forte raison leurs successeurs, ne sont point tenus d'abandonner cette possession et de se dépouiller eux-mêmes ou de souffrir partage ou communauté, ou bien encore de consentir à un arbitrage, même si la chose est douteuse. (VICTORIA, *de jure belli*, n. 27 et 30. — MOLINA, 2, *de just.* disp. 103. — VASQUEZ, l. 2. tom. 1, disp. 64, cap. 3. à n. 11. — SALAS, l. 2. tom. 1, tract. 8, disp. unica à n. 121 ; — et in nostrà specie, REBEL. *de justit.* 2 p. lib. 18. q. 23 n. 26, ad fin. omnino videndus.) — Selon ces auteurs, dans le cas qui nous occupe, le Prince qui tournerait ses armes contre le possesseur, pécherait gravement, et serait tenu à réparation du dommage causé ; la condition de celui qui possède étant la meilleure. Et cette doctrine est vraie lors même que le Prince et les docteurs de son pays trouveraient que leur droit est le plus plausible. Alors même ce Prince ne peut armer contre le possesseur. (VASQ. n. 13; SALAS. 132; ANT. PEREZ, certamen 10 n. 105.)

Et d'après ce même principe, lors même que la justice de la guerre serait douteuse, aucun étranger ne peut assister les Hollandais dans cette guerre, ni licitement naviguer dans l'Inde avec eux, contre les Portugais, légitimes possesseurs de la navigation et du commerce de ces parages ; et tous les combattants seraient tenus à satisfaction, puisqu'il est vrai que les sujets étrangers, se mêlant d'une guerre dont la justice est pour eux douteuse, pêchent mortellement, et sont tenus à réparation de dommages (Cajetan, Sylvestre, Rebell.). Ce dernier ajoute que de tels alliés et combattants, qui de quelque manière que ce soit, prêtent assistance aux Hollandais contre les Portugais, encourent les censures, conformément à la bulle de Calixte III. Et pourtant l'Anonyme soutient le contraire en ces termes, chap. 13 : « *Ainsi donc, le magis-* « *trat statuant d'après ce principe, accorde-* « *rait aux Hollandais la liberté du commerce,* « *interdirait aux Portugais et à tous autres* « *qui gênent l'exercice de cette liberté, l'em-* « *ploi d'aucune violence, et leur ordonnerait* « *de restituer le dommage qu'ils occasion-* « *nent.* »

Mais ce qu'on doit déplorer avec des larmes de sang, c'est que les Hollandais qui se déclarent, même avec jactance, de vrais zélateurs et soutiens de la foi catholique, fassent alliance avec les Turcs, les Sarrasins, les Infidèles, s'assistant mutuellement d'armes, de soldats et d'armées entières ; chose exécrable devant les hommes et devant Dieu, ainsi qu'il est

facile de le prouver tant par la Sainte Ecritüre
que par le droit positif. La prohibition de telles
alliances est de droit divin. Dans l'Exod. 23, in
fin, Dieu défend à son peuple de contracter
alliance avec les Infidèles : *Non inibis cum
eis fœdus.* Même défense au Deutéronome (17)
et en plusieurs autres passages, accumulés par
Octavien Cucherun. n. 19, dans la dispute sur
cette question : Est-il permis à un Prince Chrétien de s'allier avec les Infidèles contre un
autre Prince Chrétien ?

De plus, Saint-Grégoire exhorte Brunehaut,
Reine des Français, à punir ses sujets impies,
dans la crainte de s'attirer, de la part de Dieu,
le châtiment des nations perfides. (Cap. *si quos*,
23, q. 4.) Donc, et à plus forte raison, doit-il
être interdit aux fidèles d'appeler les perfides
Turcs, Sarrasins et autres Infidèles dans les
Etats Chrétiens, pour leur perte ; ce que Luther
lui-même reconnait digne d'un châtiment
divin, et ce que Bellarmin recommande de
repousser de toutes ses forces, (Lib. 3. *de laïcis*,
Cap. 16.).

Cette confédération avec les Turcs, Sarrasins et Infidèles est, tout spécialement, interdite
à l'Empereur Catholique, et par suite aux
autres Princes Chrétiens par la bulle unique de
Clément (§. *Porro de jurejurand*). Que les
Hollandais prennent donc garde, eux qui
emploient le secours des Infidèles, et les excitent
contre des Chrétiens, de voir cés mêmes
ennemis se tourner un jour contre eux, comme
le crie Octavien (suprà n. 7. col. 5.) et d'irriter

la justice et la colère divines qui, déja plus
d'une fois, ont soulevé les flots de l'Océan pour
inonder et bouleverser leur propre territoire.
Voir à ce sujet Borell. *de præst reg. cath.* cap.
46, n. 368, où il fait toucher du doigt que ces
châtiments proviennent du refus d'obéissance
au Christ et à son Roi; car sur ce qu'Aza, roi
de Juda, avait acheté l'aide du roi de Syrie
contre Baas, roi d'Israël, le prophète Ananias
lui reproche d'avoir recherché ce secours, et
lui dit : Vous avez agi follement; et dès lors
c'est contre vous que s'élèveront les guerres
(*Paralipom.* 2.'c. 16) ; et c'est ce qui fut accompli à l'avantage d'Achaz et de tout Israël, lorsqu'il invoqua à son tour l'assistance du roi de
Syrie contre celui de Juda (*Paralip*, 2, cap. 28).

Et, bien qu'il y ait controverse sur la question
de savoir si, pour sa juste défense, il est licite
à un Prince chrétien de s'allier aux Turcs et aux
Infidéles, Octavien, après avoir cité nombre
d'auteurs (1) qui ont soulevé ce doute, déclare
que cela n'est permis en aucun cas. Pétrinus
Bellus (lib. 2, *de re milit.* tit. 17 à n. 7); Pierre
Calixte, (*de lege regià* § 26, n. 65) et plusieurs
autres, par analogie avec des cas tirés de l'ancien et du nouveau Testaments, soutiennent
l'opinion contraire. Mais, si pour défendre ses
Etats ou les recouvrer, l'assistance d'un Prince
infidèle peut être appelée; toutefois, à raison du
scandale et des dommages qui peuvent survenir

(1) Ut constat ex Oldr. cons. 71 ; Abb. cap. *quod super*
n. 15, *de voto*; MARTIN LAUDENS, *de bello*, q. 3; FERRET
de justo et injusto bello n. 115.

si les ennemis de l'Eglise emploient contre Elle de trop grandes forces, pénètrent dans les terres des fidèles, ou les dévastent, emmènent en captivité leurs habitants, les font apostasier ou exercent d'autres injustices envers eux, les entraînent à de mauvaises mœurs par leurs discours et leurs exemples ; il est manifestement honteux et illicite d'agir ainsi dans une guerre offensive (1), comme celle déclarée par la Hollande, dans l'intérêt (ô douleur !) de faire occuper les contrées de l'Occident par les Turcs, les Maures et autres Infidèles plutôt que par les Catholiques, et de promulguer le Coran de Mahomet de préférence à l'Evangile du Christ.

---

(1) MOLINA, *de just.* tract. 2, disp. 102, in fine. — BONACINA, *de contract.* disp. 2, q. ult, sect. 1, post. alios.

CHAPITRE XIV

....

Réponse aux arguments contraires aux solutions du précédent chapitre

....

Passons maintenant à la réfutation d'arguments qui offrent un nouveau et vaste champ à la dispute, quoique Virgile nous dise que le temps n'est guère propre à de tels spectacles,

Non hoc ista sibi tempus spectacula poscit.
.Æn. lib. 6.

Quoique les conclusions auxquelles nous avons été conduits dans les chapitres précédents répondent suffisamment à l'Anonyme ; cependant, pour ne rien négliger de ce qui concerne notre sujet, et pour rendre un témoignage éclatant à la vérité et à la justice des Portugais, nous allons satisfaire à ces nouvelles difficultés.

Et d'abord, nulle importance à attacher à ce raisonnement : La prescription a été inventée par le droit civil ; mais les Princes souverains sont supérieurs aux lois civiles (L. *Princeps*, ff *de legibus*) ; donc la prescription ne saurait avoir lieu entre eux. Une telle argumentation, en effet, ne mérite pas d'être appelée jurisprudence, mais licence pure ; si la prescription ne peut aider ni protéger les Souverains ; et si les domaines des Etats doivent demeurer incertains contrairement à l'opinion du Jurisconsulte, (l. 1, ff. *de usucap.*) les princes d'Espagne, de France, d'Angleterre, d'Italie et même de Hollande, ne seraient plus en sûreté dans leurs possessions; puisque l'histoire nous apprend qu'autrefois ce furent des étrangers qui vinrent occuper les provinces après en avoir vaincu et subjugué les . habitants.

Voici donc notre réponse à cet argument : Il est vrai de dire que la prescription est de droit civil, comme l'approuve Justinien et l'a enseigné Accurse (1).Cicéron (*pro Cecina*) le reconnaît également en ces termes : *Usucapio fundi non à patre relinquitur, sed à legibus* (2); cependant elle avait été introduite auparavant chez les Athéniens et d'autres peuples (Platon, dialog. 12, *de legibus*); elle était reçue généralement dans les affaires et les usages des nations (3); elle doit donc être réputée du droit des gens. Car il en est ainsi de ce qui est admis chez tous les peuples ; et bien que Justinien s'en soit inspiré plus tard (§ *Jus autem civile*, Inst. *de jure naturali*). C'est ce qu'observent Pinelus (n. 7, in rubr. p. 1, cap. 1, *de rescind*) Menchaca

---

(1) Principio, ibi, *jure civili* et § fin. Just. *de usucap.* — Accurse glos. 4, in l. *ex hoc jure* ff *de just.* et verbo *civitatis.* in l. 1, *de acq. rer. dom.* communis exAnnibale n. 16, in rubr. ff *de usucap,* — Pinelo, in auth. *nisi.* n. 39. c. *de bonis. matern.* — Mench. Illust. cap. 51, à n. 32.

(2) Quidquid contrarium tentaverit Annibal, à n. 19. d loco; et licet apud Romanos incœperit à lege XII Tabul cujus meminit Cicero *in Topicis,*ubi post multos explicat Vellœns, § 16 à n. 8, Vide Nizol verbo *usucapio.*

(3) Fortunius n. 34, in l. 1, *de just.* — Pinel. ubi prox — Covarruv. *reg. possess* 1 p. § 1, et 3 p. in princ. n. 1

de success. progress. in præf. ex n. 132, et For-
catulo, dialog. 37, ad fin. En outre, les jurisconsultes approuvent ce sentiment dans diverses
espèces analogues; *in condictione,* par exemple, *in acceptilatione, in post liminio : Juregentium condici puto res ab his qui non ex
justà causà possederit* (l. *rer. quidem.* ubi glos-
fin. ff. *de actione rer. amot).* Hoc *jure utimur
ut jurisgentium sit acceptilatio* (l. *an inutilis
§ fin.* ubi glos. ff *de acceptili).* Et quant au *postliminium,* action accordée pour le recouvre-
ment des biens perdus, voici la remarquable
décision de Paul, in l. *postlim* ff. *de captivis :
Postliminium est inter nos ac liberos omnes
populos regesque moribus ac legibus constitutum* (ubi glos. verbo *constitutum).*

La vente, de même, est du droit des gens (L.
ex hoc jure, ff. *de Just.* l. 1, ad fin. *de contr.
empt.)* bien que, dans la suite, elle ait été
inventée (Mench. *de success. progress.* in præf.
n. 171. d. l. 1. juuctis traditis per Pine. 1 par-
rubr. cap. 1, n. 2, c. *de rescind.).* Peu importe
cette objection que ce qui est du droit des gens
a commencé avec le genre humain. (l. 1, ff. *de
acq. rer. dom.);* et qu'ainsi, ce qui a été inventé
depuis ne peut être du droit des gens ; difficulté
dont se sont mal tirés certains auteurs (1),
admettant que la guerre, l'esclavage, la vente
et autres semblables, sont dits du droit des

---

(1) Pin. n. 7 d. loco. — Covarr, lib. 1, cap. 5, ad fin.
— Valasc, *de jure emphy,* q. 3, n. 2. — Pich, à n. 19,
in rubr. Inst. *de exempt.* —Ægidius, l. *ex hoc jure,*
cap. 6., — post. alios quos citant.

gens, non point à cause de leur origine dans
l'ancienneté du temps, mais par suite de l'approbation et du consentement des hommes;
comme si le consentement unanime pouvait
faire que chose quelconque soit du droit des
gens lorsqu'elle n'a point de sa nature (sui
ratione) commencé avec le genre humain.
Cette explication est réfutée par cela seul que
le droit des gens est le droit naturel de l'humanité : et qu'il est unique malgré ses changements dans la suite des temps. (1)

Ce n'est donc ni l'approbation ni l'usage pos-
térieurement introduit, mais l'origine et la
raison naturelle qui ont constitué le droit des
gens; et ces auteurs s'appuieraient en vain
sur ce texte des Institutes, *de jure naturali.*
§ *jus autem civile : Quod vero naturalis ratio
inter omnes homines constituit, idque apud
omnes peræque custoditur, vocatur que jus
gentium, quasi quo jure gentes omnes utan-
tur.* D'après ce texte, on ne doit pas entendre
que le droit des gens dérive de l'approbation
des hommes,mais bien de ce que cette approbation est conforme à la raison naturelle. Ainsi,
ce n'est point l'approbation consécutive du
fait, mais bien une raison inhérente à l'esprit
humain qui établit le droit des gens; sans que
ce soit, toutefois, une conjecture grossière de
réputer du droit des gens une chose qui a obtenu

___

(1) L. 1, § *jus naturale* ff *de just.* — Covarr. ex-D.
Thom. et aliis, rég. *peccat.* 2 part. §. 11, à n. 4. —
Valasc. *de jure emphyt.* q. 3. n. 5. — Molin, lib. 1,
cap. 2, n. 5, in fin.

le consentement unanime,comme le fait remarquer Forcatulus, d'après diverses autorités, entr'autres celle de Cicéron dans la première Tusculane : *omni jure consensio hominum lex naturæ putanda est.* (FORCAT. *in necyomantia*, dialog. 37, ad fin.)

Il faut donc conclure que le droit des gens a commencé avec le genre humain lui-même, par la raison inhérente à l'esprit humain, mais non par suite d'un fait ou d'un usage. Il est vraisemblable,en effet,que tout ce qui est du droit des gens pouvait être connu des hommes, dès l'origine de leur espèce, s'ils se servaient de leur raison et du langage. Le défaut d'acte n'implique point un défaut dans la raison naturelle, mais seulement l'abstention d'un usage ; et c'est en ce sens que doivent être expliqués les jurisconsultes, et qu'il faut entendre les docteurs précités.

A ce propos défions-nous d'Ægidius, affirmant négligemment que l'on ne doit pas admettre comme étant du droit des gens ce qui a émané d'abord de la loi, bien qu'ultérieurement reçu par raison naturelle et le consentement commun. Ce qui précède suffit pour lui répondre ; ce qu'ont fait d'ailleurs, spécialement Menchaca *de succes. progress.* in præf.a n. 132 ; et Pinelus, d. n. 7.

Aussi bien, la prescription est réputée du droit des gens, comme appartenant au partage des biens qui est lui-même du droit des gens. (l. *ex hoc jure* ff *de just.*). Cela coule de source quand elle est immémoriale ; car alors elle est

censée un autre droit naturel. (Mol. post. Bald.
et alios, lib. 2, c. 2, n, 21). — C'est donc bien
à tort que Menchaca refuse la prescription (1)
entre Princes Souverains et Républiques libres,
ce qui ne peut que jeter des semences de guerre
contre de pacifiques possesseurs, des scrupules
dans les consciences calmes, au très grand
détriment et pour la ruine de la République
chrétienne et du monde civilisé. C'est assurément le sentiment des docteurs que les royaumes et les empires occupés par la force s'affer-
missent par la longue durée des temps, et
peuvent conséquemment se prévaloir contre
tous autres par l'autorité de la possession et de
la prescription (Bellarmin, Salas et autres
que nous avons cités à la fin du chap. 12).

Quant au second argument où l'Anonyme
assure que le droit humain positif est sans
valeur contre la résistance du droit divin ou
naturel, nous lui répondrons simplement qu'il
suppose ce qu'il était tenu de prouver, (façon
de discuter fort vicieuse et qui lui est particulière); Il suppose donc que, dans le cas qui
nous occupe, il y a résistance du droit divin et
naturel. Nous avons montré le contraire dans
cette dissertation. Car, selon les principes du
droit civil, l'acquisition, la possession et la dis-
tribution des choses publiques appartiennent
au Prince, comme il appert des exemples que
nous avons donnés au chapitre XI. Bien plus,
il est essentiellement conforme au droit divin

---

(1) MENCH. Illust. c. 51, n. 28, 32. 36, 89.

que le Pape envoie dans les Etats du globe des
délégués évangéliques de son choix, et qu'il
réputera tout à fait aptes à l'accomplissement
de son œuvre. Il n'est pas moins certain qu'en
se renfermant dans cette délégation, le Souverain Pontife peut se charger de la protection,
de la juridiction et de l'empire de la mer, et
prescrire ce droit contre d'autres Princes ; sur
quoi nous n'insisterons pas davantage, de
crainte d'encourir le reproche de pléonasme ;
n'y étant déjà tombé que trop souvent, à cause
de l'importune répétition de notre adversaire,
qui, dans son chapitre V, traite de la primitive
occupation de la mer et des choses publiques,
puis, au chapitre VII, de la prescription qui
l'exige. Il nous a donc bien fallu revenir ici sur
ce qu'il a entassé de son côté.

Son troisième argument est sans doute le
principal. Il prétend que les choses qui sont
hors du commerce ne peuvent être prescrites,
et s'appuie sur l'autorité de Caïus, l. *usucapio-*
nem 9, *de usu.* Or, les choses publiques sont
hors du commerce, d'après le même Caïus et
Paul, l. *si emptione,* § *omnium, de contr. empl.;*
et dans ces choses publiques Justinien comprend la mer. (§ 1 *de rer. div.*) — La réponse
nous est facile. Les choses publiques, c'est à
dire celles du peuple romain, desquelles parle
Caïus, sont imprescriptibles en vertu de la loi
du Peuple Romain ; et voilà pourquoi Paul, au
paragraphe susmentionné, met en dehors de la
vente celles que la nature, le droit des gens et
les mœurs de la cité ont retranchées du com-

merce, rapportant aux coutumes de la cité, les
choses publiques, c'est-à-dire, celles du Peuple
Romain. Voici les propres paroles de Caïus :
*exceptis rebus sanctis, publicis, Populi Romani
et civitatum.*

Il suit de là : — 1º que, tant que dure la prohibition de la loi, ces choses ne peuvent être
prescrites par un particulier ; d'après la règle
donnée par Pomponius, l. *ubi lex*, 24, *de usucap,*
junctis traditis post aliis, per Hostiensem, Bal-
bum et Conanum. (1)

2º Que les choses publiques, tant par le droit
des gens que par le droit civil, et qui sont à
l'usage de tous, bien qu'elles ne puissent être
prescrites par un particulier, de manière à cesser d'être publiques, et devenir privées, peuvent au contraire, tant qu'elles continuent
d'être publiques, et affectées à l'usage d'un seul
peuple, peuvent être prescrites contre un autre
peuple qui, avant cette prescription, en avait
le même usage (2). — Et ce droit est mis en
pratique à l'égard des pâturages, des pêcheries,
des coupes de bois, et autres semblables,
comme l'observent les auteurs cités en note.
Nous en usons nous-mêmes correctement. Ceci
est ajouté afin que, dans l'espèce, et quoique
l'origine soit entachée de quelque violence,
la prescription puisse cependant être intro-

(1) Hostian. in Summà, tit. *de præscript.* n, 5.—Balb.
de præscr. 1. p. sextæ à n. 9. — Conan lib. 3, cap. 5, et
passim alii.

(2) Petr. Jacobusin in pract. tit. *de servit. pecoris.*—
D. Gregorius et Avendanus contra Suarium.

duite (ex doctrinâ Bart. l. 4. in operis, n. 2, ff.
de novi operis, tradunt Casaneus et Avendanus.)

3o Qu'un Etat peut prescrire contre un autre
des lieux et des droits publics d'après le droit
des gens, pourvu toutefois qu'ils demeurent
publics quant à l'usage du peuple ou de la
province gouvernée par la République ou
le Prince prescrivant, quand même il y aurait
eu, à l'origine, injustice dans l'expulsion d'autrui; car l'expulsé perd un droit dont il ne se
sert point (1), — « *Si viam habeam*, dit Paul.
*per tuum fundum, et tu me ab ea expuleris, per
longum tempus non utendo amittam viam* »
Dans ces termes, disparaît la prohibition de
la loi *usucapionen*, ff *de usucap*, qui n'a d'effet
qu'entre simples particuliers, et ne lie point un
Prince Souverain, puisque son droit est supérieur au droit (*cum de jure sit supra jus*).
C'est Menchaca qui émet cette opinion, et la
soutient (2) en observant que les lois d'un peuple ou d'un gouvernement n'obligent point
les sujets d'un autre, non plus que les Princes
étrangers. C'est pourquoi l'on peut répondre
à l'argument, que l'usage de la mer, public
selon le droit des gens, est susceptible de devenir public pour un seul peuple à l'exclusion
d'un autre ; comme nous l'avons déjà reconnu.

(1) Argumento text. in l. *sequitur*, § *si viam* ff. *de usucap.* ubi Bart. et Cujat — Conan, bib. 4. cap. 12. —
Pad. à n. 42. in 1, C. *de servit.*

(2) Mench. Illust. cap. 51, n. 28 cum seqq.

— Et ainsi les lois prohibitives de l'usucapion des choses publiques (1), procèdent et tirent leur force des coutumes de la cité, comme dit Paul (l. *si emptione* § *omnium, de contr. empt*); à quoi Papinien (l. ult. *de usucap.*) fait cette allusion subtile : « *Præscriptio longæ possessionis ad obtinenda loca jurisgentium publica* NON *concedi* SOLET. » se référant bien aux mœurs et à la coutume et non pas à une prohibition de la loi de nature.

4º Que tout en reconnaissant que l'usage de la mer et, par suite, de ses rivages, est public du droit des gens, si cependant le Peuple Romain exerce son empire, il cesse (comme l'admet Celse, l. 3, *ne quid in loco pub.*) il est hors de doute qu'il cesse d'être public *jurisgentium*, et commence à être public pour tous ceux qui sont dans le monde romain, et auxquels le Peuple Romain permet d'user desdits rivages comme étant siens. Et il en faut dire autant de la mer, tous deux étant de même condition, c'est-à-dire publics. (l. pen. ff. *de rer. div.*) C'est aussi ce qu'a pensé Doneau, et avant lui Balde et Ch. Ruyn, lesquels en concluent que le maître du pays peut, sans cause, interdire aux marchands étrangers l'entrée sur ses terres et l'accès de ses rivages, comme nous l'avons remarqué au chapitre 1er.

Déduisons donc de ce qui précède que les Portugais, lors même qu'ils auraient usurpé

_____

(1) l. ult, *de usucap.* — l. *præscriptio* c. *de operibus publicis.*

avec quelque violence la navigation de l'Inde,
ce dont vous ne les chargerez pas toutefois, ont
pu prescrire ce droit par la longue durée des
temps.

Le quatrième argument de l'Anonyme ne
nous arrêtera pas davantage. Il consiste à dire
que les lieux publics n'admettent la prescription
que durant l'occupation (Ulp.resp. l. ult. *de usu.*
— Marcien, l. *si quisquam, de div. et temp.*)
qui ne peut avoir lieu sur la mer. Mais nous
avons assez répondu à cet argument dans la
réfutation du précédent, et au chapitre II ci-
dessus. Nous y avons démontré, en effet, que
l'occupation et conséquemment la prescription
de la pêche et de la navigation peuvent être
accordées. Quant au temps requis pour acquérir ce droit, les auteurs varient. Castrensis, Balbus et Suarius n'exigent aucun temps, mais
seulement la préoccupation. Nous avons au
Chap. 13, rejeté leur opinion. Plus récemment
Doneau (lib. 5, cap. 22) admet deux ans, parce
que plusieurs locutions du Code se contentent
de ce nombre de deux années. Ici, je remarque
que pour l'objet qui nous occupe, c'est-à-dire
la prescription, l'interprétation de Doneau est
opposée aux anciens jurisconsultes ; car Ulpien
(l. fin. *de usucap)* se sert des mêmes mots qui
correspondent à la longue possession dont il
avait fait mention antérieurement. Or, dans
notre droit, une longue possession n'est pas
circonscrite dans le terme de deux années (tit.
C. *de præscr. longi temp.*) De son côté, Accurse, sur la loi *si quisquam,* pense que l'on doit

exiger trente ans, et Cœpola émet un avis conforme (*de ser. rusticor.* cap. 4. n. 59). — Mais la
prescription de trente ans était inconnue des
jurisconsultes (1); ce qui a porté Ch. Ruynus à
soutenir qu'un temps immémorial était requis
(Cons. 28, n. 14, vol. 1). Il se fonde, premièrement, sur ce que le droit de pêcher est discon-
tinu et que pour acquérir un droit *in disconti-
nuis*, un temps immémorial est exigé ; et secondement sur ce que le droit commun s'oppose à
celui qui veut prescrire cette sorte de droit.
Voilà pourquoi, dit-il, Boniface VIII a décidé
qu'il fallait un titre ou une possession immémoriale (2).

Mais cette doctrine de Ruynus ne nous paraît
point sûre. Cette distinction entre les droits
continus et discontinus est ignorée des jurisconsultes et rejetée par les docteurs...

Note du Traducteur : — *Il nous est impossible, et il
est, croyons-nous, sans intérêt de suivre plus loin Freitas dans la discussion, extrêmement subtile, de ce quatrième argument. Entraîné jusque dans les servitudes
d'eaux courantes et d'eaux pluviales, il s'y ébat en
nombreuse et bonne compagnie; car nulle part il n'a
été plus prodigue de citations. C'est un rude travail,
parfois même infructueux, que de le retrouver dans les
méandres de son discours incessamment traversé par*

---

(1) **Ex** gloss. verbo *amiserit*, l. *qui occidit*, 30 ff, ad, l.
Aquil, communiter approbata ; ex Mench, success. creat.
§ 10, n. 16, ad finem.

(2) **Ex** gloss. in l. *servitutes* 14, *de ser.* recepta ex Gom.
2 c. 17, n. 27. — Mol. *de just.* tract. 2, dis. 70. — et appro.
bata à compilatoribus legum partitæ, l. 15, tit. 31, p. 3; l.
Altius de servitut. — Decis. Bonif. VIII cap. 1, *de præscript.* in C.

*ses adversaires ou par ses amis : ce jeu auquel nous
sommes inhabiles à nous prêter, se prolonge pendant
quatre ou cinq pages des moins intelligibles dans leurs
détails. L'alinéa suivant en donne le résumé traduit
d'un sommaire placé en tête du chapitre, et à peine
plus clair.*

La décision de Boniface VIII, sur le chapitre Ier *de præscrip.* in C. s'applique à la prescription, et non à la coutume, qui est une loi
non écrite. — La coutume qui est une prescription, est régie comme la prescription. —
Les servitudes s'acquièrent par la coutume qui a force de loi. — La bonne foi n'est
pas nécessaire dans la coutume qui a force de
loi (*prout lex*), mais elle y est nécessaire en
tant que prescription (*prout præscriptio.*) —
Examen des lois 1 et 2 ff, *de aquà pluvià.* — La
loi est censée une condition des contrats. —
Molin, Mench, et tous ceux qui admettent pour
loi commune la prescription immémoriale sont
désapprouvés par l'auteur. — Différence pour
l'acquisition entre la prescription et la coutume. — La loi *si quisquam* ff. *de div. et temp.*
concerne des personnes diverses (*prohibitus et
prohibens*). — Celui qui a obtenu du Prince un
titre valide n'a pas besoin de recourir à la prescription. — Celui qui invoque, contre un particulier, la prescription des choses publiques, n'a
à justifier que d'un temps ordinaire, et la longue possession s'entend de dix ou vingt ans.

Le cinquième argument de l'Anonyme est
déduit de la législation espagnole (l. 7. tit. 29;
part. 3) qui rejette toute prescription à l'égard
des choses publiques, et selon laquelle les Hol-

landais demandent que la controverse soit jugée.
Nous leur répondrons, toutefois, de deux
manières :

D'abord, la loi qu'ils invoquent parle des
routes, rues, places publiques, et de choses
semblables : *Plaça, nin calle, nin camino;
nin defesa, ni exido, nin otro lugar, qual-
quiera semejante desto que sea in uso comu-
nalmente del pueblo de alguna ciudad, o villa,
o castillo, o de otro lugar, no le puede ningum
omo ganar por tiempo.* Cette loi est tirée d'une
décision de Favolenus sur la loi 2 *de viâ publicâ*
et autres rapportées par Grégoire (glos. 1 in d.
l. 7). Il en ressort que tant que ces lieux conser-
vent leur destination, il y aurait contradiction
évidente à ce qu'ils pussent. devenir privés.
(Voir aussi Avendanus, lib. 1 de exeq. c, 12,
n. 6, vers. *tamen ista.*)

Secondement, si le tracé et la configuration
de la voie publique sont changés, la propriété
peut en être acquise, au moins par un laps de
temps immémorial ayant toute la force d'un
titre, en vertu de la décision des Empereurs.
(l. *usum. C. de aquæ ductu*, lib. 12), ainsi que
l'ont observé nos auteurs. (1) Et il n'y a point
d'objection à tirer de la loi *Regia*, attendu
qu'elle parle seulement de la prescription; et
qu'en admettant l'imprescriptibilité de ces
sortes de biens, ils sont néanmoins susceptibles
d'acquisition en vertu d'un privilège présumé

---

(1) PLATEA, n. 3 — AYM. *de antiq.* 4 p. cap. *materia*,
n. 79 — GREG. l. 7. tit. 29 p. 3., glo 1 — AVEND. lib. 1
de exeq. c. 12, n. 6 cum. seqq. — MENOCH. cas. 44, n. 11.

ou d'une concession. Tel est l'argument de Ripa sur la loi *Quominûs* num. 41 et 102 ff. *de flum* ; et d'Avendanus, lib. 1 *de exequend.* cap. 12, n. 7.—Sur quoi il faut se garder de Suarius, qui commet ici une triple erreur. (Cons. 1., *de usu maris*, n. 4. seu alleg. 17, n. 5.) Il pense à tort que la loi est applicable à toutes les choses publiques, tandis qu'elle s'exprime restrictivement : *in plaça, calle, otro lugar semejante desto.* Il n'est pas moins fautif en refusant d'admettre la prescription immémoriale comme ayant la force d'un titre, puisque le contraire ressort de la même loi : Il pêche, enfin, en prétendant que cette loi a toute autorité contre le Prince Souverain, alors que Grégoire et Avendanus, aux passages que nous avons cités, admettent clairement et simplement le privilège du Prince, à qui il appartient de déterminer les lieux publics de son royaume et de leur assigner des bornes (1)—Il peut, au même titre, rendre privés les lieux qui étaient publics, en changeant leur direction et leurs limites ; conséquemment, cette loi septième nous est favorable ; et si le débat devait être jugé d'après elle, comme le demandent les Hollandais dans la préface, il est indubitable que les Portugais obtiendraient la palme de la victoire.

Le sixième argument peut se poser ainsi : Chacun a le droit de naviguer sur la mer ou sur un fleuve public ; et cette liberté lui appar-

_____

(1) Calcaneus, cons. 89, et Avendan. lib. 1. *de exequend.* cap. 12, n. 3.

tient en vertu du droit des gens, au mode facul-
tatif, de même qu'il a la faculté d'aller dans la
voie publique. Mais celui qui use légitimement
d'un droit commun n'est réputé (*censetur*) le
faire que selon la nature de ce droit ; et, conséquemment on ne peut induire d'une telle pratique ni la prescription ni la coutume. La raison
en est que, sans la possession, la prescription ne court point. Or, il n'y a point
ici de possession différente d'une faculté
de droit commun ; donc, l'on ne peut admettre
la prescription, (L. 1, in princip. *de flumin.* —
l. unica in princip. *ut in flum. pub. navig
liceat et piscari,* — l. *nemo.* — l. *in mari, de
rer. div.*— l. 2, § *si quis in mari, ne quid in loc.
pub.* — l. *injuriarum.* § *si quis me.* — Dominic
Capitul. 1 de rescriptis in sexto, et in specie
Car. Ruyno consil. 28 à n. 9.)

Une telle augmentation est facile à réfuter.
Premièrement, puisque cette faculté d'user
librement de la navigation et de la pêche appartient à chacun par suite de rescript et privilège
du Prince, elle peut être changée et modifiée,
comme nous l'avons prouvé au chap. 10 ; et
c'est aussi ce que Ruynus observe (cons. 28, n.
1 et 2, lib. 1) : or, toute notre question concerne
l'autorité du Prince Souverain.

Secondement, l'adversaire raisonne pour les
cas où la faculté dont il parle est exercée simplement. Mais, si avec elle concourt l'intention
de posséder, il est hors de doute qu'alors la
prescription, au moins par temps immémorial,
peut avoir lieu. Ruynus, après d'autres, le prouve

parfaitement. (cons. 28, a n. 10. vol, 1) : et c'est le témoin le plus irréprochable, puisque, en général, il est contraire à la prescription de la navigation et de la pêche. L'Anonyme le sent bien lorsqu'il dit : *Qui utitur jure communi sibi competenti, eo jure uti* CENSETUR. Remarquez ce mot CENSETUR. Il signifie sans aucun doute EST PRÉSUMÉ, (PRÆSUMITUR).

Or, quant à notre sujet, la quasi-possession, c'est-à-dire l'intention de posséder *jure proprio*, peut être triplement prouvée, soit par la prohibition d'après la décision impériale (l. 2. C. *de servit* (1); soit par une déclaration expresse lorsque celui qui la fait annonce que c'est en vertu de son droit propre; (2) soit par la production d'un titre reçu de l'autorité supérieure (3).— Eh bien ! dans notre navigation, toutes ces conditions sont réunies. Les Portugais, en action et en armes, ont interdit aux autres cette navigation, comme il appert de notre réponse au huitième argument; le Roi de Portugal a fait la déclaration susdite, en prenant, dès le temps d'Emmanuel, le titre de maître de la navigation et du commerce d'Ethiopie, d'Arabie et de l'Inde ; (4) et ce titre a été connu de tous les princes et peuples libres du monde chrétien. Il a été mentionné par les historiens de tous les

---

(1) BALD. l. *item lapilli* ff. *de rer. div.* —RUYN. cons. 28, n. 12, lib.1.

(2) PAUL, l. *rem ratam haberi*, ff.

(3) C. RUYNUS, loco citato.

(4) REBELLUS, *de Justitia*, part. 2, lib. 18, quæst 23. — ÆGIDIUS, l. *ex hoc jure*, cap. 3. n. 22, ad fin ff. *de justit.*

Etats, de sorte qu'aucun de ces Princes ne peut
prétexter ignorance de cette déclaration. Donc.
les conditions requises par les docteurs au
sujet de la décision impériale se trouvent rem-
plies ; car cette proclamation générale établit
notre Roi en quasi-possession; elle favorise sa
prescription ; elle préjuge contre tous ceux qui
l'ont connue et n'ont point réclamé. Enfin,
le Roi de Portugal ne manque point de titre.
Nous l'avons assez dit aux chapitres 7 et 8.—
Que si une seule de ces choses est suffisante;
à *fortiori*, leur réunion met en sûreté la cause
de notre Souverain.

Le septième argument n'a pas plus de valeur.
Nulle prescription, fût-elle immémoriale, n'est
admissible, nous dit-on, si elle est entachée de
mauvaise foi. Les Souverains Pontifes l'ont
décidé; Covarruvias, Valasc., Gabriel (ultrà
ordinarios) l'ont reconnu et démontré. (1) Mais
c'est là encore un de ces raisonnements défec-
tueux (*claudicat*) si familiers à notre adversaire; c'est par pure supposition qu'il inculpe
de mauvaise foi les Rois de Portugal; nous la
nions tant parce que l'Anonyme ne la prouve
pas, que parce que la bonne foi est toujours
présumée; (2) enfin, parce que ces monarques

---

(1) Pontifices, cap, *Vigilanti* ibi : *Nulla antiqua.* —
Cap. ult. ibi : *Nulla*; *de præsc. reg. possess.* ibi : *ullo
tempore.* C. — Covarruv, regul. *possess.* 2 part. § 8,
n. 4. Valasc. de jure emphyt. quœst. 8, n. 25. — Gabriel
titul. *de præsc.* Concl. 1, n. 55; — Molina, cap. 2, cap. 6,
n. 67.

(2) ex glos. Communi, in capit. *si diligenti*, cap, ult.
de præscr — Covarr. reg. *possess.* 2 p, §. 8, n. 2.

se fondent sur des titres apostoliques et sur les suffrages des docteurs.

Lors même que ces raisons ne seraient pas vraies, elles doivent suffire à l'effet que nous nous proposons, comme étant produites par le défendeur. (1) Si bien que, malgré toute supposition ou présomption de mauvaise foi contre l'Infant don Henri, qui le premier obtint, il y a plus de deux cents ans, un privilège du siége apostolique, et contre Jean II, qui le reçut d'Alexandre VI, il y a plus d'un siècle, trente années leur avaient suffi, ainsi qu'à leurs successeurs pour purger ce vice originel, et pour que la bonne foi devint présumée. (BART. in l. ult. C. — COVARR. regul. *possessor*, 2 p. §. 8. BURGOS. cons. 15. n. 33.) Au moins, cela est-il hors de controverse quant aux successeurs de ces deux princes. (MASCARD. concl. 225, n. 12).

Cela tient, dans notre espèce, à la prescription immémoriale qui nous est accordée, comme nous l'avons prouvé ci-dessus. Elle fait que la bonne foi est à tel point présumée qu'il n'y a plus lieu de la mettre en question, ni d'autoriser la preuve du contraire. (SALICET. l. 2. n. 8 C. de servit. — GABRIEL de præscrip. n. 50.— BURGOS, cons. 15, n. 33. — BURSAT. cons. 48, n. 8. — OTALORA, PÉLAEZ, MASCARD. MENOCH.)

Et quoique la preuve du contraire soit admise

---

(1) Argum. text. l. igitur ff. de liber. causa ibi : *justis rationibus ductus, vel non justis*, et ibi : *possessoris commodo fruatur.* Notavit Bart. n. 13, in l. — Celsus, ff. de usucap, receptus ex Menoch recuperand, n. 34 et Mascard. concl, 224, n. 17.

indirectement contre la prescription immémoriale, et que la mauvaise foi puisse être démontrée, lorsqu'il appert de la commune renommée, des livres et d'autres moyens, qu'il n'est intervenu aucun privilège, aucun titre, en faveur de celui qui se prévaut de ce temps immémorial (1); quoiqu'alors le fondement de sa possession se trouve détruit et, que par conséquent, la prescription, même immémoriale, ne serve à rien pour les choses où elle est interdite, et où le privilège seul est admis; quoique, la mauvaise foi puisse, de même, être démontrée par des documents trouvés chez les possesseurs (2); remarquons que cette prescription immémoriale n'est point refusée malgré les témoignages des histoires anciennes, s'il y a compatibilité entre ceux-ci et celle-là, comme le déclarent fort bien Mol. lib. 2. cap. 6. n. 63 et Grég. glos *que puedan*, l. 15, tit. 31. p. 3.

Or, notre titre est constaté par la publique renommée, par les archives, par les historiens et les écrivains; tous soutiennent son extrême justice, et l'Inconnu lui-même en témoigne, puisqu'il reconnaît au Pontife de Rome, à l'exclusion de tous autres, une certaine juridiction sur le temporel en vue du bien spirituel, telle qu'elle a été comprise dans ce titre, comme nous l'avons montré aux chapitres 7 et 8.

___

(1) Antonius et Miles, quos sequuntur Gabriel, n. 50 et 51, et Mascard n. 38 et 39.

(2) Balb. l. *non est ferendus* ff. *de transact.*, ex Felino cap. *si diligenti*, col 4 *de præscript.* — Aymon. cons. 290, n. 6. *Decio*. cons. 266 et 267. — Balbus, Mascard: Menoch, Farinacius, Garcia, qui ad quatuor modos disputationem refert.

. De l'avis de tous d'ailleurs, (même en écar‑
tant le diplôme pontifical) il y a lieu à pres‑
cription immémoriale à l'égard des choses
publiques, ainsi qu'il a été déduit plus haut.
Il n'y a donc plus à disputer sur le titre et sur
la bonne foi, puisque la question de la prescrip‑
tion immémoriale a été précédemment résolue.

. Nous ne sommes point arrêtés non plus par
ce huitième argument, savoir : que pour pres‑
crire les droits de navigation, de pêche, et
autres semblables, la prohibition aux autres
n'a d'effet qu'à partir du temps de sa significa‑
tion non pas seulement à quelques-uns, ce qui
ne ferait courir la prescription que contre
ceux-là, mais à tous ceux que l'on prétend
priver de l'avantage commun. — Les juristes
ci-dessous mentionnés (1) l'enseignent expres‑
sément en ce qui concerne les servitudes néga‑
tives. D'autres (2) se sentent vaincus par cette
difficulté, et se rangent au même avis.

Nous répondrons, toutefois : 1º que la déci‑
sion des gloses invoquées se rapporte au cas
où il s'agit principalement de la possession et
prescription d'un droit négatif, tel que la ser‑
vitude *altiús non tollendi*, ou celle *non offi‑*

---

(1) Gloss. verbo *formam*, in l. *qui luminibus*, ff de
servit urban. ALCIAT. in cap. Abbate de verborum, recepta
ex BALBO de præscrip. — COVARR. reg. *possessor*, 2 par
§. 4, n. 6. — PADILLA, à n. 14, post. gloss. 1 in l. C. de
servitute.

(2) FABER, n. 2, § *flumina*, Instit. *de rer. div.* — RUY‑
NUS, cons. 28. n. 11, lib. 1. — AYMON, *de antiq.* 4 part.
cap. *materia*, n, 81. — ROLANDUS, cons. 5. — BOERIUS,
décis. 125. — MOLIN, *de justit*, tract. 2, disp. 70, vers.
quod idem.

ciendi luminibus. Que s'il s'agit du droit positif de naviguer, de pêcher, d'un droit de pacage ou de coupe de bois, ayant pour conséquence la négation du même droit pour autrui, la possession et la prescription ne commencent pas à partir de la prohibition, mais bien dès le fait de la possesion ou de la quasi-possession. Sinon, autant dire que pour le droit de lever la dîme, la juridiction et tous les autres droits affirmatifs, la possession et la prescription ne comptent que du temps de la prohibition à autrui ; car toutes ces choses affirmatives ont pour conséquence la négative, par laquelle le possesseur ou prescrivant exerce la prohibition. (1)

2º Nous répondrons que la prescription d'un droit négatif ne frappe pas uniquement ceux à qui une prohibition a été faite, mais tous ceux qui ont eu connaissance de cette prohibition, comme l'a résolu Aymon, qui, entr'autres dires, donne cette excellente raison que, s'il en était autrement, jamais possession ni prescription ne pourrait être acquise dans les cas de cette nature (AYM. *de antiq.* part. 4, cap. *materia* n. 86.); cè qui s'accorde avec ce que nous avons dit plus haut d'une proclamation générale.

J'observe que, dans l'intérêt de notre discussion, il s'agit plus exactement de coutume que de prescription, et que la coutume est obligatoire pour tous (l. *de quibus.* ff. *de legibus*). C'est la doctrine de Bartole, adoptée par Mo-

---

(1) Reg *accessorium* C.— l. 1 ff. *de autorit. tut.*—ÆGI-
DIUS. l. *ex hoc jure* cap.3 n. 31 ff. *de just.*

lina (1).Et cependant elle nous paraît suspecte;
car,ainsi que nous l'avons remarqué contrairement à l'avis commun des docteurs, nous n'a-
gissons point ici en vertu d'une coutume qui
nous soit propre, à laquelle se rapporterait la
règle *de quibus*. Il est plus vrai de dire que la
prescription d'un droit réel s'étend à tous. Et
c'est bien ici un droit réel, puisque cette servitude ou acquisition est due à la personne par
la mer, le fleuve ou autres biens semblables (2).

3º Répondons encore que de la prescription
immémoriale s'induit le libre consentement de
ceux contre lesquels on a prescrit : en sorte que
la preuve du contraire n'est point admise, puisqu'ils ont consenti ou ne se sont abstenus que
par crainte ou quelque autre empêchement (3);
ce qui devient indubitable si avec la prescription concourent certaines prohibitions mani-
festées pendant sa durée : auquel cas, il est
présumable que la prescription a commencé
avec ces prohibitions (argum. tex. in l. *ex personâ*,C, *de probat.*-l. *quicumque*,C. *de apochis.*

---

(1) BART. not. 2. in l, *si quis diuturno* ff. *de servit.* —
MOLINA, lib. 2 cap. 6, n. 16 et 55.

(2) BART. in l. *justo.* § *mutat* n. 3, *de usucap.* — Co-
VARR. lib. 1. variar. cap. 17. n. 10, — MENCHACA *Illust.*
cap. 83, n. 26.

(3) Joann. Andrœa, et alii quos referunt et sequuntur,
BURGOS, cons. 15, n. 34. — COVARR. reg *possessor,* 1 p. §
4, n. 5, v. 2. — PELAEZ. *de majoratib.* 4 p. q. 20, n. 55.—
JOANN. GARC. *de expens.* cap. 9, n. 23. — JAS. l. *quômi-
nus,* n. 76, ff.*de flum.* AFFLICT. in const. lib. 1. rubr. 85,
§ 2, n. 1. — DECIUS, cons. 270, 271. — AYM. cons. III,
n. 25.

Covarr. reg. *possess.* 1 p. § 4, n. 6, vers. poste-
ior, ad fin).

Et ainsi peut se concilier une autre opinion
de ceux qui soutiennent que le temps jmmémo-
rial ne suffit pas *in merè negativis,*à moins que
la prohibition ne soit constante (1). Car alors,
s'il conste de quelques prohibitions, la présomption sera pour la prescription immémoriale.

Or, dans notre affaire, intervient la prescription immémoriale, comme il a été démontré
plus haut. Il ne s'agit point principalement de
prescrire un droit négatif; et il appert des
annales que les Portugais ont acquis cette quasi-possession de la navigation par suite de la
prohibition intimée aux autres, soit dès le
principe, soit dans le cours du temps. On sait
que lorsque les Espagnols convoitaient les
Moluques, ils se désistèrent de cette prétention
sur l'interdiction qui leur fut faite; et que,
lorsqu'avec les Anglais et les Français, ils en
vinrent, malgré la volonté de leurs Princes, à
troubler cette navigation et ce commerce, dès
que l'empereur Charles s'en fut ouvert, en ce
qui est des Espagnols, avec Jean III, Roi de
Portugal, ils furent tous considérés comme
rebelles et pirates, ainsi que le demandait Lucena, dans sa vie de St François Xavier, con-
damnés à mort et à la confiscation, et que
jamais leurs Souverains ne soulevèrent de con-

---

(1) Cœpola, de servit. urb. cap. 50, n. 2. — Casan *consuetudo.*— Burg. rubr, 13, § 2 n. 15. — Ripa, resp. n, 194
ad fin. — Ruyn. cons. 28, et n. 11, lib. 1.

testation à ce sujet; que jamais ces pirates, ces violateurs de la paix commune ne purent conserver la bienveillance de leurs Princes dont ils avaient enfreint les ordres (Ex tit. *quod vi aut clàm* resolvit Menchaca, illust. c. 89, n. 38, antè fin.)

Il faut en dire autant des Hollandais. Bien que dans leur révolte contre leur Prince naturel, ils aient violé notre droit de navigation et de commerce dans l'Inde, ils n'ont point eu cette audace sous les règnes d'Emmanuel, de Jean III de Sébastien et de Henri. Alors, et comme les autres princes chrétiens, ils observèrent fidèlement la paix. Mais après que Philippe 1er eut pris possession du trône, en 1580 (1), sous prétexte de rébellion et de guerre, ils ne voulurent plus reconnaître les droits de leur Prince, comme s'il était avéré que

Non jus arma dedit, potiùs jus arma dederunt.

L'Empereur des Turcs ne répondait pas autrement lorsqu'il s'emparait à main armée de la Bulgarie, et que l'Empereur de Constantinople l'interpellait au sujet de cette spoliation envers un roi ami et allié. Tirant son épée : Voici, dit-il, ce qui donne les royaumes et les enlève (Jovius in Turcis).

Quant au dire de l'Anonyme, que les habitants de toutes les côtes d'Afrique et d'Asie auraient donc usurpé la portion de mer qui les avoisine

---

(1) DUARD. NONIUS, genealog. Regni Lusit. sub Philip. 1. — HERRERA, *Hist. univ.* 2 comm. lib. 10, à cap. 2. —MARTIN CARRILLO, in Annalibus, cent. 16 lib. 6. anno 1580.

en s'y livrant continuellement à la navigation
et à la pêche ; il est d'abord réfuté par cette
simple observation, tirée de Bartole et de Cœpola, et déjà produite au chapitre 10, savoir,
que la protection et juridiction, ou mieux
encore la domination de l'Empereur, n'est
point exclue par la possession et juridiction
particulière de quelque terre adjacente, pas
plus qu'elle ne serait atteinte par la propriété
de ces vassaux. (1) Répétons encore ce que
nous avons dit, chapitre 8, que personne ne
peut naviguer dans les mers de l'Inde sans une
licence des Portugais, et que tous les rois, con-
fédérés ou non, à l'exception de ceux qui se
sont mis en hostilité contre nous, respectent
cette prohibition, puisqu'ils reçoivent de nous
des sauf-conduits.

Le lecteur remarquera en passant (et ce n'est
point à négliger), que dans cette objection, la
pensée de notre adversaire est que les Portugais
ne peuvent pas empêcher les autres de naviguer
dans l'Inde, par cela même que les Indiens ont
perpétuellement occupé ces parages par la
pêche et la navigation, sans en avoir été par
nous évincés, et sans avoir pu l'être. Il reconnaît donc cette possibilité d'une occupation de
l'Océan Indien, et qu'ainsi la mer est susceptible d'acquisition par la navigation et la pêche,

---

(1) D. Thom. 1 p. q. 96, art. 4. — Sotus lib. 5. de just.
q. 1, art. 1. — Glos. verb. *sanctionem*, in proæm. ff. —
Bar. in l. 1, n. 15, ff. *de juridic.* — Padil. in l. *altiùs*, n.
5, c. *de servit.* — Valasc. *de jure emphyt*, q. 8, n. 20, 21
et 43, conclus. 5.— Cald. *de empt.*cap. 1, n. 11. et passim
alii.

ce qui renverse tout l'édifice de sa dissertation.
Que s'il nous répond plus subtilement que la
mer peut bien être occupée de la sorte par des
Turcs, des Maures et des Infidèles, mais non
par des catholiques, il n'a garde (selon sa coutume) de nous donner la raison de la différence.
C'est aux autres à l'imaginer et à la trouver.

Pour couronnement de ce chapitre et de cette
argumentation, nous devons encore quelques
mots à l'Anonyme et à Menchaca. L'un et l'autre, en effet,

Incidit in Scyllam, cupiens vitare Carybdim.

Ils admettent la prescription des choses publiques à partir de la prohibition, et contre ceux
qui y ont acquiescé; donc, d'après leur propre
aveu et sentiment, ce droit est prescriptible.
C'est la célèbre doctrine de Balde (loi 1, C.
quando non petentium partes) reçue de Garc.
(*de nobilit.* glos. 18, n. 82) lesquels décident que
ce à quoi l'on ne peut renoncer n'est point prescriptible ; donc est prescriptible la chose à
laquelle on peut renoncer; ces deux contraires
étant soumis à la même règle, comme l'enseigne le jurisconsulte sur la loi fin, ad fin. ff.
de legatis, développé par Everard (loco 19). —
Menchaca lui-même approuve (*Illust.* cap. 89,
n. 37 ad fin), que ce qui peut être fait par un
accord exprès, puisse être acquis également
par un accord tacite, et conséquemment par la
prescription.

Il n'y a pas à se préoccuper davantage de
l'opinion de Castrensis sur la loi finale n. 4 ff.
de usucap., affirmant que mille années ne suf-

fisent pas à la prescription des lieux publics ;
opinion qui a été détournée de sa véritable
acception par Menchaca et par l'Anonyme.

Castrensis dit, en effet, deux choses : d'abord,
que pour acquérir les choses publiques, il
n'est point nécessaire de les prescrire, mais
seulement de les occuper, ce qui n'est point
notre avis. Mais, en supposant que cette opinion soit bonne, elle nous favorise ; car si l'occupation suffit, il en est de même (à fortiori) de
la prescription.

Castrensis examine ensuite le cas où un édifice construit sur un lieu public viendrait à
tomber complètement en ruines, et se demande
si l'ancien possesseur qui l'aura délaissé pourra
s'opposer à ce que tout autre y élève de nouvelles constructions. Il se prononce pour la
négative, lors même que l'occupation antérieure aurait duré mille ans ; pourvu, comme il
vient de le dire, qu'il y ait eu négligence et
absence de protestation de la part du premier
maître, comme le remarque et déclare Balbus,
de præscriptionibus, 4 p. quintæ, q. 6. n. 7. Il
s'en faut tant que ceci nous combatte, que je
l'admets, au contraire, comme très fondé.

Qui peut douter, effectivement, que pour les
choses considérées comme étant dans l'abandon, aucun temps de possession antérieure ne
peut empêcher une possession et une appro-
priation dans l'avenir ? C'est ce qui advient
principalement des lieux publics. A leur égard,
après la ruine des édifices qu'ils supportaient,
la chose rentre dans sa liberté première ;

20

comme le décide bien Ulpien (l. fin. ff. *de usucap.*); et par conséquent si les Portugais s'abstiennent de la navigation de l'Inde, même après mille ans de jouissance, je ne fais aucun doute que d'autres puissent se l'attribuer. Mais tant que dure leur quasi-possession, les Portugais peuvent, certainement, interdire cette pêche et cette navigation à d'autres, comme l'avouent ceux-là même qui refusent la prescription. C'est là un des effets de la constante durée de cette quasi-possession. Balbus, après Bartole et d'autres, (*de præscript.pa.* 5, q. 6, n. 10) s'exprime ainsi à ce sujet : « *Prohibere* » *possumus ne quis intret locum nobis invitis,* » *undè prohibere possumus ratione posses-* » *sionis navigationem et piscationem maris* » *et fluminis, quæ alias communia sunt de* » *jure gentium.* »

Concluons donc de tout ceci que l'Anonyme s'est donné bien de la peine inutile, en s'attachant uniquement à nous refuser la prescription. Cette question est tout-à-fait superflue quant au sujet qui nous occupe. Lors même que son refus serait fondé en droit, cela n'y ferait absolument rien, puisqu'il nous suffit d'être en quasi-possession de la navigation des Indes privativement à tous autres. Cette quasi-possession étant reconnue, l'avis de tous, et celui de notre adversaire même, comme nous l'avons fait voir ci-dessus en répondant à son quatrième argument, est que, tant qu'elle dure, nous pouvons en exclure les étrangers (BARTOL. et cæteri relati suprà).

CHAPITRE XV

Apologie des Portugais

L'Anonyme prodigue à tort et à travers des imputations contre les Portugais. Il les appelle menteurs (c. 5 et 7). Il les représente comme pauvres avant leur navigation dans l'Inde : « *Factum est ut inops diù populus ad repentinas divitias subitò proruperet,* » et comme des accapareurs qui n'auraient en vue que leurs profits « *lucris velut dardanarios inhiantes* (c. 7 et 12). Il affirme, à la fin du chapitre 4, qu'on ne remarque dans l'Inde ni merveilles, ni signes, ni exemples de vie religieuse, qui puissent porter d'autres hommes à adopter les mêmes croyances, mais au contraire, beaucoup de scandales, de crimes et d'impiétés. C'est ce que Victoria avait déjà dit des Espagnols (2 p. *de Indis.*n. 38). Mais, dit St Ambroise (cap. *Judicet*) : que celui qui n'a rien à se reprocher se fasse juge des erreurs d'autrui! Le pape Calixte Ier veut aussi que chacun mesure ses paroles, et n'adresse point à d'autres ce qu'il ne voudrait pas qu'on lui dît (C. *Ponderet*, 50 dist.).

De la foi et de la loyauté des Portugais

A ces mensonges opposons des preuves de notre loyauté et de notre bonne foi. Le sujet peut être considéré à trois points de vue : soit à l'égard du prince, soit entre les contractants, soit à l'égard de l'ennemi.

Sous le premier rapport, dès l'origine du monde (*ab orbis exordio)* il fut accordé divinement aux Lusitaniens de ne jamais prendre les armes contre leurs Rois établis par la résolution commune ; et jamais dans des contrées si éloignées, ils n'entreprirent rien contre leurs Princes (Bos. *de sign. Eccl.* tom. 1. lib. 8, c. 1, et tom. 3, lib. 21, c. 2).

Alphonse, roi de Castille et de Léon, assiégeait dans la ville de Guimaranis le prince Alphonse qui, dans la suite, fut le premier roi donné aux Portugais. Son but était de prendre d'abord la ville, et de lever ensuite son camp. Egas Moniz qui avait dirigé la minorité d'Alphonse de Portugal, et qui, à raison de l'autorité et de la faveur dont il jouissait, gouvernait absolument seul par sa prudence et ses conseils les affaires de l'Etat, sortit de la ville, muni des pouvoirs de traiter avec le Roi, et toucha tellement son esprit, que la paix fut conclue aux conditions qu'il voulut lui-même proposer, et le siège levé aussitôt. Mais quelques années après, Alphonse de Portugal paraissant oublieux de la foi donnée, Egas se rendit à Tolède, près du Roi, la corde au cou, pour satisfaire, au prix de sa tête, à la religion du serment, s'excusant qu'il eût été violé malgré lui. Le Roi, touché de son humiliation et de ses larmes, lui accorda l'impunité (MARIAN. lib. 10, *de reb. hisp.* c. 13, ad finem) (1).

_____

(1) Camoëns a brillamment célébré ce dévouement et

Alphonse, comte de Bologne, adjoint par Clément V à l'administration de son frère Sanche (C. *grandi de supple. negl.*), assiégeait Coïmbre qui persistait dans sa fidélité à ce Roi. Martin de Freitas, gouverneur de la ville et de la citadelle, ayant appris la mort de Sanche qui venait de décéder à Tolède, obtint du comte la permission de se rendre dans cette ville, où ayant fait ouvrir le tombeau du roi défunt, il mit dans ses mains les clefs de Coïmbre, s'acquittant ainsi de son hommage et de son serment (*Chronica Alphonsi sapientis, c. 7*). « Viri fidem, aït Marianus, atque constantiam omnibus sœculis prædicandam Lusitanis generis et sanguinis propriam laudem (*de reb. hisp.* lib. 12, c. 4)?

Les Hollandais, tout au contraire, se sont révoltés contre leur Prince, action la plus misérable et la plus honteuse, mer de calamités, dit Lipsius, lib. 6, c. 1. Non, il n'est pas permis aux sujets d'entreprendre rien contre leur Prince, bien que mauvais, cruel et tyrannique. (BODINUS, *de repub.* lib. 2, c. 5). Car, si nous devons supporter les injustices de la République, nous devons aussi endurer celles des rois, qui sont les pères de l'Etat. On ne doit venger ses injures ni sur ses parents, ni sur sa patrie à qui, après Dieu, nous devons la vie, le caractère, et l'éducation. Il ne saurait répugner à la nature de ne point blesser sa patrie; jamais il ne sera

---

cette fidélité d'Egas Moniz au IIIe chant des Lusiades, stances 35 à 41, et au VIIIe chant, st. 13, 14 et 1.. — Note du Trad.

permis de lui manquer de foi, de quelques
injustices que vous soyez abreuvé (Osor. *de
reb. Emmanuel*, lib. 11, p. 422).

Au surplus, le gouvernement des Rois d'Espagne étant d'un père bien plus que d'un maître, comme le savent même les étrangers, il est
juste d'en dire ce que Plutarque dit d'Alexandre :
« *feliciores esse qui sub illius imperio degunt
quàm qui illud effugerunt.* »

En ce qui est du commerce, depuis notre première arrivée dans l'Inde, la confiance dans les
Portugais fut telle que Pierre Alvar Capralis,
successeur de Gáma dans le commandement de
la flotte de l'Inde, ayant acheté des marchands
de Cananor une certaine quantité de gingembre
et de cannelle, le Roi pensant que le manque
d'argent ne lui permettait pas d'en recevoir
davantage, fit offre à cet amiral d'user de son
propre trésor, comme s'il appartenait au Roi
Emmanuel, l'assurant que rien ne lui serait
plus agréable. Capralis le remercia, et montra
aux envoyés grand nombre de pièces d'or pour
faire connaître au Roi que sa résolution de ne
rien acheter de plus était motivée, non sur le
manque d'argent, mais sur ce que ses vaisseaux
étaient chargés suffisamment (Osor. lib. 2, *de
reb. Emmanuel*, p. 79).

Au contraire, les Hollandais, en l'an 1600,
ainsi qu'on le voit dans l'histoire de l'Afrique
orientale (lib. 4, c. 24), étant arrivés avec deux
navires à Java, où ils achetèrent diverses marchandises, les payèrent avec de la monnaie de
cuivre habilement argentée. — Mais après le

chargement effectué, les Javanais, qui découvrirent la fraude, les jetèrent en prison, et voulurent leur enlever navires, marchandises et
même la vie. A peine les misérables purent-ils
obtenir que l'on attendît d'autres marchands
de Hollande pour donner satisfaction en bonnes espèces ; d'où il advint qu'après six mois
de fort pénible détention, leur renommée sur
cette plage orientale déchut considérablement.
« Les Hollandais, dit Albert Crantius (in Vuan-
» dalia, lib. 14, c. 18) sont une race malfai-
» sante, née pour désoler la terre, et malheu-
» reusement répandue dans l'Orient, la Livonie,
» la Prusse et la Poméramie. »

Enfin, quant à la fidélité à garder envers
l'ennemi, ce qui est conforme à la justice (1),
et que Rome, toutefois, n'eut à admirer que
dans le seul Régulus, dont le poète Horace a
dit :

Fertur pudicæ conjugis osculum,
Parvosque natos, ut capitis minor,
A se removisse et virilem
Torvus humi posuisse vultum Od. 5, lib. III).

Dans nos enfants eux-mêmes resplendissent de
plus éclatants exemples de cette fidélité. — Un
enfant Portugais vint un jour près de Suarez,
gouverneur de l'Inde. Il était porteur de lettres
de certains de ses compatriotes faits prisonniers par le Roi de Calicut, du temps de Capralis, le suppliant de faire la paix avec ce roi, et

---

(1) D. Augustinus, relatus in cap. noli, 33, q. 1. —
Becan. 2 tom. opusc. 1, à cap. 1.

de réclamer la fin de leur esclavage et leur
renvoi en liberté. Suarez ayant pris connaissance de ce message, et n'approuvant pas les
conditions de paix proposées, voulait retenir
l'enfant. Mais celui-ci s'en défendit avec une
très-grande fermeté, disant qu'il ne souffrirait
jamais ce déshonneur, qu'ayant donné sa foi, il
la violât par crainte de la mort ou de la servitude, au risque de causer la mort des prisonniers ;

> Interque mœrentes amicos
> Egregius properabat infans (1)

Fr. Antoine Laurerius, Dominicain, se rendant
de Socotora à Suriate, fit naufrage sur la côte
de Cambaye avec quelques Portugais. Faits
prisonniers, et conduits au Roi Mahmoud, ils
demeurèrent longtemps en esclavage sans que
personne vint les racheter. Ils choisirent donc
unanimement Laurerius, pour aller solliciter
leur rançon à Goa, sous cette condition imposée par l'ennemi, que s'il n'obtenait rien, il
reviendrait loyalement dans un délai déterminé;
et pour gage de ce fidèle retour, il laissa au Roi
la corde grossière dont il était ceint. Parvenu
à Goa, dont l'intendant était absent pour tout
le temps convenu, il ne put obtenir de décision sur une chose de cette importance; de sorte
que, sans avoir terminé l'affaire, il retourna de
suite à Cambaye selon sa promesse. Cette conduite inspira une si grande admiration au Roi

---

(1) Hor. lib. 3, ode 5.— Freitas, en substituant *infans*,
à *exul*, applique au jeune Portugais ce qu'Horace a dit
de Régulus (*N. du Trad.*).

et à sa cour qu'il renvoya avec bonté les Portugais bien vêtus et munis. La vertu et la sainteté de Laurerius n'obtint pas cela seulement; mais elle gagna au nom des Portugais la plus haute estime et réputation de probité, ce qui ne fut pas pour nous d'une utilité médiocre. Un tel exemple de constance et de fidélité à ses promesses dans les relations hnmaines n'est pas moins efficace, en effet, pour les succès et pour la gloire que pour l'acquit de la conscience et la satisfaction du devoir accompli (MAFFŒUS, *hist. Ind.* p. 115*)*.

Lorsque Didacus de Silveira entra dans la mer Rouge avec une flotte nombreuse pour intercepter les navires des Sarrasins, et les détourner de la navigation de l'Inde, il attaqua un grand vaisseau chargé de Maures et de marchandises, dont le capitaine, dès qu'il eut reconnu nos frégates, amena ses voiles et se rendit en canot près de Silveira. Là, confidentiellement, il remit à l'amiral, à titre de sauf-conduit, la lettre d'un certain Portugais, se disant captif dans l'Inde, et par laquelle cet esclave, dans la langue portugaise, demande à tous les commandants portugais de s'emparer de ce navire, appartenant au Maure le plus méchant (nous en avons déjà parlé au chapitre 8). Silveira, néanmoins, à cause de la bonne foi du Maure et pour l'honneur du nom portugais, non-seulement relacha généreusement ce navire, chargé d'or et de marchandises précieuses, mais cachant la fourberie du captif, déchira sa lettre, et donna au capitaine sarra-

sin un ferme sauf-conduit, de crainte qu'il
tombât dans les mains d'un autre chef qui pen-
serait ne pas devoir en faire autant pour
l'honneur et la réputation. Par cette action, il
garda envers notre ennemi, contre la perfidie
d'un esclave, la foi et la loyauté qui sont
l'honneur du nom portugais (BAR. decad. 4,
lib. 4, cap. 22).

Jean de Castro, vice-roi de l'Inde, après avoir
battu et taillé en pièces, avec une petite mais
vaillante troupe, les grandes légions de Cambaye, avait résolu de rétablir sur de nouvelles
bases et de fortifier beaucoup mieux qu'auparavant, une citadelle presque détruite par les
ennemis. L'ouvrage était retardé faute d'argent;
il eût été difficile d'en trouver sans donner de
gage. Il lui vint la pensée de couper sa barbe,
et de l'engager pour la somme qui était nécessaire à la continuation de son œuvre; puis il la
racheta avant le terme convenu. Les descendants de ce grand homme, qui ne lui sont point
inférieurs en hauts faits et en illustration, con-
servent religieusement cette barbe, témoin de
la foi gardée, plus précieuse que tout trésor, et
la montrent souvent à ceux qui désirent la con-
templer.

CHAPITRE XVI

....

Des richesses des Portugais avant leur navigation aux Indes

....

Autrefois déjà, Pline écrivait que la Lusitanie abondait en or, disant : « Nec in aliâ parte terrarum tot sœculis hæc fertilitas » (lib. 33, cap. 4); et Strabon (lib. 3, *de situ orbis*), confirme ce témoignage. Mais, ce qu'il ne faut point passer sous silence, c'est que dans le Tage on tire une telle quantité d'or pur, en dégageant les sables, que Jean III, roi de Portugal, put en faire confectionner un sceptre, dont se servent aujourd'hui nos rois, soit quant ils sont acclamés, soit lorsqu'ils assistent aux assemblées du Royaume. Edouard Nun, dans sa description du Portugal, chap. 14, et Pline déjà, ont fait ressortir, à cet égard, la supériorité du Tage sur le Gange, le Pactole, l'Hermus et le Pô; et l'on pourrait, encore aujourd'hui, trouver en Portugal des mines d'or et d'argent, si par un édit royal il n'était pas défendu de se livrer à cette recherche. Le même Edouard constate, d'après nos annales, que dans le siècle suivant les rois de Portugal portèrent, à diverses fois, la guerre contre les Maures et les Infidèles, en Afrique, en Asie, sans demander aucun secours à leurs amis, tandis qu'au contraire, ils assis-

tèrent toujours les Princes catholiques de leurs
trésors, de leurs armées et de leurs flottes, avec
une libéralité digne de louange.

Denis (pour ne pas remonter plus haut) lorsqu'il se rendit comme arbitre en Castille et en
Aragon, surpassa tellement les autres Rois en
pompes et en magnificences, que les auteurs
espagnols l'en ont critiqué (ZURITA in *Annal.
Aragoniæ*. — MARIANA *Hist. Hisp.*).

On rapporte, en effet, que pendant toute la
route, il s'abstint d'entrer dans les villes, et ne
s'arrêta que dans des pavillons élevés exprès, et
qu'il n'y eut guère de nobles dans les deux
cours qui se retirassent sans avoir été gratifiés
de ses dons. A Jacques, frère de sa femme, qui
lui demandait le prêt d'une grosse somme en lui
offrant comme gage l'une de ses villes fortes, il
refusa de la lui prêter, mais lui en donna le
double gratuitement, comme ayant reçu de lui
l'hospitalité, et ne voulut pas même accepter,
pour lui, ni pour les siens, le présent de bien-
venue. A Fernand, roi de Castille, son gendre,
lui demandant son assistance pour les frais de
la guerre, il donna, indépendamment d'une
forte somme d'argent, une coupe d'émeraude
d'un prix inestimable. Enfin, après avoir, non-
seulement fait des cadeaux aux gentilshommes
présents, mais en avoir envoyé aux absents,
comme il se disposait à retourner en Portugal,
un noble Castillan se plaignit d'avoir été oublié
seul dans ces générosités. Le Roi s'en excusa
sur ce qu'il lui était resté inconnu, et lui offrit
un service de table en argent de grand poids,

qui était à son propre usage, et le seul objet restant de son équipage royal, ajoutant qu'il voulût bien s'en contenter, n'ayant rien de plus pour l'en gratifier (Eduarde Nonio Leone, P, Ant. Vasconcellio, et aliis, in Dionysio).

Ferdinand et Isabelle les Catholiques, qui faisaient le siége de Malacca, le voyant se prolonger plus que ne le comportaient leurs ressources, demandent à Jean II, Roi de Portugal de leur prêter des munitions, faute desquelles ils seraient obligés de se désister de leur entreprise, ce que Jean leur accorda libéralement et avec plaisir. Au moyen de ces secours, le siége aboutit heureusement à la reddition de la ville (RESENDIUS, in *Chronica Joannis 2*, cap. 61).

Ce même Jean II, ayant appris que les citoyens de Bruges retenaient captif, sous bonne garde, Maximilien, Comte de Flandre et Roi des Romains, par eux attaqué dans son palais (MARIAN lib. 25, cap. 11), envoya de suite à ce prince un député, avec promesse d'une armée et d'une flotte, et une obligation adressée aux plus nobles (Drapesitos) aux termes de laquelle quadragies sestertium (1) devaient être soldés au Comte. Dans les circonstances et au siècle dont nous parlons, une telle somme, bien que le Roi eût déjà recouvré sa liberté, fut d'un grand secours à l'affermissement de son autorité, à la considération de son honneur et à la détermination des conditions de la paix (RESEND. *in*

---

(1) Quadragies sestertium signifie quatre millions de sesterces, environ un demi-million de francs. (*Note du Trad.*)

*Joan.*II, cap. 71). Et quand, plus tard, ce même Maximilien, qui avait employé jusqu'à sa dernière obole à la poursuite de la guerre d'Anvers et à la solde de son armée, manqua d'argent pour sa propre sûreté, il demanda encore au nom de Jean II, à Dicace Fernandez, chargé d'affaires de ce monarque à Anvers, une somme considérable que 'celui-ci lui fit compter. Le roi Jean approuva si fort l'acte de son représentant, qu'il donna des louanges à sa générosité, et l'en récompensa par des honneurs et des bienfaits considérables (RESEND. *ibib.* cap. 175).

En 1340, Alphonse IV de Portugal porta secours à son gendre Alphonse XI, contre Olbohacen, empereur du Maroc, et Abenhamet roi de Grenade, snr lesquels les deux Alphonse remportèrent une belle victoire dont les anniversaires solennels sont encore célébrés à Tolède. Plus de deux cent mille Maures y perdirent la vie (*Hist. Lusit. in Alphonso IV.* — MARIANA, *de reb. hisp.* lib. 16, c. 7 et 8—*Cartag. in anacephalœo.* — ZUR. 2 p. c. 53).

Alphonse V, à la prière de Sixte IV, envoya une flotte considérable au secours d'Otrante, noble ville du royaume de Naples, qui était assiégée par les Turcs (ED. NUN. in *descr. Lus.* cap. 48).

Vers ce même temps, les *Communes* d'Espagne (comme on les appelle), prirent les armes contre l'Empereur Charles, engagé dans les guerres d'Allemagne. Ceux qui leur résistèrent au nom de l'Empereur manquaient de troupes

et d'argent; mais, secourus par Jean III de
Portugal, ils remportèrent une victoire, suivie
du châtiment des rebelles, dont ils avaient
rejeté l'offre d'investiture du royaume. (Osor.
de reb. Emman. lib. 12. — Conrad. Lycothen,
apophlem, tit. *de fide servandà).*

Bajazet, empereur des Turcs, avait armé une
grande flotte, pour soumettre à sa domination
les îles et cités de la Grèce appartenant à la
République de Venise. Emmanuel, roi de Portugal, opposa aux musulmans une force navale
capable d'arrêter leur choc ; et le Turc, informé
de son arrivée à Corcyre, retira sa flotte armée
à très grands frais, et abandonna honteusement
la guerre qu'il avait entreprise (Osor. lib. 2,
de reb. Emman).

Louis, frère du roi de Portugal Jean III, s'acquit une gloire plus grande encore par le
secours qu'il porta à Charles son beau-frère
(leviri) pour s'emparer de Tunis (Sandoval, in
Chronicà Caroli V, et Andrade, in *Chron.
Joann. III,* 3 p. cap. 15).

Si donc le Roi de Portugal, bien avant les
explorations dans l'Inde, a souvent assisté avec
munificence les Princes de l'Empire, ceux de
Naples, de Castille, d'Aragon, de Flandre, de
Venise, et d'autres encore, l'Anonyme n'évitera
pas le reproche de grossière ignorance ou d'un
impudent mensonge.

Mais, quant à l'état de notre patrie avant la
première navigation dans l'Inde, écoutons ce
que dit Gérôme Conestaggio, peu affectionné
aux Portugais, au commencement du livre 1er

de son ouvrage sur la réunion du Portugal et
de l'Espagne : « Déjà ce royaume avait vu
» s'augmenter sa population et ses richesses ;
» mais ses progrès devinrent bien plus considé-
» rables, en 1482, par suite de l'expulsion des
» Juifs d'Espagne, dont un grand nombre, obli-
» gés de passer la frontière, obtinrent de
» Jean II la permission d'émigrer en Portugal,
» moyennant paiement de huit ducats par tète
» et autres conditions. Vingt mille familles
» environ, de plus de dix personnes chacune,
» profitèrent de cette autorisation, ce qui ne
» procura pas un médiocre accroissement au
» fisc royal. » — Après que cette capitation
eut été épuisée, ainsi que le trésor de l'Etat et
les richesses de l'Asie, pour l'expédition de l'Inde
le roi Emmanuel eut recours pour la soutenir,
aux dons de la noblesse.

Ainsi donc, avant l'exploration de l'Inde, il
ne se trouvait pas en Europe un Royaume plus
opulent que le Portugal, ce qui est démontré
par l'histoire ; d'autant, surtout, que les autres
Princes chrétiens, comme la postérité de Cad-
mus, étaient divisés entr'eux et se dévoraient
mutuellement par des guerres continuelles. A
leurs sujets, néanmoins, le marché de Lisbonne
fut toujours ouvert, et devint célèbre par la
fréquentation des marchands du monde entier ;
car c'est principalement par le commerce que
s'augmentent les richesses de tout royaume.
C'est donc avec raison qu'Acosta (liv. 3 *de
proc. ind. sal.* c. 11) dit que la conquête de
l'Inde orientale est dûe à l'or et à la puissance

des Portugais; d'où toùt homme éclairé con-
cluera que le Portugal était plus florissant par
sa population, ses armes et ses richesses avant
la navigation del'Inde, que depuis lors; puisque ses forces, divisées entre ses nombreuses
colonies, ont tiré de la métropole, qu'elles
épuisaient, leur origine et leur substance.

Ajoutons encore qu'avant la navigation de
l'Inde, la forteresse de Saint-Georges, appelée
aussi Mina, à cause du voisinage des mines
d'or, était déjà venue sous la domination du
Portugal, et que, chaque année, il en était
apporté un tel poids d'or dans le trésor royal,
que lors du retour dans l'Inde des ambassadeurs
de Cananor et de Cochin, les galions s'étant
trouvés sur leur route, ils furent émerveillés de
cette abondance dont le gouverneur de l'Inde
et l'amiral Vasco de Gama leur firent constater
le prodige, et abandonnèrent l'opinion défavo-
rable que leur avait suggérée la jalousie de nos
rivaux (BARRIO, decad. 1, lib. 6, cap. 2).

CHAPITRE XVII

Du gain des Portugais par le commerce des Indes

L'Anonyme reproche aux Portugais leur âpreté au gain, et leurs efforts pour usurper le monopole du commerce du monde entier. Ne croyez pas toutefois qu'il en fasse tant de bruit dans l'intérêt public. Ce qui l'excite à en parler, c'est l'envie que d'autres portent à notre navigation, bien plutôt en vue de leur propre avantage, que de la propagation de la religion.

Les Portugais, parcourant chaque année toute l'étendue de l'Océan, depuis le détroit d'Hercule jusqu'en Chine et au Japon, cherchent à retirer de ces courses lointaines un profit et des ressources, faute desquels l'Europe entière pourrait à peine supporter les dépenses que fait quotidiennement le Roi de Portugal, en Afrique et en Asie pour la propagation et la protection de la foi catholique, avec un très grand sacrifice d'hommes et d'argent. Tous les revenus de l'Inde et du Portugal ne suffisent même pas à soutenir une telle charge, surtout aujourd'hui que notre Roi doit entretenir, en divers pays, des armées et des flottes contre les Turcs, les Maures, les Infidèles, les pirates, les

rebelles et les hérétiques. En cela, certes, il
recherche bien moins l'extension de sa puissance que celle du christianisme, par l'épuise-
ment de ses richesses propres et de celles de ses
vassaux (Damianus a Gœs, *de rebus et imperio
Lusitanorum*, ad Paulum Jovium).

La navigation aux Indes donne donc aux
Espagnols beaucoup plus de charges que de
profits, comme l'atteste Acosta, *de procurandâ
Indorum salute*, lib. 3. Et n'est-ce pas ce que
témoigne la Hollande elle-même, qui, armée
par l'or et les richesses de l'Espagne contre son
propre Souverain, occupée de soins plus importants, non-seulement insulte à sa puissance,
mais l'attaque audacieusement dans ses terres
et possessions, par l'appât du butin? Après
en avoir fait leur proie, que les Hollandais
prennent garde de devenir, à la fin, la proie de
ceux dont ils se repaissent.

Et tout cet apport de métaux précieux, de
pierres fines et de parfums n'a pas pour unique
but la protection de l'Eglise catholique contre
les portes de l'Enfer, mais encore les dépenses
du culte, les édifices religieux, la peinture
appliquée aux images des saints, et principalement de la Mère immaculée du Sauveur; à tel
point (et j'en omets de plus importants), qu'il
est dépensé chaque année à Lisbonne vingt
mille écus d'or, pour les parfums brûlés dans
les sanctuaires. Et il était prédit que ces présents, ces richesses considérables, devaient être
apportés des pays les plus lointains pour le
culte et l'ornement de l'Eglise catholique, et

seraient comptés parmi ses merveilles, ainsi
que le prouve Thomas Bossius, *de sign. Ecclesiæ*, tom. III, lib. 20. cap. 6, pag. 51.

Et, pour bien montrer que les Portugais
préfèrent la cause de la religion à toute espèce
de lucre, rappelons l'illustre fait d'un vice-roi
des Indes : Constantin, fils du duc de Bragance
et vice-roi des Indes, triompha en 1560, du puissant monarque de Janafatan dans l'île de
Taprobane (Ceylan) et le soumit à la couronne
de Portugal. Parmi les richesses du trésor était
une DENT DE SINGE. On lui avait élevé un temple
fameux où (sans parler du reste) se dévelop-
pait un long portique affecté à la garde du
troupeau destiné aux sacrifices, et remarquable
par soixante-dix colonnes de marbre rivalisant
de grandeur avec celles que l'on voit à Rome,
dans le célèbre Panthéon d'Agrippa (MAFF. lib.
1, *Hist. Ind.*). Elle fut trouvée dans le sanctu-
aire, cette DENT abominable que la superstition
d'une grande partie de l'Orient adorait comme
une divinité tutélaire, et à laquelle, tous les ans,
les Souverains de ces contrées offraient, par
députations spéciales, des quantités considérables d'or et de pierres précieuses, ayant soin de
faire prendre l'empreinte de cette idole sur des
pâtes de parfum, afin de conserver au moins
l'image, s'ils ne pouvaient posséder l'original.
Ces monarques furent fort affligés de la perte
d'une telle relique ; et tout aussitôt l'un d'entre
eux (Pegu rex in Taprobanem) envoya des
députés au vainqueur, avec des milliers de pièces d'or pour obtenir qu'il lui accordât cette

DENT, consolation et idole des peuples orientaux;
ayant bien recommandé à ses ambassadeurs
de n'abandonner cette relique pour aucun prix,
mais de lui obtenir la préférence sur les autres
princes d'Orient, dans une chose de cette importance. — Or, la situation pécuniaire de notre
Empire était alors en grande souffrance par
suite des frais élevés occasionnés journellement
par des guerres contre les insurgents. Les chefs
militaires insistaient pour que l'offre de ces
millions ne fût point rejetée, afin de payer la
solde arriérée, et de pouvoir réduire en servitude l'orgueil et la rébellion des Rois, pour
l'accroissement de la foi et l'affermissement de
notre domination. — Quoiqu'idolâtres eux-
mêmes et honorant ce hideux fétiche, d'où on
ne pouvait établir de distinction entre le vice
et la vertu, ils répétaient bien haut que son
rachat ne favoriserait point l'idolâtrie des
barbares. — Cependant l'opinion et la fermeté
de Constantin prévalurent; et de l'avis des théologiens, ils résolurent de ne point rendre aux
païens cette relique superstitieuse en vue
d'aucun prix ou sous prétexte d'un plus grand
avantage. Aussitôt donc, dans le Sénat, et en
présence des mêmes conseillers, il fit dépouiller
ou plutôt dégrader cette DENT, de saphirs et
d'escarboucles d'un grand prix, la réduisit en
poussière, de ses propres mains, dans un mor-
tier de bronze, et la jeta dans un feu allumé
pour ce sacrifice, mettant ainsi tous les trésors
et les honneurs humains au-dessous du culte
du vrai Dieu et du zèle pour la foi (LUCENA,

Vita Xavierii. lib. 2, cap. ult. — P, Oʀᴛɪx en la *Viagen del Mundo*, lib. 3, cap. 13, attribue par erreur ce fait à Pierre Mascaren). — Que les Hollandais qui nous calomnient et nous reprochent notre foi catholique, exhibent donc, de toute l'antiquité, un tel exemple de religion! Mais la famille de Bragance a pour mission, envers les autres Princes, comme elle propage leurs lignées, de leur donner aussi des modèles de piété et de vertu.

Alphonse d'Albuquerque, gouverneur des Indes, avait préposé Ultimutiraya à l'administration de la justice à rendre aux Maures dans la province de Malacca. Mais il résolut ensuite de le punir de mort, ainsi que son fils et son *nepos* pour cause de trahison, et méprisa l'offre de cent mille écus d'or, faite par son épouse pour obtenir leurs vies, répondant simplement que sa justice n'était pas à vendre (Bᴀʀʀ. decad. 2, lib. 6, cap. 7. — Mᴀꜰꜰœᴜs, lib. V, *Hist. Ind.*).

Alvar d'Acuna, arrivant au secours de la citadelle de Diû, assiégée par l'armée de Mahmoud, s'empare de la flotte auxiliaire, en fait conduire le chef dans la forteresse, et dédaignant son offre d'une rançon considérable, fait trancher les têtes de ce commandant et de ses principaux officiers. — Exposées et reconnues par l'ennemi, elles augmentèrent leur rage contre les Portugais (ᴅᴀᴍɪᴀɴ, *in bello Cambaïco*, Comment. 3, ad fin. — ᴍᴀꜰꜰ. lib. 3, Hist. Ind.).

CHAPITRE XVIII

....

De la religion des Portugais dans les Indes Orientales

....

L'Anonyme reproche aux Portugais des scandales, des impiétés, des crimes commis dans les Indes orientales, alors qu'on devait attendre d'eux des miracles et une vie exemplaire pour la conversion des Infidèles. Assurément, nous devons à cet *Inconnu*, et nous lui adressons de grands remercîments; car il reconnaît que nous souhaitons et devons susciter des miracles et prodiges célestes pour l'affermissement et la propagation de la foi catholique; et par suite, il avoue, comme malgré lui, que les Portugais se maintiennent dans l'Eglise Catholique, Apostolique et Romaine.

C'est seulement, en effet, dans la véritable Eglise que l'on trouve de vrais miracles, qui prouvent son excellence, comme l'enseignent St Augustin (1), Bellarmin (2), Bossius (3), Jod.

---

(1) Tract. 13, in Joann. *de unitate Ecclesiæ*, cap. 16. — *De civ. Dei*, lib. 22. cap. 8.

- (2) *De Eccles.* lib. 4, c. 14.

(3) *De sign. Eccles.* tom. 1, lib. 5, cap. 1, et *de miraculis in Africâ*, in Indiâ Orient. cap. 2, vers. *Incusamus*, cum. seqq.

.Coccius (1); et St Augustin déclarait que les
miracles l'attachaient par des liens puissants à
l'Eglise catholique (2).

Au contraire, les derniers novateurs qui se
sont séparés de l'Eglise Romaine, quels miracles, quels prodiges ont-ils fait voir pour faire
admettre que leur doctrine a été récemment
envoyée de Dieu, comme cela serait nécessaire
si elle était l'expression de la vérité ? C'est par
une suite de prodiges que le Seigneur confirme
les prédications (Marc, ultim). Dieu se montre
par des prodiges : « les preuves de mon apostolat sont dans tout ce que j'ai souffert, dans
les miracles, les prodiges et les vertus, » (Paul,
Hœbr. 2. Cor. 12) ; et autres textes relatés par
les docteurs mentionnés ci-dessus. — C'est ainsi
que Moïse (Exod. 4,) se montra envoyé de Dieu
(Cor. 4) c'est-à-dire dans la force et la puissance d'opérer des miracles, comme le dit
Perpinian, peintre et théologien espagnol
(Orat. 12, *de retinendà veteri religione*).

Pour bien démontrer que les rois de Portugal ont toujours eu un soin particulier de la
conversion des Infidèles, il nous suffira de
rapporter une seule lettre de Jean III à Jéan de
Castro, vice-roi des Indes (3). Nous imiterons
en cela notre adversaire, qui, à la fin de sa
dissertation, transcrit d'autres lettres de notre

---

(1) *Thesaur. Cathol.* tom. 1, lib. 8, *de sign. Eccles.*
art. 13; et *de miraculis Indiæ Orientalis*, ad fin.

(2) Contrà epistolam fundamenti, cap. 4.

(3) Cujus meminere Maffœus, lib. 12, *Hist. Indiæ*, et
Lucena, *in Vità Xavierii*, lib. 2, Cap. 22.

Roi, données en vue d'expulser de l'Inde les Hollandais. Tous les mots de cette lettre mettent en évidence la piété singulière et la sagesse des rois de Portugal.

Voici donc ce qu'écrivait Jean III :

« Jean, Roi, à Jean de Castro, vice-roi des
» Indes, son ami.

» L'idolâtrie, vous le savez, est un tort telle-
» ment grave, qu'elle ne doit, en aucune façon,
» être supportée dans mes Etats. Cependant, il
» m'a été rapporté que, dans le pays de Goa,
» on adore certaines idoles (*facella idolorum*),
» tant en particulier qu'en public ; et, de plus,
» que des jeux et rites païens sont ouvertement
» célébrés. Par suite, je vous mande, et je vous
» prescris itérativement de faire rechercher
» toutes ces idoles par tels agens aptes à cette
» investigation, de les faire mettre en pièces et
» brûler et de défendre sous des peines sévères,
» à qui que ce soit, d'établir, sculpter, fabri-
» quer, représenter ou modeler de semblables
» simulacres, qu'ils soient d'airain, de bois,
» d'argile, de plâtre ou de tout autre métal,
» matière ou composition, aussi bien que d'en
» importer, de célébrer des sacrifices ou des
» jeux selon la coutume païenne, d'aider en
» quoi que ce soit les maîtres et harangueurs
» Brahmanes, ces odieux adversaires du
» Christ, ou de les recevoir en sa maison. Il
» faut que les contrevenants soient, sans rémis-
» sion, frappés des peines portées par l'Edit.
» Et, attendu qu'il est bon d'inviter ces peuples
» au culte légitime d'un seul Dieu, non seule-

» ment par l'espoir de la béatitude à venir,
» mais aussi de temps en temps par des récom-
» penses actuelles, vous aurez grand soin que
» des exemptions d'impôts, des charges publi-
» ques et d'autres emplois avantageux que
» l'on a présentement coutume, dès à présent,
» de conférer aux Gentils, soient, au premier
» jour, transportés aux néophytes du Christ.
» J'entends que le commun vulgaire des Indiens
» soit obligé de servir sur ma flotte; mais il
» me plaît d'en excepter les chrétiens; et si la
» nécessité exige momentanément leur con-
» cours, vous veillerez bien désormais à ce
» qu'il leur soit payé une juste et quotidienne
» récompense. — Vous prendrez sur tous ces
» points l'avis de Michel Vasa, que nous savons
» homme de bien, très entendu à la chose
» publique, et plein de zèle pour la religion
» chrétienne. — De plus, j'ai appris, de sources
» certaines, à mon grand chagrin, que des
» esclaves étaient achetés à vil prix par des
» Portugais, et que, tandis qu'ils pourraient
» être facilement placés chez des maîtres chré-
» tiens et disposés au baptême, ils etaient
» vendus à des marchands mahométans ou
» barbares, en vue d'un gain plus élevé, mais
» pour la perte assurée de leurs âmes. — Ce
» désordre coupable doit cesser à l'avenir. Les
» esclaves ne seront vendus ou adjugés sur
» enchères qu'à des chrétiens. Vous vous gar-
» derez aussi soigneusement des abus de
» l'usure, qu'entretient certain chapitre des
» lois de Goa. Faites en sorte de la réprimer

» par votre autorité et commandement, et
» rayez au plus tôt ce chapitre du recueil des
» lois. — Dans la ville de *Bazan*, il sera élevé
» un temple à saint Joseph ; et un traitement
» convenable sera assigné, sur mon trésor, à
» l'entretien d'un vicaire et de quelques béné-
» ficiers. Et comme, chaque année, trois mille
» *Pardais* (1) ont été employés jusqu'ici aux
» temples de Mahomet et à son culte criminel
» par ses sectateurs, elles devront être comp-
» tées désormais aux prédicateurs de l'Evan-
» gile et à leurs auxiliaires. Aux néophytes
» établis par Michel Vasa dans la campagne
» de Cial (*in agro Cialensi*), et à ceux même
» d'entr'eux qui auraient, depuis lors, embrassé
» le christianisme, trois cents boisseaux de
» riz, à prendre sur mes revenus, seront
» annuellement distribués par l'Evêque.—Nous
» avons encore appris que les poids et les prix
» convenus autrefois avec les chrétiens de
» Saint-Thomas, qui vendent le poivre en
» détail dans les Etats de Cochin, sont rejetés
» et violés par nos marchands qui retiennent
» ainsi les suppléments usités en dehors du prix
» convenu. Ils leur portent ainsi offense et pré-
» judice ; et pour bien des raisons, il eût fallu y

---

(1) En la navigation de Louis de Barthème, éditée par
Jean Temporal à la suite de la Relation de l'Afrique, de
Léon l'Africain, je lis : « *Pour plus évidemment montrer sa magnifique puissance, le roi de Nacsinga fait
battre monnaie d'or, qu'ils appellent* PARDAI, *qui vaut
un ducat pour pièce.* (Tom. 2, p. 112.) — A la côte
orientale d'Afrique, Gama, Alvarès et Lopès avaient
trouvé des SARAFES d'or de même valeur. — Voir le
même ouvrage. (Note du Trad.)

» penser. Vous veillerez donc très diligemment
» à ce que, dans ce commerce, les habitants de
» Saint-Thomas soient parfaitement à l'abri
» de dommages et vexations; et même en
» toutes autres choses, vous les traiterez avec
» douceur et bienveillance, comme cela est
» juste envers des chrétiens et des alliés. Vous
» ferez, de plus, des démarches près du Roi de
» Cochin, pour qu'il permette d'écarter de
» notre commerce les cérémonies usitées par
» ses augures dans la vente du poivre, puis-
» qu'il n'y a lui-même aucun intérêt. On assure
» également que les Indiens sous la domination
» de ce Roi, lorsqu'ils quittent leurs idoles
» pour embrasser la religion chrétienne, sont
» aussitôt dépouillés de toute leur fortune.
» Vous vous appliquerez de tous vos efforts
» à détourner ce Prince ami d'une telle
» cruauté. Nous lui écrirons nous-même en ce
» sens. — Vous m'avez représenté vous-même,
» avec les plus instantes recommandations,
» la position des habitants de Socotora; je
» souhaite fort que ces populations soient
» retirées de leur misérable servitude; mais
» en évitant que le Turc, sous l'empire duquel
» elles sont, ne s'en irrite davantage, et ne
» s'accoutume peu à peu à envoyer sa flotte
» dans ces mers. Consultez Michel Vasa sur
» tout cela; et avec votre prudence, avec la
» connaissance que vous avez de cette affaire,
» vous verrez quel moyen il conviendra d'em-
» ployer. — Les marchands des pêcheries (1)

(1) *Piscarii* signifie ordinairement *marchand de pois-*

» se plaignent de ce que les habitants du rivage
» sont maltraités avec d'autres injustices, par
» mes officiers : de ce que, notamment, ils les
» obligent à ne vendre le produit de leur pêche
» qu'à eux seuls, et à des conditions iniques.
» Vous veillerez donc de près à ce que la
» liberté de vendre à leur gré ne soit pas enle-
» vée à ces gens; à ce que mes officiers ne
» s'attribuent rien en propre dans ce commerce;
» et pour faire cesser toute autre vexation,
» vous examinerez si ces rivages ne sont pas
» assez bien gardés, si mes impôts ne peuvent
» pas être perçus assez facilement sans le
» concours de mes vaisseaux; et si cela se peut,
» il n'y a pas de raison de diriger leur naviga-
» tion de ce côté. Vous consulterez, d'ailleurs,
» maître François Xavier, et vous examinerez
» avec lui s'il est convenable ou licite, en vue
» de l'accroissement de l'Eglise, de ne laisser
» le libre exercice de la pêche qu'à ceux qui
» auront embrassé le christianisme, et d'écar-
» ter tous autres de cet avantage et de ses
» profits, jnsqu'à ce qu'ils aient eu la même
» sagesse. — J'apprends encore que ceux des
» Païens qui se convertissent, sont chassés de
» leur maison par les parents, alliés et amis,
» comme des scélérats détestables, qu'ils sont
» dépouillés de leurs biens, et réduits aussitôt
» à une absolue solitude et à une profonde

---

son. — Il m'a semblé qu'il s'agissait ici de produits plus
précieux, tels, par exemple, que les perles, objets d'un
commerce considérable sur les côtes de l'Hindoustan
(*Note du Trad.*).

» misère. A l'effet d'y subvenir, et après
» communication de cette affaire à Vasa,
» vous affecterez sur mes revenus une somme
» annuelle à distribuer par le prêtre à de tels
» néophytes. — Est-il vrai, comme cela m'est
» rapporté, qu'un prince royal de l'île de Ceylan,
» jeune adolescent, fuyant des mains d'un
» oncle ou autre parent, se soit transporté à
» Goa, dans l'intention d'y recevoir le baptê-
» me? Vous pourvoirez, — ceci n'est pas de
» médiocre importance pour la conversion des
» autres, — à ce que ce personnage soit imbu
» de doctrine et de bonnes mœurs dans le col-
» lége de Saint-Paul, avec les autres élèves.
» En ce qui est de sa subsistance et de son
» entretien, ils lui seront fournis dans un hôtel
» séparé, abondamment et libéralement, à mes
» frais. Ce Prince m'a mandé lui-même qu'il
» avait tout droit à réclamer le trône de
» Ceylan; vous verrez ce qu'il en est; et après
» l'avoir examiné et reconnu avec équité,
» vous me le ferez savoir. Mais comme le tyran
» a déjà si cruellement sévi envers ses compa-
» triotes qui ont cru à l'Evangile, je veux que,
» tout d'abord, vous lui infligiez la punition
» déjà tardive, qui est dûe à un crime aussi
» grand. J'ai décidé que son audace sera grave-
» ment châtiée, afin que tous comprennent que
» rien n'est plus précieux pour moi, que de
» préserver d'attaque et d'offense ceux qui ont
» passé du camp des Démons sous les étendards
» chrétiens. — Il n'est point décent pour le nom
» chrétien que des ouvriers païens peignent et

» colportent pour la vente, les images du
» Christ Notre-Seigneur, de la Vierge mère et
» des Saints. Vous interdirez donc, sous peine
» des verges, à tout profane, de peindre désor-
» mais et de vendre aucunement de tels
» tableaux. — Il est très honteux que l'église
» paroissiale de Cochin et celle de Coulam, à
» peine terminées, soient ouvertes à la pluie.
» Vous emploierez des architectes et des
» ouvriers à couvrir et réparer, au plus tôt,
» l'une et l'autre. — Il me plaît aussi qu'il soit
» élevé un temple à l'apôtre Saint-Thomas,
» dans le bourg de Noroa; que l'on achève la
» maison de Sainte-Croix à Calapore; qu'on
» relève l'église de l'île Cioran, enfin que des
» salles d'auditoire et des écoles soient établies
» en lieux convenables, pour qu'à des jours
» déterminés, non-seulement le peuple chrétien
» y vienne entendre le catéchisme, mais que .
» les païens eux-mêmes y soient assemblés,
» fût-ce contre leur gré, afin d'entendre la
» parole de l'Evangile. Car mon premier et
» plus grand objet dans cet empire est le ser-
» vice de Dieu, le développement et l'honneur
» de la religion chrétienne. — Je souhaite aussi
» très-fort que le culte des idoles et les profa-
» nes superstitions des Gentils soient tout-à-fait
» extirpés des terres de Salsette et de Bardes
» (*Salsetanis et Bardesiis finibus*), dont Idal-
» can m'a fait récemment l'abandon. Il con-
» vient que cela se fasse sans tumulte ni
» violence, surtout au commencement, et de
» montrer à ces peuples, aussi doucement que

» possible, par des raisons, et des preuves
» sensibles, dans quelle erreur, dans quelle
» ignorance de la vérité ils sont entretenus, et
» combien il est malheureux et impie que le
» culte dû à un seul Dieu soit rendu par
» l'homme à des simulacres et à des pierres.
» Après avoir chargé des hommes éminents
» en science et en vertu, de dissiper ces ténè-
» bres, vous appellerez vous-même les chefs de
» cette nation, vous ne cesserez de leur adresser
» des exhortations et des avis, et de les attirer
» au Christ de toutes manières. A ceux qui se
» rendront et seront admis dans la foi, non-
» seulement vous accorderez votre protection,
» mais encore des faveurs et des honneurs
» proportionnés au rang de chacun d'eux. —
» Sachez que tous ces intérêts Nous sont
» fortement à cœur; Nous avons la confiance
» que vous y donnerez vos soins les plus
» attentifs, avec votre habileté et votre sagesse
» accoutumées. — Almerin, le huit des Ides de
» Mars 1546. »

Cette épitre, qui prouve si bien la piété et la
sagesse du Roi, fut portée dans l'Inde par Vasa,
avec la meilleure espérance.

Quant à ce qui concerne particulièrement
des miracles, ils peuvent se produire et être
attendus doublement, pour la conversion des
Infidèles : soit par les guerres, soit par les
succès de la prédication; et les uns comme les
autres sont manifestes aujourd'hui comme
autrefois dans l'Inde orientale, sans que j'aie à
examiner ici les motifs pour lesquels les mira-

cles en vue de la conversion des Infidèles sont
moins fréquents de nos jours qu'au temps passé.
(De quo Acosta, lib. 2, *de procurandà Indorum
salute*; cap. 9 et 10).

En ce qui est de l'œuvre de la prédication
(pour ne rien dire des autres) c'est par de nombreux miracles que Saint François-Xavier,
véritable héritier des apôtres, et exécuteur de
leur testament, a répandu aux Indes et au Japon,
avec autant de gloire que de zèle, cette foi que
les apôtres eux-mêmes y avaient portée, et qu'il
l'a restaurée avant qu'en eussent été effacées
les traces (1). — La Chine et le Japon recueillent
aujourd'hui les fruits abondants de cette prédication continue, principalement par les efforts
des disciples de la compagnie de Jésus, qui,
nouveaux venus dans l'Eglise, y jouissent,
comme Benjamin, d'un double honneur. Déjà,
en effet, des milliers de martyrs sont entrés
avec leurs palmes triomphales dans la céleste
Patrie. Lisez, à ce sujet, les deux livres que
P. Morejon a publiés sur la persécution de
l'Eglise du Japon.

Si c'est des laïques qu'il faut attendre des
miracles, Jacques Canus, dans l'Ethiopie occidentale (2), Antoine Galvan aux Moluques,
Antoine Païva *in Macazaribus*, aussi bien que
les missionnaires apostoliques, ont converti les
Rois et les peuples à la foi catholique. Ils étaient

---

(1) Clarus Bonars ; in Amphiteat. honoris, lib. 1, p. 21.

(2) Maffœus, Histor. Indic. lib. 1, p. 8; lib. 10, p. 239,
et S ; lib. 12, p. 285. — Barrio decad. 4, lib. 9, cap, 21. —
Lucena, vita Xavierii, lib. 8, cap. 1.

des hommes guerriers, élevés dans les armes
plus que dans les lettres ; et cependant, par
leurs discours sans art, les Rois et les peuples
ont été enflammés du zèle de la véritable piété,
et sont entrés dans la bergerie du Seigneur.

De même, l'infatigable activité des Jésuites
a soumis, de nos jours, au Pontife de Rome,
Urbain VIII, comme pasteur de l'Eglise universelle et vicaire de Dieu sur la terre, l'empereur
d'Abyssinie et ses Etats, ce que les Rois de Portugal, depuis Jean II, ont favorisé de bien des
manières avec un zèle et des soins assidus.
Car, bien qu'autrefois l'envoyé d'Alexandrin
d'Abyssinie, dans la célèbre assemblée où
l'empereur Charles-Quint assistait couronne en
tête, eût solennellement, avec adoration et
baisement de pieds, promis l'obéissance à Clément VIII ; cependant les Empereurs et Rois
d'Abyssinie, effrayés par les funestes impréca-
tions du patriarche d'Alexandrie (ab Alexan-
drino patriarchà) auquel ils obéissaient quant
au spirituel, n'avaient point persévéré dans ce
sentiment. La constance des ministres triompha
néanmoins ; et ils soumirent au successeur de
Pierre la tête qui hésitait à s'incliner. Cette
conversion, ce rappel au bercail de la brebis
égarée, appartient assurément à l'ordre des
miracles, comme l'affirme Beda, comment. 3, in
Marc. cap. 11.

Les Portugais, d'ailleurs, ont toujours été,
dans leurs guerres, favorisés de l'assistance
divine, comme on le voit dans leurs historiens,
Osorio, Maffœus, Lucena et les Annales de la

société de Jésus; comme le prouvent aussi Thomas Bossius et Joann. Bonifacius (1). Et ce secours divin est arrivé aux Portugais de deux manières, soit par l'intervention visible de la Vierge, de St Jacques, de St Thomas et des Anges, dans les combats; soit lorsqu'avec une poignée de monde, et après avoir imploré l'aide de Dieu, de la Vierge et des Saints, ils ont défait les armées innombrables des ennemis, comme les Infidèles eux-mêmes l'avouent. Les auteurs précités rapportent plusieurs exemples de ces deux cas, et les Hollandais en sont les plus sûrs témoins, eux que nous avons si souvent repoussés, bien qu'ils se soient liés et associés avec les plus puissants Princes de l'Inde pour nous assiéger et nous combattre.

C'est ce qu'Aubert Miræus exprime au livre second, chapitre 15 de sa *politique ecclésiastique*, en ces termes : « Les Portugais doivent être considérés, à d'autant meilleur droit, comme ayant bien mérité de la République chrétienne, que, lorsque ces pays étaient inaccessibles par la route de terre, sans le plus grand péril de la vie et qu'à peine trouvait-on quelqu'un qui osât entreprendre un tel voyage, ils ont, avec de puissantes flottes, côtoyé les rivages de l'Afrique, doublé le cap de Bonne-Espérance, à peu près inconnu auparavant, et poursuivant leur entreprise, ont pénétré avec une noble audace et une suprême grandeur d'âme,

---

(1) Bossius, *de signis Ecclesiæ*, tom. 2, lib. 17, cap. 7, p. 431. — Bonifacius, in *historiâ Virginali*, cap. 13, antepenult et ult.

à la Chersonèse d'or (que nous appelons aujourd'hui Malacca), à Ceylan, à Sumatra, en Chine, et jusqu'au Japon. Ce sont eux encore, qui, après avoir soumis les rivages de l'Inde, s'emparèrent avec courage et bonheur de l'entrée du golfe Persique ; puis, trouvant la navigation du golfe Arabique entravée par de fréquentes incursions, ils ont détourné de cette route les marchandises de l'Inde pour les faire arriver en Espagne par la mer d'Afrique et par l'Atlantique. De la sorte, non-seulement ils ont infligé des pertes et des dommages considérables aux revenus que tirent les Turcs de la Basse-Egypte, mais par la salutaire prédication des missionnaires de la société de Jésus, ou d'autres ordres, envoyés par le Souverain Pontife, ils ont propagé chez ces peuples le culte et le nom du Christ, qu'ils n'avaient jamais entendu auparavant, ou qu'un grand laps de temps ensevelissait dans l'oubli » Et peu après : « Ainsi, c'est par les émigrations des Portugais et l'extension de leur empire dans les Indes que le culte et le respect du Christ ont commencé à s'établir dans ces vastes contrées de l'Asie. »

Et voici ce qu'en dit Gérard Mercator dans sa carte du Portugal : « Des hommes partis de ce pays ont, avec un courage et un bonheur incroyables, visité toutes les terres du globe, ont réduit en province une grande partie de l'Afrique, ont découvert des îles innombrables dont le nom seul était connu, ou qui n'avaient pas même de nom, s'en sont emparés, ont rendu tributaire la bienheureuse terre d'Asie, et ont

enseigné la religion et le culte de Jésus-Christ
aux nations les plus éloignées. »

Faut-il rappeler l'Ethiopie soumise, les plus
fortes villes de Perse et d'Arabie prises d'assaut,
l'Inde domptée par la guerre la plus pénible, la
puissance des Turcs, dans ces contrées, répri-
mée et renversée par la valeur des nôtres, les
forces des rebelles et des pirates abattues; tant
est grande, en effet, l'importance de nos actes, et
tel est leur nombre, qu'à moins de vouloir
mentir, nul ne pourrait en imaginer de plus
hauts, ou les tenant pour véritables, les accomplir tous en si peu de temps : Succès immenses,
qui n'ont pu être obtenus sans le secours du
Dieu immortel. Non, je ne suis pas tellement
épris de notre caractère national et privé, que
j'ose attribuer de telles choses à la prudence et
aux forces humaines, plutôt qu'aux desseins et
à la puissance de la Divinité. Les Maures nous
surpassent en finesse, les Turcs en préparatifs
guerriers, les Arabes en nombre, les Hollandais
en navires et soldats armés ; nous n'avons donc
pu les vaincre par les mêmes moyens. C'est par
la piété seule, par la très-sainte religion du
Christ, toujours brillantes parmi nous, qu'ils
ont été surmontés et dissipés, comme l'observe
Osorius, *De nobil. Christ*, lib. 3, p. 241; et comme il a pu le dire en vers au livre 10 :

> . . . Deus (nec te sententia fallat)
> Lusiadas sustentat opes ; non vivida bello
> Dextra viris, animusque ferox, patiens que pericli.

Toutefois, la vertu, le courage et la gloire
des Portugais ne sont point diminués par ces

divins secours ; ils en sont plutôt accrus et mis
en évidence. C'est ainsi que David, dans son
insigne valeur, invoquait l'aide du Tout-Puis-
sant : « Saisis tes armes, et couvre-moi de ton
bouclier, Seigneur, lève-toi pour me secourir,
et lance tes javelots (Psalm. 34. — Lucena, lib.
6, cap. 1). »

Mais c'est depuis l'enfance du Portugal que
notre nation a été l'objet de la prédilection de
Dieu. C'est alors que les cinq plaies du Christ,
divinement montrées à Saint Alphonse 1er du
nom, et premier roi des Portugais, furent placées pour toujours dans les armoiries de ce
Prince. Animés par une si grande faveur, le
Roi et les Portugais soumirent cinq fiers et
puissants rois Mahométans dans la plaine
d'Orixa (*in Orichensi agro*), (Nav. cap. *Novit.*
not. 3, n. 149. — Molin. in *Nobilit. de Andalu-
zia*, lib. 1, cap. 43. Th. Bossius, *de signis
ecclesiæ*, tom. 2, lib. 7, p. 430).

Les marques des cinq plaies ne devaient pas
venir au bec !de l'aigle ou aux griffes du lion,
puisqu'elles se rapportent à la tendresse de
l'agneau, ni entre les fleurs de lys, puisqu'elles
ont été ouvertes par des clous (les envieux de
la préférence accordée aux Rois de Portugal
en murmuraient vainement). C'est à la place
même de la croix dont nos souverains faisaient
antérieurement usage pour témoigner et pro-
tester qu'ils en étaient les hérauts et les
défenseurs, que devaient être placés ces
stigmates. (1)

(1) Cette éloquente et pieuse réponse aux protestations

Et ce n'est pas sans un présage mystérieux,
que ces mêmes insignes furent conduits par
nos porte-croix (*Cruciferis*) sur ces mêmes
plages échues à la prédication de Saint-Thomas,
pour que cet apôtre qui avait scruté le côté et
les plaies du Christ, révélât aux Gentils la foi
et la connaissance qu'il avait acquise avec une
si parfaite certitude. En pénétrant plus tard
dans la mer d'Erythrée, Alfonse d'Albuquerque
vit se confirmer ce présage par l'apparition
miraculeuse d'une croix d'un rouge éclatant
(MAFFŒUS, *Hist. Ind.*, lib. 5, p. 122, et *Annales
nostræ*),

Ce même présage de nos succès dans l'Inde
se trouve encore confirmé par cette croix
magnifique sculptée dans une pierre de taille
et arrosée, semblait-il, de récentes gouttes de
sang, que St Thomas embrassait et couvrait de
baisers, lorsqu'il fut mis à mort par les barbares ; ainsi qu'il résulte d'une inscription circu-
laire expliquée en ce sens par les plus habiles
d'entre les brahmes. Cette pierre fut découverte
en 1548, par des Portugais qui creusaient des
fondements pour la construction d'une chapelle.
Un jour que les chrétiens étaient assemblés
dans la dite chapelle pour vénérer cette relique
(c'était le huitième avant Noël, ou le troisième
avant la fête de St Thomas) au temps où l'Eglise
célèbre l'attente de l'enfantement d'une Vierge,
au moment où le diacre commençait la lecture

---

tardives des autres peuples n'est-elle pas digne d'une
sympathique admiration ?   (*Note du Traducteur*).

de l'Evangile, la croix, aux yeux de toute
l'assistance, répandit d'abord des gouttelettes,
puis une sueur abondante, des tâches de sang
qui furent recueillies dans un linge consacré;
la couleur de la croix passa peu à peu d'un
blanc éclatant à une nuance plus pâle, puis au
noir, puis à un bleu splendide, et enfin, le St
Sacrifice achevé, elle reprit sa teinte naturelle.
Ce prodige s'est renouvelé plus d'une fois
dans les mêmes circonstances, toujours au
même anniversaire, et au commencement de
l'Evangile, ainsi que l'attestent, d'après d'autres, Maffœus à la fin du 12e livre de son Histoire
des Indes, et Lucena, dans la vie de Saint
François Xavier, liv. 3, chap. 5, où il expose
avec détail les changements de couleurs sus-
mentionnés. Voilà les miracles qui inspirent
la foi à l'Evangile, et qui disposent les âmes
des Portugais à braver tous les périls, et à
combattre volontiers pour le triomphe de la
croix.

En remontant de même à l'enfance du Portugal, nous avons d'ailleurs prouvé que les
dépouilles opimes des rois et des ennemis vaincus, tant en Portugal même qu'en Afrique,
avaient enrichi des provinces plus grandes que
la mère-patrie. Un seul bienfait de Dieu, tant
est grande sa bonté, nous a valu, tout à la fois,
le triomphe sur ses ennemis, la grandeur de ce
royaume, la gloire du vainqueur et une abondance de richesses. De cette seule observation
il appert, contrairement à l'assertion de notre
adversaire, qu'avant la navigation dans l'Inde,

le Portugal s'était enrichi de copieuses dépouilles des ennemis (1).

· Mais faut-il encore à cet Inconnu un nouveau
prodige du Ciel dans les Indes? Au mois de
février 1619, sur une croix de bois plantée à la
montagne de Bonne-Vue près Goa, le Christ
Notre-Seigneur apparut à de nombreux témoins;
et les miracles s'y multiplièrent depuis, au
témoignage de tout l'Orient, ainsi que le rapporte don François de Herrera Maldonado,
chanoine d'Arbas, en son *Epitome Sinæ*. cap.
18 et 19. C'est en cet anniversaire du triomphe
de la croix que je clos ce chapitre et mon livre,

Nam mea jàm longo meruit ratis æquore portum.

FIN

---

(1) Il me semble intéressant de citer comme complément
de ce dernier chapitre, le passage suivant de Louis de
Barthème, à la fin de ses voyages. mentionnés ci-dessus,
page 319 :
« Reprenant nos erres devers le cap de Bonne-Espérance
» traversant l'île de Saint-Laurent. distante de la terre
» ferme de 80 lieues, de laquelle, je l'espère, en sera Sei-
» gneur et Maître le Roi de Portugal, avant qu'il soit
» longtemps (car il en a déjà pris deux villes) et s'il plait
» à Dieu lui donner autant bonne issue comme il a
» heureusement commencé et poursuivi jusqu'ici; qu'il

Note du Traducteur sur quelques lois
canoniques citées par Freitas

••••••••••

Cap. Venerabilem, de Electione.

C'est l'extrait d'une lettre d'Innocent III, qui figure au
1er livre des Décrétales de Grégoire IX, sous le titre
de Electione, et que l'on cite, à cause de son mot initial,
sous le nom de Chapitre Venerabilem. — Cette lettre
avait été écrite, en 1202, à l'occasion des différends entre
Philippe de Souabe et Othon de Brunswick, prétendants
à la succession de l'empereur Henri VI, mort en 1197, et
par suite, à la désignation du successeur de l'archevêque
de Mayence Conrad. — (GEORG. PHILIPS, professeur à la
Faculté de Vienne, traduit par l'abbé Crouzet. — Droit
ecclésiastiq. tom. III, p. 92.)

Cap. ad apostolicæ.

C'est une Décrétale portant sentence d'excommunication portée par Grégoire IX contre l'empereur Frédéric II,
et confirmée par Innocent IV. Elle a été insérée par

» sera le plus riche roi de tout l'univers, ce qu'il mérite très
» bien ; vu mêmement qu'il a tant fait par ses journées et
» diligences que par toute l'Inde et mêmement en Cochin,
» il ne passe un jour de fête que dix ou douze gentils et
» Maures ne reçoivent le baptême , se retirant à la foi
» chrétienne, laquelle y croît et pullule de jour en jour à
» merveille, par la sollicitation dudit Roi, auquel Dieu a
» donné plusieurs triomphantes victoires ; et nous devons
» encore espérer que son règne s'avancera à l'avenir de
» bien en mieux. »
Camoëns avait dit aussi au chant 1er des Lusiades,
stance 28 :
> Prometido lhe esta defado eterno,
> Cuja alta ley nam pode ser quebrada,
> Que tenh ò LONGOS TEMPOS o governo
> Do mar que ve do Sol a roxa entrada.

(Note du Traducteur.)

Boniface VIII dans sa collection, et rangée sous le titre
. *De Sententià et re judicatà.* — Pour la juger sainement,
dit Philips, il faut se placer au point de vue des événe-
ments qui la précèdent immédiatement. (Ibidem, p. 109.)

Cap. *Novit.*

C'est une Décrétale insérée dans la collection de
Grégoire IX, sous le titre *De judiciis*, et dans laquelle
se trouvent reproduites les raisons données par Innocent III, dans deux lettres, de 1204, à Philippe-Auguste
et aux évêques de France, de son intervention entre le
Roi de France et Jean d'Angleterre, son vassal, assassin
de son neveu Arthur. (Ibid. p. 119). — Cette Décrétale
Novit est d'une telle importance pour une appréciation
sérieuse des rapports existant entre la juridiction ecclésiastique et la juridiction séculière, qu'il est impossible
d'éclaircir toutes les difficultés de cette matière un peu
confuse, sans en faire un examen approfondi.

Extrav. *Unam Sanctam.*

C'est une bulle de Boniface VIII, classée parmi les
Extravagantes communes, et dans laquelle ce pape
reproduit et commente ses propres paroles, prononcées
en consistoire, sur ses différends avec Philippe-le-Bel :
« Nous déclarons ne vouloir en rien nous arroger la
juridiction du Roi ; mais ni le Roi, ni aucun autre fidèle
ne peut contester le pouvoir que nous avons sur lui
relativement au péché. » (Ibid, p. 136). — Voir Cap.
Meruil, ci-après.

Extravag. *Quod olim.*

C'est une constitution du doux Benoit XI, restreignant
à quelques points seulement les censures portées par la
Décrétale *Clericis laïcos.* Elle est insérée parmi les
Extravagantes communes sous le titre *De immunitate
Ecclesiarum.* (Ibid. p. 141).

Clém. *Quoniam.*

C'est une Décrétale de Clément V (Bertrand de Got,
archevêque de Bordeaux) élu par l'influence de Philippe-

le-Bel, et qui fixa sa résidence, d'abord à Poitiers, puis à Avignon. — Elle abroge complètement les dispositions de la Décrétale *Clericis laicos*. (Ibid. p. 143).

Cap. *Meruit.*

Clément V, tout dévoué qu'il fût à Philippe-le-Bel, ne pouvait infirmer la Bulle *Unam Sanctam*, par la raison qu'elle constituait une véritable définition dogmatique; Mais, d'après le sens que Philippe y attachait, on devait y voir une atteinte à sa souveraineté. Aussi, par une nouvelle constitution connue sous le nom de Bulle *Meruit*, Clément déclara non avenu tout ce qui, dans la Bulle *Unam Sanctam*, aurait porté préjudice aux droits du monarque. — Au fond, le Chapitre *Meruit* laisse subsister cette bulle dans toute sa teneur. Il n'aboutit qu'à l'épurer de la fausse signification que l'on y avait introduite en France seulement. (Ibid. p. 144 et 145).

(Quelques autres textes du Droit Canon sont encore cités par Freitas, surtout au chapitre VI, tels que : Cap. *Si Ecclesia*, — Cap. *Non invenitur*, — Cap. *Duo sunt*, — Cap. *Auditum*, — Cap. *Ita Dominus*, — Cap. *In novo*; — Cap. *Grandi de suppl. neglig.*, — Cap. *Cum ad verum*. Nous ne pouvons qu'engager le lecteur studieux à se livrer lui-même à de plus amples recherches).

Lettre à M. Ferdinand DENIS,

*Conservateur-Administrateur de la Bibliothèque
Sainte-Geneviève.*

Gallicæ Custos, Genovefa, gentis.

••••••••••••

Manoir de Kéroualin,
27 novembre 1881.

Monsieur,

Vous avez bien voulu, il y a plus de vingt
ans, me communiquer le livre de Freitas, que
m'avait signalé M. P. Margry, comme la seule
contradiction méthodique du *Mare liberum* de
Grotius, dont j'avais donné la traduction en
1845. Je dois, de plus, à votre savoir si vaste, à
votre inépuisable obligeance, bien des indications précieuses, qui m'ont permis d'éclaircir
et de traduire (sans trahison, je l'espère) divers
passages de mon auteur. Tout récemment
encore, vous avez consulté pour moi, et sous
mes yeux émerveillés de votre activité octogé-
naire, Innocencio da Silva, et d'autres biblio-
graphes et biographes qui ne nous ont rien
appris de plus que Barbosa Machado sur le
compte du jurisconsulte portugais, et ne font
même pas mention de lui. — A la suite de ces
recherches, je me trouve d'autant plus heureux
d'avoir mené à bonne fin ce pénible travail, que
Séraphin de Freitas est resté jusqu'à ce jour
inconnu ou méconnu.

INCOGNITUS ! C'est ainsi qu'il appela Grotius, encore jeune, dans tout le cours de son livre ; et Dieu l'en a sévèrement puni, le laissant lui-même inconnu pendant plus de deux siècles. — MÉCONNU ; car bien que remis en lumière, son très réel mérite s'effacera encore devant le triomphe du parti pris, devant la renommée de son ardent adversaire. — Puisse votre nom, Monsieur, que vous me permettrez de joindre au sien, m'aider à rendre à celui-ci quelque lustre !

Oui, Monsieur, c'est à vous, qui aimez le Portugal, et tous ceux qui ont élevé des monuments à la magnificence de ses destinées ; à vous, le révélateur des beautés de sa littérature ensevelies dans les malheurs de cette héroïque nation (1) que je veux le dire et le redire encore : FREITAS, NOTRE FREITAS AVAIT MÉRITÉ BIEN MIEUX.

Qu'après la conquête violente de cette liberté des mers, et de plusieurs des régions découvertes par Gama, d'Albuquerque et autres intrépides Lusitaniens, on ait trouvé de bonnes raisons pour la conserver, pour consacrer un état de choses qui satisfait le mieux aux besoins, sans cesse croissants, de l'expansion et de l'activité humaines ; c'est conforme aux habi-

_____

(1) « Le Portugal avait joué ses destinées dans une bataille, il l'avait perdue ; et à dater de cette époque fatale, une nuit profonde, universelle, immense, et qui dura plus d'un siècle, tint enfouie, comme dans un vaste linceul, cette Lusitanie, si grande, si fière, si héroïque. » —ORTAIRE FOURNIER. *Préface du poème de Corte-Real, intitulé Sepulveda.*

tudes des puissants et à la logique des faits. Mais celui qui soutient fort et ferme le droit antérieur violé ou jugé légèrement (ne voulût-on y voir qu'une légalité modifiable), n'est-il pas digne de toute sympathie, de tout respect ? (1).

Tel est François-Séraphin de Freitas, vis-à-vis de Hugues Grotius.

Deux écrivains modernes fort distingués, nos compatriotes et nos amis, MM. d'Avezac et Pierre Margry, ont produit des documents nouveaux pour démontrer l'antériorité des navigations françaises dans les mers lointaines qui baignent les rivages de l'Extrême-Orient et de l'Amérique. C'est un soin pieux et patriotique auquel tout bon Français applaudira. Mais en reste-t-il moins acquis à l'histoire que les navigations des Portugais et des Espagnols ont eu, seules, l'éclat, le retentissement, la continuité qui consolidaient leur possession, et qu'eux seuls ont obtenu, tout de suite, d'immenses succès politiques, commerciaux et religieux ? Est-il moins vrai que dans l'Europe chrétienne, jusque sous les coups du protestantisme, le Pape était souvent invoqué comme suprême arbitre, et, d'ailleurs, juge indiscutable des moyens de propagande de l'Evangile, que tous avaient également à cœur ? Est-il moins

_____

(1) Grotius, Freitas, et bien d'autres, de tous les siècles, ont pu constater que « LA POLITIQUE EXTÉRIEURE NE SE FAIT PAS AVEC DES THÉORIES JURIDIQUES. » (Bismarck-Anthologie, Berlin, 1882). — Sans presser beaucoup le paradoxe, on voit que la liberté des mers, elle-même, est sans garantie contre la force.

certain qu'*au temps précis des bulles* de
Martin V, Nicolas V, Calixte III (1417 à 1458)
et d'Alexandre VI (1493), nul gouvernement
européen n'a réclamé ; que l'on ne s'est ravisé
que plus tard, en voyant la fortune magnifique
des premiers occupants ? — Oublierons-nous
que Louis XII et François Ier n'ont pu s'élever
contre les bulles que certain nombre d'années
après leur publication, Louis ayant régné de
1498 à 1515, et François de 1515 à 1547 ? Bien plus
tardives encore furent les lettres écrites, au
nom de Louis XIV, par son ministre Jérôme de
Pontchartrain. Celui-ci n'était-il pas un peu
jeune, comme Grotius, lorsqu'il présenta son
mémoire au Roi-Soleil ?

Je dois insister à cet égard, parce que c'est
un des arguments les plus importants de
Freitas; tout en reconnaissant que dans un
temps assez voisin de la transaction entre
l'Espagne et le Portugal sous l'approbation
d'Alexandre VI, les Rois de France en ont
témoigné un vif mécontentement, et que nos
marins n'en ont pas toujours tenu compte.

M. Margry me fait observer, en effet, très
judicieusement, qu'avant la découverte de
l'Amérique et du cap de Bonne-Espérance, les
Français réclamaient la liberté de naviguer
dans la Méditerranée, et que Gênes contestait
vainement aux villes du Languedoc le droit d'y
paraître sans sa permission. La France de
François Ier, ajoute-t il, a suivi sur l'Océan
les principes et les procédés des villes du Languedoc pour la Méditerranée. Entr'autres

preuves des protestations de la France par les tribunaux, les arrêts du conseil, la diplomatie et les armes, notre savant ami invoque la concession verbale de l'Espagne au traité de Vervins, consentant en 1598 (remarquons encore cette date), que la force seule décidât au-delà du premier méridien.

Voilà, certes, de belles et bonnes preuves de notre très ancienne action maritime et de notre opposition à ce qu'elle reçût aucune entrave. — Il faut louer grandement M. Margry de les avoir mises en pleine lumière, et de montrer que la France a suivi ses maximes sous Richelieu, sous Colbert et sous Jérôme Pontchartrain. — Mais Freitas en a-t-il moins le très grand mérite d'avoir habilement et doctement soutenu contre Grotius que les droits du Portugal étaient fondés sur les entreprises les plus hardies, les plus vastes, les plus coûteuses, les plus favorables à la propagation de la foi, et, à ce dernier titre, justement privilégiées par le Chef de l'Eglise ? Il me semble, au contraire, que sous ces divers rapports, comme sous celui, très général, d'une saine interprétation des textes juridiques et même littéraires, le Professeur de Valladolid a tous les avantages ; et que, s'il s'est abusé en espérant obtenir des Princes de la Chrétienté la condamnation de la révolte des Hollandais, il a, toutefois, abondamment justifié le passé et glorifié sa généreuse patrie.

Qu'est donc devenue, Monsieur, cette grande Université de Valladolid, illustrée par les

Suarez, les Du Pont, les Freitas ? Combien je
déplore de ne m'être pas arrêté quelques jours
dans cette ville, l'an dernier, à mon retour de
Lisbonne ! J'aurais, sans doute, obtenu, de vive
voix, des souvenirs, des traditions qui n'ont
point été accordés à l'importunité d'une lettre.
— Mais la publicité donnée à ce livre pourra
déterminer de nouvelles recherches; et les
curieux, en le recevant tel qu'il est, y verront
un autre aspect de l'histoire de la Péninsule,
dont vous avez publié les Chroniques chevale-
resques; ils y verront son caractère profondé-
ment catholique. Ils pourront aussi le lire, au
milieu des agitations de notre temps, comme
on lisait, au commencement de ce siècle, le
livre de Joseph de Maistre sur le Pape. — N'est-
ce pas le devoir, sinon le constant privilège,
des hommes d'étude s'occupant d'histoire, de
dominer les passions de tous les temps, et de
chercher ce qu'il peut y avoir en elles de juste,
de vrai, et par cela même, d'absolument res-
pectable ? Vous nous en donnez, Monsieur,
l'excellent et continuel exemple.

 Je suis, pénétré de gratitude et de respect,
  Monsieur,
   Votre bien obligé et dévoué

    A. Guichon de Grandpont.

TABLE

———◇———

ERRATA

Page VI; ligne 2; *lisez* autorité*.

Page VII, ligne 10; *au lieu de* excercés, *lisez* exercés.

Page 4, ligne 12; *au lieu de* Bombay, *lisez* Monbaze.

Page 22, ligne 9; *au lieu de* ant., *lisez* aut.

Page 28, ligne pénult; *au lieu de* centrah, *lisez* contrah.

Page 71, ligne 2; *au lieu de* dissentement, *lire* dissentiment.

Page 128, note; *au lieu de* Sanctuis, *lire* Sanctius.

Page 158, ligne 18; *au lieu de* fassent, *lisez* font.

Page 252, ligne antépén; *au lieu de* gand, *lisez* grand.

Page 334, ligne pénult; *au lieu de* tenh ô, *lisez* tenhaò.

LILLE. — IMPRIMERIE DUCOULOMBIER. — 1882.

Lightning Source UK Ltd.
Milton Keynes UK
UKHW022221020321
379684UK00003B/106